实践⇌反思 教育学文丛

丛书主编 陈向明

教师实践性知识
中国社会文化的视角

陈向明 魏 戈 等 著

Teacher Practical Knowledge from the Chinese Sociocultural Perspective

教育科学出版社
·北 京·

代序

求知索途：实践-反思教育学的路径

陈向明　北京大学教育学院

2000年，我在教育科学出版社出版了《质的研究方法与社会科学研究》，作为国内首部系统介绍质性研究方法论的著作，这本书在学界引起了不小的反响。很多读者看到这本书后感慨道："原来研究还可以这么做！"的确，质性研究方法在21世纪初的引入，丰富了我国的教育实征研究方法。此后，我在国内不遗余力地推广质性研究方法，在这几十年里，我逐渐意识到质性研究不是一套简单中立的方法技术，其所秉持的人文关怀与理论敏感性正在酝酿着一种全新的教育学。

反思当前教育研究的"痼疾"：很多人理论做得很好，但不去田野，缺乏现实感；有的人实践做得不错，但缺乏提炼理论的能力。作为一名教育研究者，我一直努力搭建实践与理论之桥，做"两栖动物"。这种跨界研究的意识在二十多年前就已经开始萌芽。受英国国际发展部资助，我在1999年赴甘肃参与中英基础教育改革项目，在前沿的教学理念与贫瘠的教育土壤之间挣扎，尝试寻找一条扎根西部的教育变革之路。从2003年起持续推进的教师实践性知识研究项目，旨在用"实践性知识"这个貌似自相矛盾的概念找到教师专业的独特性。

我们作为研究者与一线教师一起挖掘教师的实践智慧，增强了他们的专业自尊和自信。在这期间，我们每年还承担了教育部“国培计划”和其他各类教师培训项目，并一改传统的讲座式培训模式，用参与式方法激活了教师的团体动力，帮助教师提高了批判性反思的能力。在这些研究和实践的基础上，2010 年我在《北京大学教育评论》发表了《范式探索：实践–反思的教育质性研究》一文，初步提出“实践–反思教育学”的概念，并以此来推动这一独特的教育研究范式的发展及其实践。

若干年过去了，现在我们对实践–反思教育学有了一些新的认识，也积累了一些研究经验。然而，一直困扰我们的一个问题是：实践–反思教育学究竟具有什么独特的研究路径？我们通过大量的课题研究和教育实践改革，逐渐摸索出一条实践与反思之间交错往复的道路。铺就这条实践–反思教育学的路径，主要包括五个步骤：问题聚焦、现实表征、关系联结、思维跃升、行动介入。

“问题聚焦”是对实践的第一重反思。面对教育现象，实践领域的工作者往往不能很清晰地意识到哪些问题需要处理、哪些内容适合研究，或者不敢剖析自己内心深处的隐痛和复杂的社会–文化结构性问题。因此，“问题聚焦”是实践–反思教育学的第一步，只有在形成问题意识，将习以为常的现象“问题化”之后，才有可能突破自己日用而不知的“无意识”。

“现实表征”是对问题的纵深刻画，帮助我们丰富反思的资料。实践–反思教育学跳出了纯概念的游戏，主张对教育问题进行最直接、最朴素的描述、解释和分析。我们通过访谈、观察、收集实物等多种方式，获得对教育现场的充分了解和理解，并通过故事、隐喻、行动公式等将这些理解外化。这种深描与多元表征的方法源自质性研究方法论的滋养，也增强了我们对现实教育问题做出理性判断的信心。

“关系联结”体现了一种关系性思维，强调研究过程的情境性、社会性、跨界合作等要素。这里既包括研究者与被研究者之间的平等对话关系，也包括研究者与研究现象之间时近时远的关系，更暗含着研究者与自己在过去、现在及未来之间的关系。实践–反思教育学对关系的意识和建构贯穿研究始终，多重关系的联结，意味着跨越边界，整合多种资源，借助多样的判断，形成对问题更整全的认识。同时，实践–反思教育学研究者本人也在复杂多元的关系联结中发生着微妙的变化。

“思维跃升”是对反思的再反思，是概念化、理论化的抽象过程，是学术研究的高阶追求。实践–反思教育学将一线教育工作者鲜活、丰富的实践经验，借助新颖视角下的理论洞察加以呈现，同时进一步重构理论。正是因为实践–反思教育学强调不同知识领域之间的跨界合作，所以它才有可能碰撞出新的火花，才有可能实现思维的跃升，并形成有新意的、有强大解释力的理论，才能赋予理论更广阔的适用空间。通过创造新的知识形态，实践–反思教育学在学理上力图为我国本土教育学理论创建提供资源。

“行动介入”是指再次回到实践中，借助研究的洞见解决现实问题。传统的教育学研究要求研究者不要干预现场，要客观地观察和分析教育现象。而对实践–反思教育学来说，不去改变、不去行动、不去触碰现象本身，是了解不到真实的现象的。正如库尔特·勒温（Kurt Lewin）所说：“了解这个世界的最好的办法就是去改变它。”① 教育研究工作不能止步于知识的生产，还应该对它们所反映的对象——教育实践——产生实质性的影响。在实践–反思教育学研究范式下，教育的知识生产与教育实践改进之间水乳交融，能够加强教育研究对教育实践改进的推动作用，同时也使得教育实践改进超越经验摸索的层面。

① 转引自：阿吉里斯，帕特南，史密斯．行动科学：探究与介入的概念、方法与技能［M］．夏林清，译．北京：教育科学出版社，2012：前言 3.

实践–反思教育学旨在回应教育实践的需求，研究真问题，真研究问题，真正为教育改革的创新服务。

总之，实践–反思教育学通过研究去助力教育系统的不断改进和完善，提出一种从实践到认识再回到实践的完整认识路线和“学术–实践共同体”的主张，展现了教育研究的社会责任和实践情怀，很有可能成为具有中国特色的本土教育学。

2020年起，我们在教育科学出版社出版了“实践–反思教育学文丛”（第一辑），有幸得到国家出版基金资助，六位青年学者的研究勾勒出实践–反思教育学的初步样貌。该文丛中的多部著作都在出版不到半年的时间里加印，读者对这套丛书的好评让我们有信心把实践–反思的教育研究坚持下去。现在，我们决定整理过去几年的项目研究、培训活动的相关成果，并由此形成了“实践–反思教育学文丛”第二辑。

作为第二辑的研究成果之一，《学做教师：实习生与指导教师互动研究》关注在师范生实习期间指导教师对其知识转化与身份获得产生了何种影响，以及影响是如何产生的。本书作为教育部人文社会科学研究规划基金项目成果，采用质性与定量研究相结合的方法，既从全国范围调查了实习生与指导教师互动的总体情况，又通过案例的形式讲述了数十名实习生“学做教师”过程中的师徒互动故事。该研究提炼出了实习生与指导教师互动的本土化类型，并从知识转化与身份获得两个维度追踪了不同互动类型产生的多样化结果，更进一步从制度层面探讨了如何优化我国师范生的教育实习，对打造高质量教师教育体系具有启发意义。

《心灵的转化：参与和跨界中的教师学习》是由北京教育科学研究院德育研究中心组织，由我和其他团队成员作为教员参与的教育行动研究工作坊学员的优秀论文集。该工作坊已连续举办三期，学员主要是来自北京市中小学的教师。学员们面对“学生为什么上课不积极回答问题”“如何超越‘个别学生’的反复改造难题”“为什么‘忙’

会成为教师的常态循环”等教育实践中经常出现的棘手问题，利用在一学年时间内学到的叙事探究、扎根理论、案例研究和调查研究等路径，深入开展了行动研究。研究成果体现了一线教师通过与学术研究者一起进行的跨界学习，如何在日常工作中融入研究思维、形成系统反思的习惯、发生双环学习、改变心智模式等。该论文集还包括学员们对自己学习过程的反思和心得体会，以及教员对论文之价值和不足的逐一点评。

《跨界-交互-生成：教师跨界学习机制研究》作为北京大学基础教育研究中心于越教育发展基金项目的成果，采用质性与定量研究相结合的方法，对北京教育科学研究院德育研究中心举办的教育行动研究工作坊进行了持续一年多的追踪研究。通过生动的案例和丰富的调查数据，呈现了大中小幼教师在工作坊中跨越各自活动系统边界的学习过程，描述了其发生的不同层次、不同类型的改变，提炼出了区别于传统的接受学习与参与学习的新型教师专业发展模式——跨界-交互-生成的教师学习机制。

《教师实践性知识：中国社会文化的视角》是我们多年专注于教师实践性知识研究的最新成果。这项研究主要借用了“两难空间”的理论概念，结合中国文化传统和社会结构特征，从教师身份认同、教师思维决策、教师专业行动和教师专业发展等四个方面，探究教师实践性知识的特征和生成机制。我们将教师实践性知识的研究放入具体的社会文化情境：在社会的维度上，我们关注中国社会转型背景下的社会结构、制度环境、社会心理对教师实践性知识的影响；在文化的维度上，我们借鉴了以儒家文化为代表的中国传统文化，从物我一与、身心一如的整体观，知行合一、以身体道的实践观，从容中道的中庸观等三个视点出发，理解和解释中国教师实践性知识的本土特点。

《学生为本：课例研究指导手册》是我们在过去几年开展课例研究的实践经验与理论思考的结晶。特别是近三年，编者团队在中国人民大学附属中学通州校区、清华大学附属中学大兴学校两所学校开展的跨界课例研究，总结提炼出几十种一线教师易于使用的课例研究工具，并积累了丰富的案例。我们分享这些工具包和案例集，希望能够帮助一线教师明确学生学习的发生机制及影响因素，构建引导学生学会学习的教学策略，真正落实“以学生为本”的课程与教学。

从文丛第二辑的主要内容可以看到，实践–反思教育学力图抓住教育实践的本质特点，聚焦教师在日常工作中面临的、反复发生的、难以解决的“顽症”。通过扎根一线的田野研究和跨界合作，我们作为研究者、同行者，协助一线教师了解自己的教育信念，进而提升自己发现问题和解决问题的能力。教育研究不能只搞宏观鸟瞰的理论，也不能只埋到细节里做实际事务。在埋到细节里做实际事务时，要偶尔抽身出来看看这个实际事务到底在讲什么；在搞宏观鸟瞰的理论时，又需要关注细节，思考到底有什么证据来支持自己的理论。正如杜威所说，做教育就需要既有理论思维又有实践思维的人，偏哪一个都不好。① 实践–反思教育学勾勒出了一种我为之神往的学术状态，它实则在为教育研究者本人赋能，帮助我们脚踏实地、仰望星空，在动态的、不确定的社会大环境中创造可能性。

---

① 转引自：陈向明，安超，方明军，等. 被打断的教育与自我唤醒的学习：陈向明教授叙事行动研究访谈录［J］. 现代远程教育研究，2021（6）：3–11.

前言

在我国深化教育领域综合改革的大潮中，教师群体不断地被赋予推动变革的重要角色。随着新课标、新教材的发布，越来越多的人开始意识到，教师不再是教育改革的“消费者”，他们对教育现实的理解和他们的教育教学行动，直接影响了改革实施的效果，甚至创生着新的改革话语。因此，如果我们不理解教师是如何思维和行动的，那么改革本身也就成了无源之水、无本之木（魏戈 等，2013）。

长期以来，人们习惯于一种主客二元的、外显的、公共的知识观，据此将教师的知识划分为文化知识、学科知识，以及教育学和心理学知识，等等。以这种传统的知识观看来，教师的知识是没有地位的，因为知识是由“专家”生产的，教师仅仅是知识的消费者。由此带来的一个后果是对教师这个职业是否为“专业”一直存在争议。近几十年来，随着对“知识”的认识日益深刻、广泛，传统教师知识观的片面性逐渐凸显，与此相应的传统教师专业发展策略和途径也开始被质疑、被反思。

我们对上述传统的观点提出了挑战，认为教师有自己独特的知识类型，即“实践性知识”（practical knowledge），它是教师对自己的教育教学经验进行反思和提炼后形成的，并通过自己的行动做出来的（enacted）对教育教学的认识（陈向明 等，2011）。如果将教师的知识按照理论性知识与实践性知识来划分，那么理论性知识是教师在师范教育或在职培训中习得的、已经被编码的、一般化的原理性知识；而实践性知识则是教师在教育教学现场中实际使用或呈现出来的知识，它通常呈内隐状态，基于教师的个人经验和个性特征，镶嵌在教师的日常教育教学情境和行动中，深藏在教师知识冰山的底部。简言之，实践性知识是教师内心真正信奉的、在日常工作中实际运用的理论，它支配着教师的思想和行为，体现在教师的教育教学行动中。

为了凸显教育教学实践在教师个人知识形成中的重要作用，对教师实践性知识的研究应始终秉承“实践优先”的立场。我们特别认同教师的工作是一种高度价值负载的实践形式。教育是最复杂的人类实践，它不是以物为对象，而是以人为对象，通过人际互动影响一代新人的成长。教师的教育教学实践需要对具体情境下如何行动做出明智而谨慎的判断，那种局限且狭隘看待世界的观点不可能达成完善的实践。此时的教学实践兼具外在和内在的“善”的目的，是一种德性的实现活动，也就有了“价值”的意涵。

如果我们审视教师的教学活动，就会发现，不同学生学习与成长的差异极大，而每个学生的学习环境都是一个独立的生态系统。教学要同时面对多元的利益相关者，因此教学过程具有不确定性，教学成果也难以被标准化地度量。教学的情境是动态的、异常复杂的，这也就决定了教师的专业比其他专业需要更强的反思性。教学从本质上讲是一种反思性实践（praxis），而不仅仅是操作性实践（practice）（邓友超，2007）。教师工作的价值性、不确定性、特殊性、情境性等表明，传统知识论倡导的客观、中立的知识观难以解释教学这种复杂实践。从这个意义上说，教师的实践性知识正是体现了教师在教育教学中的判断与立场。作为一种高度价值负载的知识形态，教师实践性知识的提出是对传统客观主义知识观的反驳。

2006—2009年，我们团队承担了北京市教育科学“十一五”规划重点课题“教师实践性知识研究”（项目编号：AIA06135）。课题组在前人研究的基础上，对教师实践性知识进行了初步的探索，从概念定义、内容类型、表征形式、生成机制以及生成媒介等方面提出了相对系统的见解，出版的最终成果即《搭建实践与理论之桥——教师实践性知识研究》一书（陈向明 等，2011）。在研究过程中，我们也发现，教师的实践性知识有非常强烈的社会情境依赖性和文化特殊性，直接应用西方教师教育理论解释中国教师的本土实践，往往是不适切的，而且可能会在某种程度上遮蔽中国教师独有的实践性知识。由此，我们萌生了许多新的问题：中国教师的实践性知识有什么独特性？中国的教育研究如何在社会大环境下挖掘本土文化资源，以揭示这些独特性？如何帮助教师通过实践性知识更好地自知、更深入地理解教师工作，从而更有创意地从事教育教学实践？

正是基于这些问题，我们在之前研究的基础上，开启了新的研究课题——“中国社会文化视域下的教师实践性知识研究”，并获得北京市教育科学“十二五”规划重点课题资助（项目编号：AIA11155）。我们进一步展开了教师实践性知识的本土化研究，将其放到中国教师所处的文化传统和社会结构中加以考量，将每一位教师放在特定的社会文化情境中，关注他们工作的情境依赖性和文化特殊性。本书正是这一课题的研究成果。

本书首先介绍了研究的背景，呈现了国内外相关研究现状，借助“两难空间”（dilemmatic space）的概念搭建了理论框架。各章内容均从“两难”（dilemma）入手，呈现教师教育教学工作中遭遇的冲突情境，梳理背后错综复杂的社会文化结构。同时，尽量贴近中国教师的本土概念、分类方式和思维特点，挖掘中国教师实践性知识的本土社会文化特色。最终我们从教师的身份认同、思维决策、专业行动、专业发展四个主题出发，分别考察了中国教师实践性知识的存在样态。之所以如此架构研究结果，是因为教师的认同、决策、行动与发展是教师实践性知识集中体现的领域，也是教师成长从隐到显的过程。本书最后结合中国社会文化的理论视角，对上述研究结果进行了深度讨论，提出了对教师教育研究及教师教育实践改革的相关建议。

本书共七章。除了第一章“教师实践性知识研究的创生和发展”、第二章“教师实践性知识的社会文化之源”和第七章“实践性知识助力教师专业成长的中国道路”之外，第三章至第六章为全书的主体部分，从教师的身份认同、思维决策、专业行动、专业发展四个方面考察了教师的实践性知识，并结合中国社会结构和文化传统对其进行深度解读。这四章每章分析三至四名中国教师的案例。每个案例的分析均以回答下面三个问题为逻辑线索：(1) 中国教师面临的两难困境及两难空间是什么？(2) 中国教师在两难空间的思维与行动中展现了怎样的实践性知识（如内容、表征方式、结构、生成机制等）？(3) 这些教师实践性知识具有哪些中国社会文化意涵？

第一章通过勾勒国内外有关教师实践性知识研究的谱系，提出在中国社会文化视域下探讨教师实践性知识的独特思路及其必要价值，进而引出研究问题，交代本书“实践优先”的研究立场。

第二章从社会和文化两个维度梳理了中国教师实践性知识的视域背景。其中，在社会之维，主要看到中国社会转型之下处于十字路口的教师，其实践性知识在各种不同的要求和张力之间如何被激发。在文化之维，我们认为中国传统文化中的物我一与、身心一如的整体观，知行合一、以身体道的实践观，以及从容中道的中庸观，是当前中国教师实践性知识的重要精神资源。进而，我们提出教师实践性知识研究的新视角，即从两难空间入手捕捉并分析中国教师实践性知识的表征与意涵。

第三章讨论的是中国社会文化视角下的教师身份认同。教师身份研究关注教师的内在认同与外在认同，它是教师在专业认同基础上的自我识知。本章介绍的三个案例，旨在说明教师在两难困境中形成了什么身份以及这些身份生成的过程。其中，教师在学科教师和教育者的身份之间，在考试压力与职业理想之间，在从新手到熟手的过渡中，不断重构教师身份，形成了对教师职业的认同感。这三个案例揭示了教师在中国社会文化情境下如何通过决择和行动建立作为教师的群体归属感和个体存在感，从而形成自己独特的有关身份认同的实践性知识。

第四章介绍的是中国社会文化视角下教师的思维决策。教师在教育教学活动中面临各种两难困境，因此无时无刻不在做决策，其中就体现了他们的实践性知识。在本章的三个案例中，教师面对教育工具价值的考量，通过自身同情心的践履以实现真正的人文关怀；面对高考制度的压力，教师用“中规中矩”的教学意象，来寄托自己的教育信念与理想；面对强大的传统力量，教师运用学校内部话语，通过去情境化与再情境化的策略来实现教育变革。这些案例表明，教师的思维决策都深受中国文化传统的影响，如同情心、中道和审时度势等。

第五章探究的是中国社会文化视角下教师的专业行动。本章以三位教师的个案为例，探究教师在面临教学两难困境时如何采取行动，以及指导他们行动的实践逻辑。在这些案例中，有的教师面对的是不乐观的教育现实与自己探求职业意义的两难，有的教师面对的是学科教学规律与学生自主创造学习的两难，还有的教师面对的是自己预设的教学方法与无法预料的学生学习表现的两难。通过对这三个案例的分析发现，教师在具体的教育教学行动中体现了应对两难困境（做事）与成就自身（为人）的统一。

第六章探讨的是中国社会文化视角下教师的专业发展。本章涉及教师专业发展的三种两难：师范生初入职场时面临的教学与管理的两难，大学教师面临的教学与科研的两难，教育工作者面临的教育他人与教育自我的两难。本章的案例中，虽然涉及不同学段、不同专业发展阶段的教师，但是他们所面对的两难困境都折射出具有中国社会结构与文化特色的一般性。同时，他们的应对策略也颇具时代特色，呼应了当前落实立德树人根本任务、深化教育评价改革、建设高素质专业化教师队伍等新时代议题。

第七章是总结、讨论与建议。基于第三章至第六章的案例分析，本章进一步讨论了中国社会文化视域之下，教师实践性知识的表征样态与社会文化意涵。我们的研究发现，教师的实践性知识既有中国历史文化的传统痕迹，也有新时代社会改革与发展的脉动。以教师的实践性知识为切入点，反思中国教师的职业特征，具有很强的适切性。最后，我们立足新时代的中国教育改革，对教师教育政策制定部门、教师教育者及其机构、一线教师和教师教育研究者提出了建议。

在理论意义上，本书超越了传统的、西方中心的客观主义知识观，认为教师以自己独特的方式拥有知识，即实践性知识。教师这个职业的特征（如价值性、复杂性、不确定性、特殊性、情境性等）也决定了客观、中立的知识观之乏力，需要以中国本土化的、教师作为“人”的立场来展开研究。中国教师生长于本土文化传统，处于特定的社会情境之中，他们的思维和行动具有中国文化传统和当下社会结构的烙印，他们也在不断发挥自身的主体性和主动性，重构着自己所处的文化传统和社会结构。中国社会文化的种种特征（如重视教育，人口众多，升学竞争压力大，中庸、择宜、随势而为的思维方式，对“权威”的敬畏，秩序观，师道尊严，等等）对教师实践性知识的形成有重要的影响。与此同时，教师作为行动中的“人”，也在影响、改造和重新阐释着自己所属的“小传统”（学校文化）和“大传统”（中国社会文化）。从社会文化的角度进行研究，能够超越课堂和学校的狭小场域，在凸显教师主体能动性的同时，扩展研究的视野并增加研究的厚度。本书使用社会文化的视角，揭示中国教师在面临各种两难困境的情况下，如何在两难空间中进行意义协商和行动斡旋，据此形成自己的实践性知识，其结论对于形成有中国特色的教师教育理论具有启示意义。

在实践意义上，本书认可教师实践性知识是一种独特的知识类型，丰富了社会各界对“知识”的多样化理解，能够提高教师职业作为“专业”的合法性，为教师和教师职业赋权。通过激发教师对自己独特知识的自识，能够培养和提升教师自我发展的意识与能力，进而在各类教育变革中发挥更大的主动性和创造性。实践性知识虽然体现在教师个体的行动中，但它具有教师专业的群体特征。通过在我国的学校现场和课堂内部深入细致地、系统地研究教师的典型实践，能够提炼出中国教师实践性知识的主要特征和独特表现形态，形成一定的类型、结构和范例，进而有利于更加有效地对教师实践性知识进行管理、传播和更新。

在政策意义上，本书的研究结果能够为教师专业发展的政策制定和实施服务。当前我国师范教育中实践的弱化和实习教育理论的缺席，导致了教师职前教育的适切性严重不足。同时，教师资格准入标准与晋升政策的不完善，也很难持续、有效地引导教师专业发展。希望本书作为一项基础性研究，能够为教师职前培养和职后培训的模式提供创新思路，为完善教师资格认证、专业认证、教师晋升指标体系、教师教育机构资格标准的制定和评估等工作提供理论基础。实践性知识实质性地主导着教师的教育教学行为，连接了教师过去的经验、现时的行动和对未来的筹划，它体现的是教师的专业生活方式，特别是教师的决策意识和行动能力。因此，对教师实践性知识进行研究有利于理解教师工作的本质，进而有助于形成更加有针对性的政策和措施，促进我国高质量教师队伍的建设。

最后，在新时代呼吁中国原创教育学思想的背景下，本书正是一次立足于中国社会结构和文化传统的积极探索，希望从中国教师的立场出发，帮助中国教师发出自己的声音。这些声音看似微弱，却恰恰构成了中国教育学最为广泛的人性基石。

目录

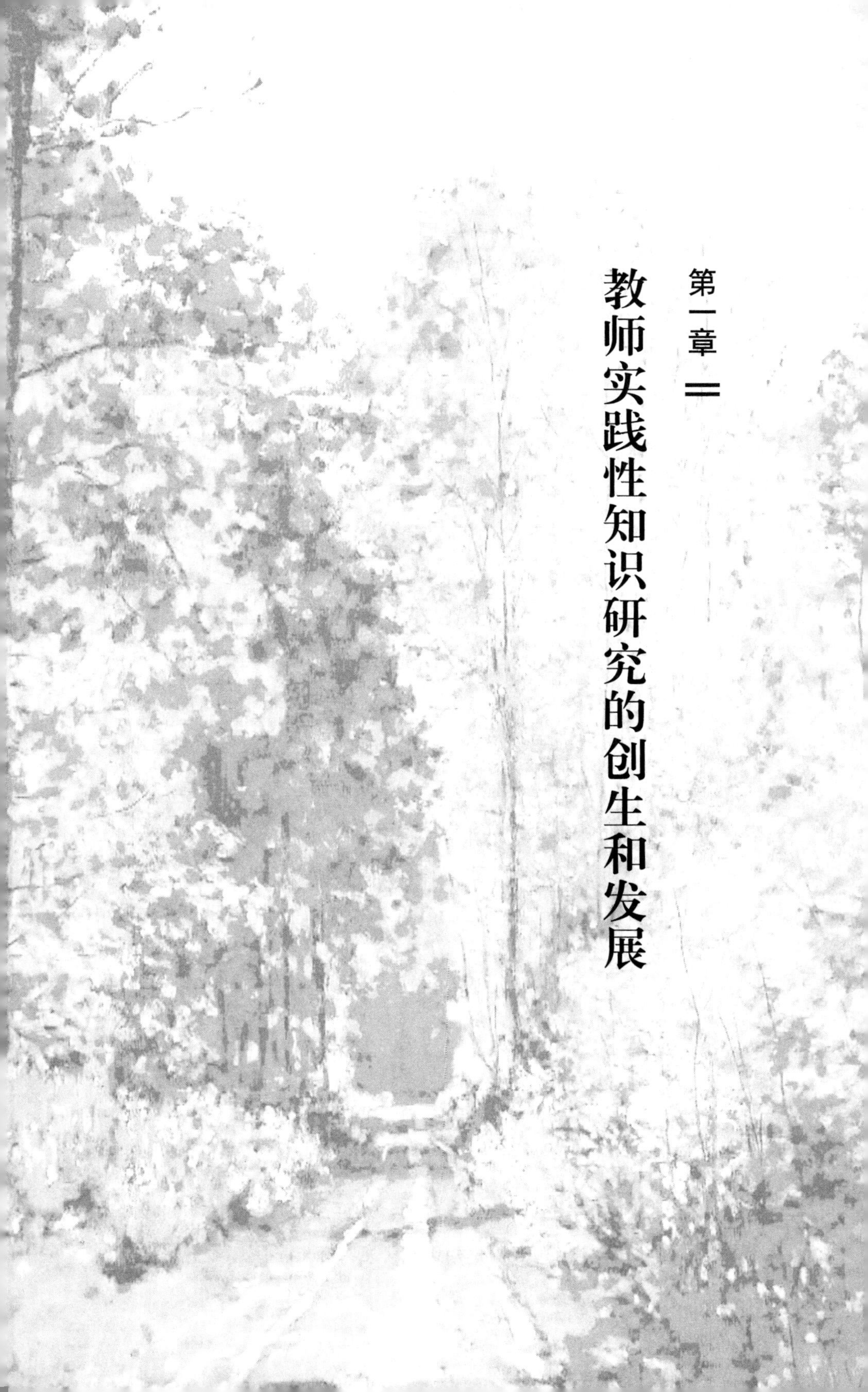

第一章 教师实践性知识研究的创生和发展

1976年5月，一个平常的傍晚，一名以色列女留学生在自己的出租屋内与一名加拿大中学英语教师喝茶闲谈，讨论北美地区校本课程开发的教育改革以及教师面临的新挑战（Elbaz，1983：173-185）。或许，二人无法想到，她们的这次谈话酝酿了国际教师教育研究一个新的领域。这名以色列人是当时在多伦多大学安大略教育研究院攻读博士学位的弗莉玛·埃尔巴兹（Freema Elbaz），这名加拿大人则是她的研究参与者、中学教师莎拉（Sarah）。在随后的二十一个月里，埃尔巴兹对莎拉的教学实践和意义解释进行了系统研究，并在导师麦克·康奈利（Mike Connelly，又译麦克·康内利）的指导下完成了博士论文《教师实践性知识：案例研究》（Elbaz，1980）。该研究提出的开创性概念——“教师实践性知识”（teacher practical knowledge）——成为20世纪80年代以来国际教师教育研究的一个热点词，指引着诸多教师教育改革项目的设计与实施。

半个多世纪以来，教师实践性知识研究的创生与发展，俨然成为一个重要的“知识现实”（伯格 等，2009：1-3）。本章作为全书的开篇，力图帮助读者清晰地看到教师实践性知识研究是如何在全球教育变革的社会情境中产生、发展和推进的。这样的梳理对我们从中国社会文化视角开展本土教师实践性知识的研究具有先导性意义。

第一节 思想史视域下的教师实践性知识

关于教师实践性知识的研究有着短暂的历史，但是“实践”与“知识”的概念则由来已久。我们首先从思想史的视角尝试梳理“实践性知识”理念中对于“实践”的基本认识，以及这种认识是如何在过去半个多世纪中演变与发展的。

一、实践及实践性知识的概念

实践性知识之“实践”，源自亚里士多德的“praxis”概念，它是一种反思性的实践活动，具有在理论和行动之间不断游走的辩证张力。亚里士多德在《尼各马可伦理学》中区分了人类生活的三种主要活动形式，即理论沉思（theoria）、制作（poiesis）和实践（praxis）。“理论沉思”是对永恒的事物进行思考的方式，即通过理性的洞见来获得真理；“制作”是物质生产或艺术创作的过程，关注的是产出和结果；而“实践”是人运用智慧与德性来处理实际事务的行动。

相应地，“理论的知识”是指科学知识，是一种关于不变事物的知识，它是在认识过程中被抽象出来的、形式的、证明的和分析的一般性知识，其中最具有代表性的就是数学。理论知识的目的在于为真理而追求真理，其认识形式表现为归纳和演绎。“制作的知识”是指有关生产和制造的知识，包含艺术和技能，其主要目的是创造产品。亚里士多德将这类知识看作手工艺者和工匠的知识。制作并不是单纯的技术活动，也要求有一定的创造性，它起源于手工艺者的理念、想象。在制作的过程中，原有的理念、设想也要被调整、修正。与前两种知识类型相比，“实践的知识”是指人在实践活动中形成的有关怎样做的知识，其目的在于获得关于人的生存的知识，并认识到这种知识对人的伦理和政治生活的指导作用。

从上述分析可以看出，“实践”不是理论知识的应用，也不是技术知识的生产性活动，而是人在生活中自由选择的可能性活动，与人的行为或行动的道德层面相关，具有强烈的价值取向。其价值并不只是体现在活动的成果方面，还体现在自身活动中，体现在进行正当的决策和行动的过程中。这种价值是内在的，而不是工具性的。它包含着一种基于对“什么是善”的一般理解，在具体情境中做出正当决策的能力。这种理解越是广泛而根本，实践活动就越完善。从“实践”的角度审视教师工作的特征，就可以看到教师职业中充满了亚里士多德所说的“实践性”特点。

教师实践性知识研究的核心问题是知识与实践的关系问题。自古以来，哲学家们就在思索知与行之间的辩证关系，在西方有苏格拉底，在东方则有孔子。德谟克利特对“暧昧知识”与“真实知识”的区分让我们看到了实践性知识最初的影子（方明，2005：28-29）。而杜威对知行关系的探讨则将实践与理论的关系问题直接引入了教育研究。但是，将教师实践性知识作为一个具体的研究领域，并明确提出“教师实践性知识”这一概念，则是近半个世纪才出现的事情。

关于“教师实践性知识”的定义，埃尔巴兹（Elbaz，1983）认为，它是一种教师以独特方式拥有的，关于学生、课堂、学校、环境、学科、学习和社会等方面的知识，它被每位教师整合成个人价值观和信念，并以教师的实际情境为取向。加拿大学者康奈利和克兰迪宁（D. Jean Clandinin，又译柯兰迪宁）认为，教师实践性知识是教师通过教学经验所获得的实际的东西，它表达了一种从经验中获得的、在工作和生活环境中学到的，并在实际情境中展示的个人实践知识（Connelly et al.，1985）。荷兰学者沃鲁普等（Verloop et al.，2001）则认为，那些构成教师实践行为的所有知识和洞察力，以及隐含在教师行为背后的知识和信念是教师的实践性知识。我们的研究团队（陈向明 等，2011）则将教师真正信奉的，并在其教育教学实践中实际使用和（或）表现出来的对教育教学的认识视作教师的实践性知识。总而言之，"教师实践性知识"这一概念，是一个奇妙的结合体，它的提出突破了教师的理论知识与实践工作之间的二元对立。正如提森（Thiessen，2000）在世纪之交讨论教师教育研究的趋势时所指出的，"教师实践性知识"的研究最有前景，因为这种研究把教师的教学活动看作一种知识工作，强调把实践性知识与理论性（或命题性）知识并列起来使用。

教师实践性知识研究的提出，不仅回应了当时世界范围内教育变革对教师的新要求，而且内蕴着教师专业化的一个重要历史问题。布鲁巴克（John S. Brubacher）在其《教育问题史》一书中曾指出，教师社会地位低下的主要原因在于教师专业知识水平不高（布鲁巴克，2012：497）。与此相关，历史上教师专业化的努力也主要从教师知识的专门化、规范化入手。从专业社会学的角度看，拥有系统的知识是一个"专业"的必备条件（Beck，2008）。以往的教师教育研究者，以可编码的"硬"知识作为追求专业化的标准，最终却总是得出教师知识不足、水平不高的结论。

而教师实践性知识研究者巧妙地注意到，如果以实证主义的知识观来审视教师的知识结构，无疑会走入死胡同。教育是一门精微的实践艺术，即便是普遍性的原则和规律，当面对个性化的学生、多元化的社群以及变动不居的社会历史情境时，也都可能会失去效力。教师实践性知识研究者通过视角转换，重新反思了“知识”的定义：知识不完全是理性主义或经验主义所认为的外在客观实体，而是主体在一定的情境条件下（特别是在问题解决的过程中）所获得的认识结果，是一种社会文化建构。在这个意义上，教师实践性知识研究对专业社会学的论域亦有所贡献，从更加贴近专业实践者的行动立场赋予了“专业”新的属性。

根据赖尔（G. Ryle）的观点，对于知识，有博物馆式的拥有与工作坊式的拥有之分：前者对知识进行分门别类的梳理，而后者指在实际情境中对知识的运用（赖尔，1992）。之前学者们按照学科逻辑，对教师知识进行博物馆式的归类（如学科知识、教育学知识、学科教学法知识等），虽然在概念上容易理解，但难以回应教师在实践中遭遇的困境，也难以捕捉教师在行动中的技艺。而将教师实践性知识这一知识形态作为类别，采取的是工作坊式的归类，基于问题发现和解决的目的，突出教师在现场对知识的即兴反映，采用的是意义性、情境性和整体性的个人知识观。这种知识观更适合教师理解自己的职业，发展自己的专长，也更有利于对教师的复杂工作开展研究。

提出教师拥有实践性知识，并不说明教师就不需要理论性知识（陈向明，2018）。在我们最初提出的教师实践性知识概念的属性中，就包括对理论性知识的理解、解释和运用。在教师遇到问题并通过探究而生成新的实践性知识的过程中，理论性知识会帮助教师明确问题所在，并提供行动建议。教师的实践性知识在被明言、被认可、被检验之后，也会发展为理论性知识（如蒙台梭利教学法就是从实践中摸索出来的一套幼儿教育教学方法）。从某种意义上说，理论性知识与实践性知识是辩证统一的关系，它们都可以被看作工具，其功能都是导向明智的行动，并最终获得更好的实践，其不同之处只在于它们在教师实践中的角色有所不同（陈向明 等，2012）。最近，随着研究的推进，我们从主体性视角出发，重新审视教师实践性知识，更加关注教师在理论与实践之间所持的批判性思维和探究立场（魏戈，陈向明，2018；魏戈 等，2019）。很显然，对教师知识的研究需要弥合理论与实践之间的鸿沟，将教师的本土知识理论化，将理论性概念和方法实践化，根据解决问题的实际需要，兼容各种知识的多样化功能。

二、教师实践性知识研究的谱系

为了梳理教师实践性知识研究的路径和学术群落，我们绘制了教师实践性知识研究的谱系图（见图 1.1）。在横向维度上，我们采用了时间的视角。根据斯金纳（Quentin Skinner）的观点，思想史研究如果采用一种明确的历时性方法，许多问题将变得更为清楚，如概念革新的现象、语言与意识形态的变迁等（斯金纳，2005：133）。我们将 20 世纪 60 年代施瓦布（Schwab，1969）在课程领域提出“实践”（the practical）的概念以及盖奇（Gage，1963）提出的“教师知识”（teacher knowledge）概念作为时间起点，因为他们二人被多数西方学者认作为教师实践性知识研究的奠基者（如 Ben-Peretz，2011；Fenstermacher，1994）。我们以十年为一个跨度对时间进行切分，以抓住研究主线的变化，避免分析过于细碎。

在纵向维度上，我们采用了空间的视角，试图发现教师实践性知识研究在人文社会科学话语群落中与其他研究领域的家族相似性（Wittgenstein，1953：184）。同时，我们考察教师实践性知识研究作为一种学术话语，与社会-政治话语、教育-教学话语之间的关系。概言之，我们力图从两个方向探究教师实践性知识研究的思想史——从上，教师实践性知识如何受整个人文社会科学研究的浸润；至下，教师实践性知识又如何向教师的专业实践与日常生活逼近。

在这个横纵交叉形成的二维结构中，教师实践性知识研究的关注焦点从源于实践、实践取向的旨趣定位，到聚焦知识、以知识作为实践的另一重本性，最后开辟了以教师专业精神为主题的深层次探源。而教师的身份认同、伦理承诺、价值追求成为教师实践性知识研究领域更加多样化的语汇。

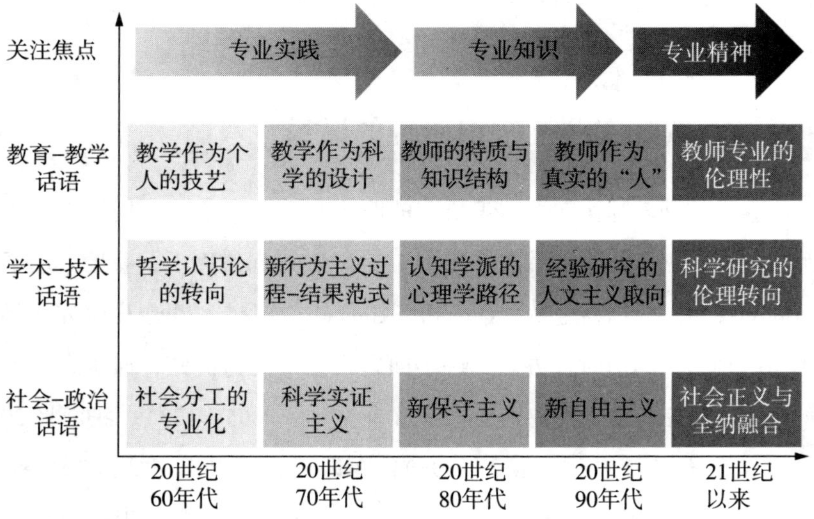

图 1.1　教师实践性知识研究谱系

接下来，我们将分别展现教师实践性知识研究的创生期（1960—1990 年）与发展期（1990 年至今），探寻教师实践性知识研究与社会、政治、学术、教育话语之间抗争、妥协，乃至相互渗透的复杂互动关系。这样做的目的是明晰地梳理教师实践性知识这一研究领域的学术史，由此推出从中国社会文化视角探察教师实践性知识的学理价值。

第二节 教师实践性知识研究的创生

教师实践性知识研究的创生，经历了近二十年的酝酿。研究者凭借对教师从外在行为到内在思维的研究焦点转变，一步步靠近实践性知识的内涵，完成了对该领域相关概念的界定、资源的开拓以及路径的探索，为后期研究奠定了重要的基础。

一、专业化进程中哲学认识论的转向（1960—1970年）

对教师实践性知识研究的追溯，往往以施瓦布的“实践三部曲”作为起点，因为他在课程与教师教育领域将“实践”这一概念放在极其重要的位置。施瓦布作为课程专家，在主导芝加哥大学生物学等理科课程的改革时，批判了当时课程领域理论与实践相脱离的问题。他指出：“课程领域已经奄奄一息。如果依靠当前的方法与原则，不能够为教育的进步做出有意义的贡献。……只有将课程领域的注意力从理论样式（theoretical discipline）转移开来，课程研究才能重获新生，才能成为美国教育质量更新的贡献力。”（Schwab，1969）施瓦布将“理论样式”的失败归因于理论和实践之间的脱节以及行为科学自身的理论特点，并提出了实践旨趣的课程理论。自此，“实践”成为北美课程与教学研究者关注的新议题，并向欧陆扩散，1968—1973 年英国新课程社会学与课程文化研究的萌发均与此有关。

施瓦布“实践样式”的提出并非毫无历史背景。在同一时期的哲学领域，后实证主义的兴起对传统知识论提出了挑战，行动者在实践中的个人知识（personal knowledge）成为知识论研究发展的重要基础（Polanyi，1957）。早在 1949 年，哲学家赖尔（Ryle，1949：32）就指出，理论和实践应该是统一的，“知道什么”和“知道怎么做”的划分错误地将两者一分为二，知识与行动应是一体的。与施瓦布同一时期的哲学家波兰尼（Karl Polanyi）也提出：“人类有两种知识。通常所说的知识是用书面文字或地图、数学公式表达的。还有一种知识是不能系统表述的，例如我们有关自己行为的某种知识。如果我们将前一种知识称为显性知识的话，那么就可以将后一种知识称为缄默知识。可以说，我们一直隐隐约约地知道我们确实拥有缄默知识。”（Polanyi，1957：12）这种尚未被编码的、非结构化的知识，通常以行家绝技、习惯、信念、诀窍等形式呈现，并寄居于人体内部（郁振华，2012）。波兰尼的“缄默知识”概念与施瓦布的“实践旨趣”并行，成为当时理解教学作为一种技艺（craft）的重要视角。

在此时期，与教育领域相呼应的社会-政治话语，则是对教师作为专业人员的诉求。“二战”后，各国经济百废待兴，技术的进步加快了社会分工专业化的进程。如果说知识论转向为教师实践性知识研究提供了哲学基础，那么社会学领域关于“专业与专业标准”的研究，则成为实践性知识作为教师专业知识基础的重要推动力。在社会学领域，20 世纪 30 年代前后占据主流的结构功能主义认为，一个成熟的专业应该拥有抽象的、深奥的知识和技能，而这些知识和技能可以通过教育和训练获得（Brandeis，1933：2）。受此影响，1966 年国际劳工组织与联合国教科文组织发布的《关于教师地位的建议》（Recommendation Concerning the Status of Teachers），首次提出教师专业发展的问题，并且提出了推动教师专业化的若干建议，具体包括规范教师角色、专业标准、专业能力等。

在这样的话语背景之下，为了寻找教师专业性的依据，教师教育领域形成了两支立场不同的研究流派。其一，是在结构功能主义之下的教师专业研究；其二，则是取道解释主义的视角，摆脱结构功能主义束缚，形塑教师专业新的属性。后者不仅为诸如施瓦布这样的课程理论学者所采纳，也体现为教育社会学者的新尝试。例如，杰克逊（Jackson，1968）及其代表作《班级生活》（*Life in Classroom*）挑战了当时主流的社会科学研究方法，大胆地采用民族志的观察法，研究课堂教学作为一种社会情境的独特性。此类研究有助于人们更好地理解教师工作的复杂性以及教师职业的特殊性。

虽然20世纪60年代尚未提出“教师实践性知识”这一术语，但是“实践”“经验”等概念已然成为那一时期的新话语。如果我们将1966年《关于教师地位的建议》看作对“教师作为专业”的诉求正式登上历史舞台的一个节点，那么可以肯定，教师实践性知识研究是在这样的历史背景之下产生的动议，是教师专业化过程中与传统抗衡的学者们另辟蹊径的产物。

二、科学实证主义统治下的另类暗流（1970—1980年）

20世纪70年代，美苏争霸、双峰对峙的局面逐渐被打破，第三世界的崛起使世界政治格局被重新划分。世界各国都力求通过科学与技术的进步推动综合国力的发展，而科学实证主义统治下的社会生产与知识范型，也深刻影响了教育研究与实践的价值取向。根据文献记载，有关教师对教学有效性的热捧（Flanders，1977），学生智商测试在中小学校的推行（Sorotzkin et al.，1974），以及教师人格特质测量的风靡一时（James et al.，1977），足以证明实证主义已经成为当时主流知识论的基础。

科学实证主义采取的是一种工具性取向，强调借助特定科学知识来解决具体的技术性问题。它假设，认知过程是外界现实的镜像反映，认知主体不受文化环境的影响。而实证主义范式下的心理学，以早期桑代克（E. L. Thorndike）的“实验心理学”和斯金纳（B. F. Skinner）的“新行为主义心理学”为代表，后来发展为“信息加工理论”，深刻影响了当时的教师知识研究。考尔德黑德（Calderhead，2012）曾指出，实证主义视域下的教学研究，就是要找到一些原理或法则式的陈述，使教学行为可以被预测并控制。这种教学研究范式被西方学者称为“过程-结果”范式（Freeman，2002），教学被看作科学设计的结果。

从潜在的方法论角度，“过程-结果”范式下教学研究的目的是将教师的教学行为与学生的学业成就联系起来。“过程”指的是教师的课堂行为以及师生互动，被称作“过程变量”；而“结果”指的是学生的学业成就。该时期前后，有大量研究者对课堂教学情景做了实验研究。美国著名心理学家、教学设计大师加涅（Gagné，1977）在20世纪70年代提出了九大教学事件，在一个线性流程中，教师的知识从内向外最终传递到学生的头脑中，通过学生的学业成绩得以外显。这种范式的弊病在于，幻想用通用的教学原理生产出一系列通用的教学技术。这也导致了职前教师教育理论与实践的脱节，因为新手教师从未接触过不确定的教学现实。

然而，如果我们对教师工作有足够的了解就知道，教师在教育教学情境中的决策，并非仅仅与教师的“行为”有关。真正决定教师采取何种行动的根源是他们的思维，是一种内隐的认知逻辑。我们所观察到的教师行为是“无思想的”（thoughtless），行为本身并不决定教师专业的独特性；而思维与行动之间的关系才是关键。思维与行动关系的黏合剂则表现为教师的实践性知识，即教师在教育教学过程中信奉并实际使用的知识。科学实证主义心理学以外在行为决定内在思维为逻辑，往往预设了一套标准化的理论框架，但它并不能完全符合教师个性化的教育教学实践，因此也并未得到某些教育学者的认可，其中就包括托马斯·格林（Thomas Green）和理查德·罗蒂（Richard Lortie）。

托马斯·格林在1976年提出了“实践主张”（practical argument）的概念，可以被看作“实践性知识”概念的前身。一直到20世纪90年代，美国教育哲学家芬斯特马赫（Fenstermacher，1994）依然在教师教育领域沿用这个概念。格林（Green，1971，1976）曾指出，如果我们更加清楚地看到教师实践主张背后的前提假设，理解它们是完整的、相互连贯的，而且具有说服力（cogent），那么我们就能推动这个领域的研究。显然，“实践主张”这一概念将教师的外在行为与内隐思维联系起来，不仅突出了实践性知识的行动性和情境性，而且突出了它的逻辑性。

此外，教育社会学家理查德·罗蒂受20世纪70年代符号互动论的影响，在《学校教师：一项社会学研究》（*Schoolteacher*：*A sociological study*）一书中研究美国教师对教育教学生活的意义建构，其中既有纵向的对教师专业发展的历史回顾，也有横向的对教师工作多维度的探讨（Lortie，1975）。更加重要的是，他深度挖掘了教师的内在感受，从教师自身出发诠释了教师与学生、学校和同事之间的互动关系，揭示了教师思维与行动背后丰富的情境资源。

总结20世纪70年代的历程，虽然心理学领域中“过程-结果”的实证主义范式主导了教育研究领域，但是依然有“异类”学者从更加个人的、情境的角度来研究与教师工作有关的问题，这也成为20世纪80年代教师实践性知识研究的重要催化剂。以格林和罗蒂为代表的研究者，敏锐地意识到主流研究的不足，另辟蹊径为教师实践性知识研究提供了前期理论概念和方法支持。他们坚守个人的研究旨趣，为“教师实践性知识”成为一个术语赋予了合法性。因此，弗里曼（Freeman，2002）在回顾教师知识研究时认为，20 世纪 70 年代对于教师实践性知识研究来说，不仅不能被忽视，而且是非常重要的十年，因为有关教师实践性知识的基本结构性要素（如教学内容、思维过程、先前经验、情境等）在这一时期被提上了议程。

三、新保守主义思潮下的知识结构研究（1980—1990 年）

20 世纪 80 年代，科学实证主义遗存又乘上了新保守主义的东风，导致教育行政部门一方面开始质疑曾经盛极一时的进步主义教育运动，另一方面以更加精准的分析式思维来研究教学活动。在美国，里根政府的上台推升了新保守主义思潮影响之下的“回到基础”教育运动。抓住学科知识，以评估促学业，成为当时教育改革的基石（陆有铨，2012）。由此，进一步改善教师队伍质量、提高教师素质成为当务之急。

在美国，20 世纪 80 年代公立学校质量堪忧，教师缺乏规范的职业认证，而且流失严重（NCEE，1983）。当时社会上流行一种说法，讽刺教师专业水平不高——“能者做，不能者教”（Those who can，do；those who can't，teach）。如何重塑公众对教师职业的尊重，成为一个亟须解决的问题。1983 年，全美优质教育委员会发布了《国家处在危机中：教育改革势在必行》报告（NCEE，1983），随之掀起了教育改革的浪潮。与此同时，霍姆斯小组发表了报告《明日之教师》（the Holmes Group，1986），紧密围绕教师专业地位的问题，对 20 世纪 80 年代美国的教师教育改革提出建议。不少西方国家紧随美国之后，也开启了新一轮的教育改革，特别聚焦教师素质的提高。而教师作为知识工作者“应该具备什么样的知识基础?”成为一个绕不过的问题。

20 世纪 80 年代，是教师实践性知识研究正式诞生的年代，因为“教师实践性知识”作为一个学术概念被正式提出，并且成为教师教育领域一个独立的学术研究主题。不过，此时的教师实践性知识研究是一个“矛盾体”。一方面，它尊重教师工作作为一种专业，以情境的、经验的、个人的视角进入教育教学实践展开研究；另一方面，它又受到当时社会-政治话语的影响，得出了一些客观的、显性的、普适的研究结论。在新保守主义思潮影响下，当时的教师实践性知识研究与教师专业发展的“特质模式”类似，旨在研究教师的专业知识构成，并对此进行条分缕析的解释。

以教师实践性知识研究的拓荒者埃尔巴兹为例，她的博士学位论文《教师实践性知识：案例研究》之所以使用“实践性知识”的概念，是因为她关注到教师工作的行动取向和决策取向。从某种程度上说，她把主动建构知识作为教师的一种专业价值，将教师视为教育教学资源的拥有者。这些资源能够使教师采取积极的行动，决定自己的工作目的和风格（Elbaz，1983）。她的研究对教师实践性知识的内容和结构进行剖析后，最终将教师实践性知识分为五类，即关于自我的知识、关于环境的知识、关于学科的知识、关于课程的知识、关于教学的知识。这一研究发现在后来很长一段时间内成为教师实践性知识研究的基本框架。

发源于加拿大的教师实践性知识研究，在 20 世纪 80 年代迅速传播到地理毗邻的美国。时任美国教育研究协会主席舒尔曼（Shulman，1987）所提出的“教学化内容知识”（pedagogical content knowledge，PCK，又译“学科教学法”），以及随后科克伦等（Cochran et al.，1993）进一步发展出的动态“教学化内容识知”（pedagogical content knowing，PCKg）等概念，都是教师实践性知识的典型表征形式，体现了教师为了将书本知识、教育教学理论转化成学生可理解、可接受的知识形式所做出的努力。舒尔曼力图通过教学化内容知识的发现，证明教师“只有理解，才能教人”（Those who understand, teach!）（Shulman, 1986），并以此作为教师专业独特性的依据。但是，舒尔曼的研究最终还是步入了知识分类的视域。到后来，舒尔曼带领的斯坦福大学教师教育研究团队，在很大程度上依然延续了这一知识分类的路径，对教师的知识结构进行探讨（如 Grossman, 1990），并以此知识框架指导了当时加利福尼亚州等地区教师教育课程的建设。

与埃尔巴兹和舒尔曼不同，同一时代的唐纳德·舍恩（Donald Schön, 1983）批判了对专业知识进行类别化、专门化、标准化的研究。舍恩汲取了杜威关于“反省式思维”（Dewey, 1938）的思想，通过对建筑设计、管理、心理咨询等多个专业领域的长期观察，发现专业实践者存在两种反思方式：“对行动的反思”（reflection on action）和“在行动中反思”（reflection in action），并认为后者是实践性知识产生的重要机制。舍恩认为，当实践者进行这种反思时，就会成为实际情境中的研究者，并在这种过程中获得正式的和严谨的专业知识（Schön, 1983: 69）。换句话说，专业知识不仅是前提性的，而且体现在专业实践的行动中和反思的过程中。此论断抓住了实践性知识的动态特点，即在实践与反思之间往复运动。

根据芬斯特马赫的总结，20 世纪 80 年代教师实践性知识的研究呈现出两条不同的路径：其一是埃尔巴兹的开创性研究，其二是舍恩继承杜威实践反思取向的研究（Fenstermacher, 1994）。在上述分析中，我们能够清楚地看到两者的区别：前者受新保守主义的影响，致力于对实践性知识的内容结构进行剖析，这在研究的初期对于概念建立、领域创生具有重要的意义，却遗失了实践性知识的整体性和情境性；后者则更加贴近实践性知识的本色，从过程性角度解释了实践性知识在理论与实践之间交互的特点。

第三节 教师实践性知识研究的发展

经历了概念的建立与领域的创生，教师实践性知识研究进入了发展期。它一方面体现为研究方法的多样化与规范化，另一方面体现为研究者思路的转变，以整全的视角观照教师的专业工作与生活，回归教师职业的本质属性，以专业精神中的伦理与德性赋予教师实践性知识研究以价值根基。

一、人文主义对新自由主义的抵抗（1990—2000年）

进入20世纪90年代，发源于英国的新自由主义市场经济政策所带来的问责制，严重威胁了教师的专业自治。在这种社会-政治话语之下，教师的专业身份更加受到怀疑。这也促使研究者进一步反思：教师究竟是各种专业知识的组合，还是作为一个整全的“人”而存在（Day，1999）？

如前文所述，实践性知识的提出，是为了看到教师的教育教学活动是理论与实践的结合，它不仅是主观经验技艺的积累，也不单是各类客观知识的杂糅，而是由与日常生活难舍难分的整全的“人”所撑起的知识形态。尽管研究者力证教师工作是一种“专业”，但是不能忽视教师真实的生活和情绪情感体验。当 20 世纪 90 年代新自由主义挑战教师工作的专业性时，实践性知识必须作为一把利器，成为捍卫教师专业尊严和专业独特性的知识论据。

在这一时期，国际教师教育研究领域兴起的人文主义取向逐渐引起了人们的关注，并有效地回应了上述诉求。这一取向为教师实践性知识研究提供了重要的学理支撑，并与新自由主义有力抗衡。在这一取向之下，主要形成了叙事探究和现象学两种实践性知识的研究路径。

在 20 世纪 80 年代末 90 年代初，国际社会科学研究领域对经验的研究使得教师实践性知识研究向叙事方法转向（Pinnegar et al.，2007）。尽管叙事学和叙事研究的传统已有很长一段历史，但是它真正与教师实践性知识相结合则源于康奈利和克兰迪宁提出的叙事探究（narrative inquiry）。作为教师实践性知识研究的一个重要方法突破，叙事不仅是一种现象，而且是一种方法。学生、教师与研究者，都既是讲故事的人，同时也是对方故事中的主人公。教育研究是对个体与社会故事的建构与再建构（Connelly et al.，1990）。

该方法的提出与当时美国学者布鲁纳（Bruner，2004）在文化心理学领域的理论建树不无关系。布鲁纳认为，人类有叙事性（narrative）知识与范例性（paradigmatic）知识两种知识类型。叙事之所以能够与知识相连，是因为叙事本身就是生命构成的方式。换句话说，叙事描绘着生命，生命建构着叙事。

康奈利与克兰迪宁将叙事探究的方法特色与实践性知识的经验性特点进行了完美的结合。他们基于杜威关于“经验”的时间连续性与空间交互性的论述，以及施瓦布的“实践”立场，提出了“三维生活空间”的研究思路，进而建构了“教师知识景观”（teacher knowledge landscape）的概念。一改传统的认知加工和分门别类的知识类别研究，他们整体化地勾勒了教师实践性知识的复杂性（Clandinin et al.，2000）。同时，他们借助意象、个人哲学、隐喻、节律等概念，进一步走近教师的日常生活，赋予教师专业独特性以及教师作为完整的“人”的丰富性。

同样在北美地区，加拿大学者马克斯·范梅南（Max Van Manen）基于现象学“生活世界”的概念，关注教育情境中师生的“生活体验”世界，形成了以教师教学机智和实践智慧为代表的教育现象学研究（Van Manen，1994）。范梅南指出，机智是一种实践性知识，它在教学的行动中实现自身（成为现实）。作为瞬间和智慧的教育行动，机智在其真正的实践中体现的是一种知识、一种实践的信心（Van Manen，1995）。在现象学研究路径之下，教师的实践性知识具备了情境性、实践性、规范性、关系性和自我反思性，丰富了学界对教师实践性知识的认识。

此时在欧洲，英国的戴伊（C. Day）等人创建了“教师思维国际研究协会”（The International Study Association on Teacher Thinking，ISATT），后更名为“教师与教学国际研究协会”。该学术组织的成立为教师实践性知识研究提供了机构平台，同时，该协会会刊《教师与教学》（*Teachers and Teaching*）发表了大量关于教师实践性知识的研究成果。该组织秉持教师教育研究的人文主义取向，将教师的生活引入实践性知识之中，并把教师看作处于社会历史情境下，但又拥有独特经验和判断的个体。在标准化运动、问责制横行的20世纪90年代，这类研究主张给予了教师更多的专业自主，成为教师实践性知识研究领域中一股另类力量。

二、社会正义与全纳融合下的伦理转向（2000年至今）

当科技的进步发展到一定阶段时，社会的主要矛盾则越来越体现为“人的问题”（杜威，2006）。在罗尔斯（J. Rawls）、诺齐克（R. Nozick）、阿玛蒂亚·森（A. Sen）等社会科学大家的理论奠基下，社会正义与全纳融合成为21世纪全球治理的政策与实践主题，引起了学界的广泛关注。当多元文化、公民身份、阶层流动等问题在全球范围扩散，学术-技术的研究不再被视作基础理论性或实践应用性的简单二分，研究者还需要看到其是否对现实社会的改造和（或）对人的发展具有价值。

在教育领域，从2000年联合国教科文组织发布《达喀尔行动纲领》，提出“全民教育”（Education for All）目标开始，到2015年世界教育论坛发表《仁川宣言》，提出迈向包容、公平、有质量的教育，我们见证了国际教育改革风向标的扭转——不再简单地关注效率、标准，而是出现了伦理的转向。在学术界，美国教育研究协会（American Educational Research Association，AERA）和欧洲教育研究大会（European Conference on Education Research，ECER）近些年的年会主题均围绕“社会正义”（social justice）、“平等”（equality）、“融合”（solidarity）、“全纳”（inclusion）等理念，这也促使教师实践性知识研究者开始思考伦理维度。

其实，早在古希腊时期，亚里士多德提出的“实践智慧”（phronesis）概念就体现了知识中的伦理与道德维度。在20世纪80年代，美国教育哲学教授巴赫曼（Buchmann，1984）也从实践的本性出发，对比了实践性知识与理论性知识的不同，即导向一种智慧行动的推理和导向真实结论的推理是不同的。巴赫曼指出，教师的实践性知识不是简单的计划或者决策，它远远超出了行动与效用，而是通向一种沉思性的（contemplative）实践生活。只不过在当时的社会思潮和学术主流影响之下，这些观点并未得到太多的关注。

进入21世纪，当社会正义与全纳融合的话语占据上风时，伦理维度在实践性知识研究领域得到了重视和新的扩展。例如，美国教师教育研究者肯尼迪（Kennedy，2004）使用了“实践意图”（practical intention）这一术语来指称教师实践性知识运作的核心。她从实践性知识的认知层面走向了非认知层面，探讨了教师实践意图背后的恐惧、希望、期望、义务感，其中的意向性表达了教师实践中蕴含的价值倾向。

新加坡的克里斯汀·陈（Chen，2005）通过调查十七位新加坡教师的实践性知识指出，教师对儿童的关怀是教师实践性知识的重要基础。教师是儿童的榜样、机会的创造者、课堂的管理者，更是儿童的养育者以及儿童发展的促进者。教师作为多面手（octopus），他们的原则与规则透露着对学生的尊重、责任心，以及对教学的承诺。

在发展中国家，伊朗学者格拉米（Gholami，2009）通过对六名英语教师的研究，论证了教师实践推理结构中的个人教学信念系统。他发现，一个“好的”（“善的”）教学实践，要求教师的实践性知识表现出行动的道德性（morality of action）。有效的教学背后暗含着一种“关心的教育学”（caring pedagogy）与“道德关怀”（moral care）的立场，该立场使得教师实践性知识研究从描述性走向规范性。

我们（Chen et al.，2017）最近的研究也紧扣“伦理转向”（ethical turn）这一关键词，将教师实践性知识深植于复杂的意义网络之中，看到教师日常的教育教学实践背后隐藏的对改革政策的折中、与学校管理的协商以及对不同背景学生的关怀。教学是一种道德实践，教师不仅要有意识地掌握相关的伦理原则，还要充分地将这些原则运用到具体的教育教学活动中。实践性知识的伦理维度作为教师独特的资源，可以丰富我们对教师工作和生活以及教师专业属性的理解，并对教师教育、政策制定和教育改革产生重要影响。

我们的研究团队在2006—2009年就教师实践性知识进行了实征研究。通过与一线教师密切合作，深入课堂观察教学，深度访谈，写作教育叙事和案例，收集相关实物和文本，开展参与式活动，我们对教师实践性知识的概念定义、内容类型、表征形式、生成机制以及生成媒介等形成了相对系统的见解。我们的研究提出了一些具有原创性的观点，如教师实践性知识需要被“做出来”，教师实践性知识的结构具有四个主要要素（主体、问题情境、行动中反思、信念）并按照螺旋上升递进的方式发展（生成机制），四个主要要素必须以打包的方式同时呈现，中国教师的实践性知识具有本土特色，如对本土概念和意象的分析，包括“课眼”“点穴”“贯通力”“无为的教师”“卖关子的教师”等（陈向明 等，2011）。近年来，团队成员也不断推出有关教师实践性知识生成机制的研究（魏戈，2020）。

目前国内外学术界对教师实践性知识开始逐渐重视，而且开展了越来越多的探讨。从已有研究的结果来看，教师的实践性知识通常被分解为多个成分，但是这些成分在不同研究者的研究结果中却显得颇为雷同，例如关于学科、学生、教育、自我、情境等方面的知识。这样的研究结果虽然能够对教师的实践性知识进行“解剖”，但是会将教师的教学意象肢解得过于零碎，使研究结果显得较为平面化，不能动态地描摹复杂的、实际的教育教学情境，最终导致波兰尼（2000）所说的“破坏性分析”。究其原因，在于我们忽视了教师实践性知识的整体性与情境性。如前所述，不论是国外研究还是国内研究，都鲜见从社会文化视角和具体教育情境出发进行探讨的文章。因此，教师实践性知识的研究无论在研究的内容还是在研究的方法方面，都还有很大的拓展空间，具体如下。

第一，研究内容有待深化。

目前学界对教师实践性知识的定义和内涵、外化方式以及传播机制的认识还较为模糊、零散，众多问题都还没有被澄清。此外，现有研究过于概括化、一般化，大多探讨的是教师实践性知识的内涵、结构等，不免造成研究结果的类似与重复。由于教师实践性知识的一个重要特征是情境性，因此我们需要将研究的视角具体化，即从具体的社会文化情境入手，这样更能有效揭示教师实践性知识的特点。如果我们对中国教师展开研究，就应该将他们的实践性知识放到中国特有的社会现实与文化脉络之中进行考察。

为了进一步摆脱西方理论的束缚，我们应该深入探究的问题有：中国的学校有哪些特殊的教育教学情境？这些教育教学情境到底具有哪些特征？在这些情境下，中国教师的实践性知识表现为何种样态？这些教师实践性知识又体现了何种中国社会文化的意涵？在上述问题的引领之下，我们可以从一般化地研究教师实践性知识，走向在具体的社会文化情境之中，更加有针对性地研究教师实践性知识。

但是，我们同时也注意到，在中国文化语境下，语言表达的含蓄性与隐晦性、知与行的不可分等都给研究教师实践性知识带来了独特的挑战。需要采取什么方法才能更加有效地对教师实践性知识进行挖掘？从何种理论视角切入中国教师的实践性知识更为适宜？这些问题都值得深究。

第二，研究思路有待完善。

从目前西方教师实践性知识的研究状况来看，经验研究是主流，研究者主要采取深度访谈、课堂观察和收集实物三种方法。这三种方法也是质性研究最常用的资料收集方法。然而，如果缺乏适切的研究思路，只是使用这些一般化的方法对教师实践性知识进行研究，则会显得过于笼统，缺乏针对性和实效性。

首先，关于深度访谈。在访谈中问什么？——这是一个非常关键的问题。我们看到之前许多研究者的访谈提纲中的问题都与实践性知识并不直接相关，一个重要原因是，实践性知识很难通过访谈直接获取。它是具身性的、情境化的，很难在脱离情境的交谈中呈现出来。虽然从访谈的一般情况来看，侧面询问可能收集到意想不到的答复，但是在访谈时间和访谈次数有限的情况下，如何才能聚焦研究问题？

如何能够通过一两次访谈就捕捉到教师的实践性知识?

其次，关于课堂观察。学术界基本认可实践性知识重在“做”而不在“说”，因此课堂观察似乎比深度访谈更为有效。但是，研究者需要在流动的课堂中记录什么呢？许多新手研究者表示，进入课堂后不知道要记些什么，似乎教师的每一句话、每一个动作都很重要，都与研究问题有关。但在没有录像机和同伴协助的情况下，这么做是不现实的。而且即使有录像机和同伴协助，我们还是不可能记下所有看到和听到的内容。因此，我们只能对信息进行即时筛选，或者集中记录下有价值的教学片段。然而，我们何以判断教学片段的有效性呢?

最后，关于收集实物。维果茨基（Vygotsky，1962）说过，任何人工制品（artifacts）都是一定文化的产物，是特定人群观念的物化形式。已有研究大多采用请教师撰写案例，收集教师的教案、课件，采集照片、教具等手段收集实物。但是面对教师实践性知识的特殊性，哪些实物对我们是有分析价值的？什么样的教案、反思能够体现教师的实践性知识，什么样的教案、反思又不能体现?

上述这些问题在以往一般化的教师实践性知识研究中都没有得到明确的回答。在这里，我们并未否定深度访谈、课堂观察或收集实物的作用，只是希望提出，在具体的研究问题之下，如果没有明确的研究思路，这些过于笼统的研究方法并不利于挖掘有价值的资料。这也就是现有研究对于真实的教育教学情境中的张力描摹不够的一个原因。作为研究者，我们如何在真实的教育教学情境中捕捉教师的实践性知识？如何帮助教师“看到”自己的实践性知识？如何让优秀教师展现自己在实践场域中的智慧，使优秀的教学经验能够被传承与分享？如何找到一种恰当的呈现和分析教师实践性知识的方法，既避免过于抽象的理论概括，又有别于过于细碎的教师日常话语？这是当前教师实践性知识研究面临的难题，更是我们需要从源头上思考的问题。

从上述分析可以看出，已有的教师实践性知识研究还没有找到特别适切的路径。至于哪些思路适合这一独特形态的研究对象，学界一直都没有明确的观点。如果我们仍旧停留在过于宽泛的研究路径上，那么很难凸显教师实践性知识的特性，也不能充分说明这种路径的适切性。显然，教师实践性知识研究，必须有其独特的研究思路和理论视角。

本章小结

过去半个多世纪，社会-政治话语从关注专业分工、技术进步，到提高效率、推行问责。当经济发展达到一定程度时，人们对数量的追求转变为对品质提升的追求，社会公正、全纳融合逐渐成为全球主题。社会情境影响之下的学术-技术话语，一方面，带着社会变迁的印记，总体反映为从科学主义到人文主义的话语转型；另一方面，又体现了学术和学者独立的批判精神，即使在科技理性横行的 20 世纪六七十年代，依然能够看到诸如波兰尼、格林、罗蒂等学者另辟蹊径的探索。

时代赋予我们对教育教学的理解，从最初的教学作为技艺、教学作为精准设计，到教师作为知识结构与专业特质的结合，再到教师作为人的真实生活与伦理追求——我们对教育教学作为一种实践的理解不断深化。教师的实践性知识研究，则从关注可观察、可测量的教师外在行为，到深入探索教师内在的认知结构并推理其形成过程，再到提炼出构成实践性知识内发力的伦理维度。其关注焦点也从最初的教师专业实践，走向教师专业知识的概念重构，最终回归教师职业的本质属性，以专业精神中的伦理与德性赋予教师专业合法性以价值根基。可以看出，教师实践性知识研究是对教师教育领域中多重经典问题的当代阐释，从自身独特的学术立场出发，不断对诸如理论与实践的关系、反思的过程机制、专业身份认同等重要议题做出新的意义阐释。

教师实践性知识研究作为一个领域的创生与发展，也正是在社会情境与知识语境的复杂互动中成为可能。

国内关于教师实践性知识的研究虽然起步较晚，但是近年来的研究成果不断涌现，在研究方法和研究视角上都做出了不少新的尝试。但是，研究方法明显受到西方国家教师实践性知识研究的影响，本土化的研究还比较少。因此，加强教师实践性知识的本土化研究将是未来的方向，也是我们团队对中国教师实践性知识研究的创新性贡献。

在本书中，我们提出了在中国社会文化视域下，重点考察教师在两难困境和两难空间中的思维与行动，进而探讨教师实践性知识及其社会文化意涵的研究思路。在接下来的一章中，我们将首先对中国社会文化的视域背景进行阐述，深入分析中国教师所处的独特社会文化环境，然后重点介绍两难困境和两难空间的理论视角如何能够捕捉与打开中国社会文化的复杂结构。

第二章 教师实践性知识的社会文化之源

面对既有研究在内容和思路上的局限，我们需要回归问题的原点来寻找新的突破，即回归教师实践性知识所扎根的原初土壤之中，探索教育和教师独有的特性。我们认为，教育是一种实践，充满了不确定性与价值冲突。在日常的教育教学工作中，教师会发觉自己经常处在各种两难困境中，例如，不同的利益主体对教学效果有不同期待，素质教育的理想与“应试教育”的现实不兼容，行政干预与教师自治之间存在冲突与矛盾，等等。面对这些两难困境，教师在不断地做出决策，而他们的实践性知识就在这个过程中显现出来。正如杜威所说，知识通过操作把一个有问题的情境变成一个解决了问题的情境（杜威，2004：188）。从这个角度来看，教师的实践性知识之所以能够被称为“知识”，是与两难困境分不开的。因此，倘若我们能够回答“教师在两难困境中是如何思维和行动的?”这一问题，就能够集中展现教师的实践性知识。因此，我们引入了“两难”和“两难空间”（dilemmatic spaces）（Honig，1996）的概念，并尝试分析其与教师实践性知识的关联。

第一节 中国社会文化的视域背景

将教师实践性知识研究放入具体的社会文化情境，可以有两个观照的维度：一个是社会的维度，另一个是文化的维度。社会的维度将教师有关教育教学的思考与行动放入现实的社会背景之中，而非将其从所成长的社会场域中抽离，以凸显中国社会转型之下教师所面临的种种冲突和困境。文化的维度主要是从中国文化传统的视角考察中国教师的实践，把以儒家文化为代表的中国传统文化作为解释中国教师实践性知识的理论渊源。下面，我们将从社会和文化两个维度来剖析中国教师成长的独特场域，从而建构本研究的时空背景。

一、教师实践性知识的社会之维

论及中国的社会结构，“转型”二字最能概括新中国成立七十余年的发展历程。以改革开放为分界点，中国社会发展前后两个阶段的不同之处体现在政治制度、经济体制、文化创新等方方面面。用发展社会学的理论来解释，这场变革可被称为“社会转型”。由于中国的转型尚未完成，因此中国的教育和中国的教师也处于十字路口，面临着多重的抉择与两难困境。

（一）中国社会的多重转型

“社会转型”一词来源于西方发展社会学理论和现代化理论，指的是构成社会的诸要素，如政治、经济、文化、价值体系，在不同的社会形态之间发生的质变，或同一社会形态内部发生的部分质变或量变过程（徐家林，2011）。从卡尔·波兰尼（Karl Polanyi）1944 年提出“大转型理论”（The Great Trans formation），到苏联与东欧地区 20 世纪 80 年代社会巨变催生的“第二次大转型理论”（The Second Great Transformation）（Burawoy，2000），社会学界形成了分析社会转型的经典理论框架，即“市场、国家与社会”。从该理论视角来看，中国当代的社会转型，从某种意义上来说，是一个计划经济时代形成的国家共同体分化为不同社会部门和社会领域的过程。但是，中国尚未完成的转型却让中国的教师处在十字路口，既受到行政力量和学术权威的过度干预，又面临升学考试竞争压力之下素质教育与“应试教育”的矛盾要求，还有教师专业发展中教师自我发展与主体意识缺失的问题。

1. 政治转型下行政力量的扩张

改革开放以来，中国社会在政治民主化的道路上已经迈出了一大步。政治民主化的进程主要体现为纵向的权力下放，而横向的权力关系却不那么明晰，这也就是中国政治转型尚未完成的重点问题之一。表现在教育领域，即行政力量对教育的过度干预。

以国家基础教育课程改革为例。虽然课程改革中包含学术专家和社会力量的参与，但是主要是由教育部推动的。政府一旦做出决定，课程改革的实施是毋庸置疑的，地方、学校和教师就必须予以配合。正是基于这种认识，课程改革总是以政府的意志为依据，由少数专家特别是学科专家来制定新课程方案和课程标准，然后通过行政命令

（主要是印发正式文件）来推进课程改革的实施。这就把教师、学生、家长以及社会各界人士排斥在课程改革的决策之外，教师和学生成了命令的接受者。由于教师只是课程改革的被动实施者，因此也就失去了改革的动力。“自上而下”的治理模式会导致教育管理过分行政化，具体体现在：优秀教学经验的标准过于单一，教学改革经常出现“跟风”的现象，教育管理人员与教师之间缺乏平等协商和对话的氛围，教师的教学行为被过多地与学生考试结果和教师评价挂钩，等等。

除了行政力量过分干预教育，来自大学的专业权威也依托行政力量对中小学教师进行干预。来自大学的教育专家或学科专家，会深入参与学校的日常教学管理，希望通过引入具有理论高度的教育观念，改造和提升教师对自身实践的认识和品位。这样一种变革方式往往会强制性地要求教师使用大学研究者所引介的一套话语来进行表述和反思，在正式的教学研讨场合里学校的本土话语不再是主导的意义解释系统。这一做法在一定程度上减少了本土话语对于变革性实践的“扭曲”，但难免流露出外来研究者“致命的自负”（杨帆 等，2013）。外部话语的强制性植入是以强势者在权力高位上对教师的控制为前提的，这必然会削弱教师实践的自主性和多样性，更何况外部研究者对中小学实践的参与往往并不如他们所宣称的那么深入。

面对教育管理方面外部行政力量或学术权威力量的干预，教育部在2020年《关于进一步激发中小学办学活力的若干意见》中明确指出，要在中小学“深化教育‘放管服’改革，落实中小学办学主体地位，增强学校发展动力，提升办学支撑保障能力，充分激发广大校长教师教书育人的积极性创造性，形成师生才智充分涌流、学校活力竞相迸发的良好局面”。学校是传递知识和教书育人的场所，教师理应享有专业自治的环境。但是，当前行政权力的过度干预，包括来自高校学术权威的强行介入，在一定程度上抑制了教师的创造力，也忽视了教师独有的实践性知识。

2. 经济转型下效率主义的膨胀

在经济方面，20 世纪 80 年代以来，市场配置和自由竞争的引入，让生产实践的参与者改变了原来被动、依附性的地位，而成为自我负责、自负盈亏的主体。但是，为适应和协调整个经济环境中新的竞争结构和利益分配关系，“效率与发展”成为时代的主题，这也深深影响了教育与教师。

21 世纪初，我国基础教育领域开展了一场辐射全国、历时数十年并延续至今的课程改革。这场课程改革以素质教育为旗帜，在继承新中国成立以来历次课程改革经验与成果的基础上，以“一切为了每一位学生的发展”为宗旨，对课程目标、课程结构、课程内容、课程实施、课程评价和课程管理等各方面进行了系统和深入的变革，力图将传统的“灌输式”教育模式转变为学生主动、合作、探究的“启发式”教育模式。但是，在升学考试的竞争压力以及追求效率主义的社会风气之下，中国的教师面临着素质教育与“应试教育”的两难困境。特别是在中国人口基数大、社会经济发展水平不高的前提下，将教育作为人才筛选和社会流动的重要途径是当前不可忽视的事实。虽然在新课程改革的政策话语与学术话语之下，素质教育为学校变革带来了新的可能，然而在过去二十多年里，素质教育与“应试教育”的矛盾不但没有缓和，反而日益激化。根本原因就在于社会转型中的效率主义取向。当升学考试的指标关系到教师的职称晋升，当学生的考试成绩与教师的工资奖金直接挂钩时，素质教育的理想被推到了后台，便会出现当下“素质教育轰轰烈烈，‘应试教育’扎扎实实”的尴尬局面。

在“应试教育”逐步向素质教育过渡与转变的过程中，“应试教育”的价值取向及种种做法开始被动摇而尚未被抛弃，同时，素质教育开始被实施而远未真正普及。两种教育取向的并存使得中国教师承受着来自两方面的制约和挤压。一方面，在现实的、难以抗拒的、单纯以应试升学为导向的社会压力和学校评价的迫使下，教师不得不对这种价值导向有所顺应，不得不采取“应试教育”的一些不恰当的做法，以在激烈的竞争中维持学校乃至自己的生存。另一方面，教师还须面对素质教育的导向和要求，因为在大力推进素质教育的背景下，各种升学考试的价值取向也在发生变化。因此，中国的教师需要不断地做出权衡，寻找生存的缝隙。我们在之前的研究中提出，中国教师是在“戴着镣铐跳舞”（陈向明 等，2011），他们一方面要回应课程改革的新要求，另一方面还要兼顾升学考试的旧标准。素质教育与“应试教育”是并行的，但这在很大程度上是一种无奈之举，背后体现的是中国经济社会发展的不完善、社会机会的不均等。

3. 文化转型下个体价值的缺位

在文化方面，改革开放以来，社会文化转型紧扣着“以人为本”的鲜明主题。传统的集体主义文化压抑了人格与个性的发展，在社会转型的大潮中，中国社会文化吸纳了西方个体主义的文化，出现了中国社会文化的个体化转型，强调个人权利伦理，强调个人发展与自主。然而，这种个体化的转型体现在教师教育领域，却造成了一种“硬造的个体”，即表面上主张教师的个体性，但是在教师的专业发展中依然遵循集体主义的逻辑，使得教师的个体价值在社会发展过程中仍旧缺位。人类学家阎云翔将中国社会文化的个体化转型，称作“未完成的转型”，是古典主义缺失下的个体化转型。或者说，中国的社会文化转型初步实现了从集体化走向个体化，但是其内在的个体价值却没有受到关注。

教育领域中教师个体价值的缺失，集中体现为教师管理与教师专业发展中对教师个人实践知识的忽视，造成理论与实践的脱节。回顾我国教师培训的历史，从 1978 年至今，经历了补偿性培训、探索性继续教育、普及性继续教育和国家级培训四个阶段（陈向明 等，2013）。2008 年以来，中央财政加大了对教师培训的投入，特别是加大了对中西部省份边远地区教师培训的倾斜力度，各地也探索并形成了各具特色的教师培训模式。然而，各种矛盾和问题也随之浮现，其中最严重的就是培训的实效性和针对性不强。培训者通常将一些碎片化的知识和信息通过讲座的方式传授给教师，而这些培训内容大都与教师的实际工作关系不大。教师们最关心的是教学方法的改进以及对儿童学习的理解，但很多培训内容都集中在抽象理论的灌输，教师们反映其很不实用（陈向明 等，2013）。在资源短缺、人力不足的历史发展时期，这种集中培训的模式为提高教师的教育教学水平做出了很大贡献。然而，在改革开放四十多年后的今天，这种模式已经不能适应社会和教育发展的要求。因为这种培训模式具有去情境性、碎片化、机械性等问题，很容易忽视教师个体发展的能动性、专业判断力和反思性，对教育作为一种“实践”的复杂性、动态性和价值也估计不足。

因此，教师最需要的不是按照统一标准被集中“管理”，而是在学校的具体情境中被激励、被支持。对教师的专业发展而言，短期集中培训和统一行政要求下的教研学习并不是最好的专业成长方式，教师更需要的是基于日常工作的、自我启动的、既有外部专业支持又有内部同行相互帮扶的校本学习。而这种真正激发教师个体价值感的专业发展模式在当前的中小学并不多见。

哈格里夫斯（Hargreaves，2000）曾对教师的专业性（professionalism）与专业化（professionalization）进行了对比分析。他认为，专业化是一种社会性运动，目的是提高专业的外在标准和地位；而专业性则关乎职业内部的质量，体现为职业团体内部的自治与自主。当前，不论是教师的管理制度还是教师的专业发展项目，都是教师专业化运动的产物。各种“基于能力”和“基于证据”的教师教育模式，要么注重观察教师的有效教学行为，将其转化为预先规定的“能力”，并与学生的学习结果相联系；要么通常有预先规定的目标，通过寻找证据来证实教师实践活动的“有效性”。这些模式被广泛应用于各种教师专业发展水平测试、教师资格考试和晋升标准、教师教育课程标准和机构标准中。在当前文化转型的历史时期，教师的个体价值与主体性并没有得到充分的发挥，因此在制度要求与个性塑造之间，在外部问责与内部自治之间，中国教师面临着两难。

（二）中国教师处在十字路口

在社会转型的视角之下，中国教师面临多重挑战。政治转型与行政力量的扩张，带来了对教师专业内部自治的威胁；经济转型与效率主义的膨胀，带来了素质教育理念下“应试教育”的强势回归；文化转型与个体价值的缺位，带来了教师专业发展的被动与教师主体性的丧失。上述三个方面存在相互联系。外部行政力量的过多干预，学术研究人员的强介入，效率主义观念影响之下“应试教育”与素质教育的双重压力，给中国教师的专业成长带来了新的难题。我们认为，当今的中国教师正处在十字路口。

哈格里夫斯曾指出，教师专业性的发展经历了四个历史时期：前专业/前现代时期、专业自治时期、专业合作时期、后专业/后现代时期（Hargreaves，2000）。这四个时期都与当时的社会发展背景（包括经济、政治、文化发展等）息息相关，甚至可以说，教师专业发展的特点受到了社会因素的深刻影响。虽然哈格里夫斯论述的依据主要来自西方发达国家，但是随着全球化程度的加深，中国被卷入世界发展的大潮中，西方发达国家社会发展与教师专业成长之间的互动对我们而言同样具有启发意义。

我们很难说中国教师的专业发展已经进入哈格里夫斯所谓的某个特定历史时期。考虑到中国地域广大，不同地区经济发展水平不同，社会发展形态不一，各地区的教育也存在差异，因此哈格里夫斯所说的四个教师专业性发展时期在当下的中国社会很可能同时存在。例如，在经济发展水平较高的东部沿海地区，教师专业发展可能已经进入了后专业/后现代时期；而在经济社会发展水平相对较低的西部地区，教师的专业发展水平很可能还处于前专业/前现代时期。

即便如此，顺应当前中国社会转型的大潮，从前专业/前现代时期走向后专业/后现代时期的趋势是不可避免的。根据哈格里夫斯的说法，我们当前的社会逐步进入了“后现代时期”——既远离了“现代”，又还没有进入下一个阶段，所以先冠之以“后”的说法。西方社会的“后现代时期”始于20世纪70年代，经济和信息通信的发展是社会步入“后现代”的主要推动力。首先，全球化趋势之下，经济组织呈现出新的模式，国家经济少了自治，多了合作，市场经济体制之下的竞争带来了内外部的焦虑。其次，电子信息技术革命使得时间与空间被大大压缩，其最突出的结果就是文化与信仰系统的多元化，社会的标准也变得灵活而多元。后现代社会总体来说有七个突出的特点：灵活的经济形式、充满悖论的全球化、中心的消亡、流动的马赛克、无边界的自我、安全的模仿、被压缩的时空（Hargreaves，1994：47）。在社会转型与发展的大趋势之下，在后现代社会的语境之下，我们必须看到，教师的工作也在变得越来越复杂和多元。

在世界的大部分国家，教师的教学工作都处于转型之中，或者处于转型的边缘（Hargreaves，1994）。因为社会发展对教育的期待，教师都希望学生有高水平的学业表现，能够获得相应的素养，具备学习的能力。社会的迅速发展带来了更多的不确定性，为了有效地回应社会的变革，教师开始从个人主义走向合作文化。社会对21世纪的人才培养目标提出了新的要求，例如高水平的技能、高阶思维能力、团队合作能力、信息技术能力等等。这些都给当下的教师带来了新的要求和压力，或者用本研究的核心概念来讲，就是让教师面临了各种各样、大大小小的两难。经历了诸多变化，现在教师的教学工作与以前肯定是不可同日而语了。特别是在课程改革的要求之下，社会对教师的要求也在不断变化。教师不仅要教好书，还要育好人，还要与家长、社区、社会多方利益相关群体进行交流和沟通。因此，教师的角色定位和劳动分工也就变得越来越模糊和不确定。

我们认为，教育本身就是一个充满两难的事业，因此我们不能期望教师的工作能完全避免两难境地。生活和生命本身就充满了两难，更何况在整个中国社会转型的历史时期，教师会面临更多的冲突与矛盾。因此，教师必须面对、接受并处理这个职业中很多似乎相互对立但实际必须并存的特征。在逐步走向后现代社会的历程中，教师需要直面各种两难，诸如，教育既是个人之间的相互影响又是一项公共事业，教育应该既尊重学生琐碎的“小故事”又重视关乎传统与原则的“大故事”，教育既需要儿童的自治又需要成人的外部控制，教师对学生既需要亲近又需要疏离，教学既要有规定性又要有创造性，教学既需要预设又需要生成，课堂应该既是有界限的又是开放的，学习的氛围应该令人既愉快又紧张，等等（贝尔 等，2010；帕尔默，2005）。教师不可避免地要面对这些两难，教育也因为有这些两难而更具魅力和挑战性。

在当代中国社会急剧转型的历史时期，中国教师面临的两难也会更加突出——在自我与社会之间，在变革与传统之间，在理想与现实之间，中国教师正处在十字路口。他们在用自己独特的实践理性与社会的变革博弈，这折射出了中国社会现实与文化传统对教师实践性知识的独特涵养。这也就是为什么本书希望从中国社会转型与变迁、中国历史文化传承的视角来理解中国教师实践性知识。

我们相信，中国教师正是在他们的日常工作现场中发现和提升了自己的实践智慧，获得了持续不断的专业成长。他们的实践性知识正是他们处理教育情境中各种两难的法宝，也是他们成长为一名合格或优秀教师之关键所在。从这个意义上说，从中国教师在教育教学工作的思考与行动之中挖掘出独具中国特色的教师知识形态，对于我们进一步理解中国语境之下的教师发展具有重要意义。

二、教师实践性知识的文化之维

教育活动是在一定的文化视域中发生的，而文化视域是在历史进程中不断积淀而成的。文化视域是集合了人们的视域并使各种思想和行为发生于其中的生活世界（Lebenswelt）。学校系统处于这样的文化视域当中，课程在一定的文化视域中被编织，教师和学生在一定的文化视域中展开教学活动，学生在一定的文化视域中成长。也就是说，文化视域并不是分门别类的，如历史、哲学、政治、宗教、文学、艺术之类的对象，而是像空气一样，时时刻刻包裹着人们。可以说，我们每一个人都在潜移默化中受到文化视域的影响，而自身又构成了文化视域的一部分。

实践性知识因其高度情境性和个体化的特征，与作为背景的文化视域紧密关联。中国教师的实践性知识正是在中国文化视域中被孕育、使用与更新的。中国文化视域并不单单包含被先哲们所讨论和著述的“理论哲学”，也包含一代代中国人在日常生活中以自己的亲身经历和体验总结出来的“生活哲学”。

毫无疑问，描述这种生活哲学是非常困难的，如果仅从个人经验出发，会显得过于琐碎和肤浅；如果从经典文本出发，又很容易陷入一般性的哲学讨论而脱离“生活哲学”的实质。本书的目的在于为中国教师探索出一条通往实践性知识的道路，而我们对文化视域的探讨，正好可以为这条道路铺垫地基。我们对中国文化视域的探讨涵盖两个部分：一是对中国人生活的现实观照，二是对这种现实观照的深刻反省。

中国哲学最为宏观的特征，也是其与西方哲学最大的不同之处，在于人们日常性地秉持一种整体性的思维，与西方自“两希文明”以来的天地神人、物我主客的二元对立世界观迥然相异。本节从三个方面来探讨中国教师实践性知识在文化视域中的背景：物我一与、身心一如的整体观；知行合一、以身体道的实践观；从容中道的中庸观。

（一）物我一与、身心一如的整体观

中华文明在发源时就带有一种整体性，世界本身是一个整体，人与世界也构成一个整体。这种整体性是人们接触世界时的原初状态。人所接触的是一个完整的、运动的、有机的、有生命的、鲜活的世界，而不是一个以身心、主客、灵肉、神人、物我、群己分割开来的二元对立的世界，也不是一个被逻辑、方法、学科划分得支离破碎的世界。这种整体性和统一性是中国的常人思维乃至中国哲学思维当中固有的特征。中国人所说的“心”并非思维器官，而是整个生命的中枢和根本所在，正如《黄帝内经》中论“心”曰：“心者，生之本，神之变也。”（《素问·六节脏象论》）整体性的思维促使人们去思考关于人的整个生活，而不是生活的某个部分。因此，这就非常容易理解为什么中国哲学总体上呈现出一种人生哲学的特点，与西方的认识论哲学大相径庭。

教育者需要意识到这个问题对教育的意义。曾经有一段时间，在中国的教育学研究当中，很流行的一个问题是“在教学当中谁是主体，谁是客体?”，对此，学者们众说纷纭。“教师主体、学生客体说”“双主体说”“教师为主导、学生为主体说”等说法热闹了一段时间。然而，这些讨论忽略了一个重要的问题，即在中国人的思维当中，并没有这么明显的主客二元对立，也没有明显的身心二元对立。身与心、物与我、主与客、形与神等问题，在中国传统思维当中，呈现出丰富而生动的辩证关系。

1. 整体观的发展阶段

物我一与、身心一如的状态并不是一种现成的状态，人需要在与这个世界不断互动的过程中才能达到这样的境界。人在物与我的互动

中不断体会我和外界的关系，在身心的运用中感受身与心的不断磨合，最终才能达到“一与”“一如”的境界。中国有很多古老的故事传达着这样的观点，比如庖丁解牛、卖油翁、纪昌学射等等。

请看《庄子·养生主》中“庖丁解牛”的故事：

始臣之解牛之时，所见无非牛者；三年之后，未尝见全牛也。方今之时，臣以神遇而不以目视，官知止而神欲行。

……

良庖岁更刀，割也；族庖月更刀，折也。今臣之刀十九年矣，所解数千牛矣，而刀刃若新发于硎。彼节者有间，而刀刃者无厚，以无厚入有间，恢恢乎其于游刃必有余地矣。是以十九年而刀刃若新发于硎。虽然，每至于族，吾见其难为，怵然为戒，视为止，行为迟，动刀甚微。謋然已解，如土委地。提刀而立，为之四顾，为之踌躇满志，善刀而藏之。

这个故事所反映的，一是“庖丁”与“牛”的物我关系，二是庖丁的“心”与“技”的身心关系。它向我们展示了一个人从与外物（牛）接触初期粗浅的认识，到最终达到物我一与的整体性体验的过程。这个过程要经历四个顺序相承的成长历程——“全牛”期、“未尝见全牛”期、“神遇”期、“道”期。

第一个阶段——“全牛”期。一个人第一次见到牛的时候，眼里只能看到牛的外观，这也是一种“整体的认识”。虽然是最粗浅、最直观的整体认识，但经过学习，庖丁会逐渐明白牛的身体构造，了解牛的脾气秉性，对于这一头“全牛”有最基本的了解。就像是经过几年的寒窗苦读，大部分新手教师在基础理论、专业知识结构及教学技能方面获得了积累或培养，初步具备了做教师的基本条件。部分新手教师在经历了实习阶段的初步实践后，“小试牛刀”使他们信心满满、踌躇满志，往往以为只要自己在课前做了充分的准备，教学过程就完全可以依据导入、讲解、提问、练习、小结等理论步骤按部就班地推进，把课堂掌控在自己的股掌之间，知识、技能及情感就可以朝自己预设的方向流转。新手教师对教学的整体认识就好像庖丁初期对全牛的认识，实际上是存于思想中的一个僵化的教学理解模式。这种模式很容易在现实的教学活动中被打破。在教学实践过程中，新手教师自认为天衣无缝的教学设计经常在偶然的教学事故，或在一两名学生漠然的抵制中失灵。于是，新手教师的信心和热情便会遭遇始料未及的打击，犹如将一头“牛”横亘在新手教师眼前，“庖丁”与“牛”的对立凸显出来。新手教师无论从教学的哪个方面，即“牛”的头部、肩部、肚腩、足部还是尾部入手，都可能会感觉“一无是处”，无从下手。比如，不少新手教师侧重备课，对教学的每个步骤进行预设，当教学过程中出现预设外的情境时，经常会反应不过来，愣住或卡在那里。他们进入了入职初期的挣扎期，感觉无力、无助和无奈，意识到自己对教学“全牛”的理解存在偏差。

第二个阶段——“未尝见全牛”期。庖丁经过多年的实践，逐渐掌握了牛的纹理、肌理和关节间隙的“天理”，并能按照这些“天理”操刀行动。初始阶段横亘在自己面前的、庞大的那一整头牛逐渐变小，客体与主体的对立不断消融，新手教师进入了“未尝见全牛”期。这个阶段的教师意识到了教学中方方面面因素的影响，并在历次教学实践中形成了自己对这些细节的理解和把握，他们的教学能力在细节改进中得到提升。这个阶段的教师感觉自己能够应付教学了，于是有些人开始不思进取、安于一隅，悠哉乐哉地汇入了平庸的河流，即到了“职业倦怠期”。为什么大部分教师在适应了教学生活之后，会出现个人教学水平与教学质量停滞不前的情况呢？因为这个阶段的特点是细腻的技术化，就如同庖丁眼里没有完整的牛一样。这个阶段的教师不容易把握教学的整体，而是学会了种种分门别类的教学技艺，通过对这些技艺的磨炼，使教学变得熟练。但如果不能超越“细腻的技术化”阶段，那么教师很难成长为真正的教学专家。

第三个阶段——“神遇”期。经过数年的实践和领悟，庖丁已经达到了只用心神去领会而不用眼看，便能顺着牛的纹理、肌理和关节间隙挥刀如雨，刀刃过处无不达所向披靡之境界，刀与牛肉身的摩擦砉然有声。可见，此时解牛这件事情已经内化于庖丁。对于教师而言，这个阶段的教师已经成为专家，他们善于对自身的教学之道进行反思，即对教学形成一种心神的领会，对教学能够随“势”应变，已经达到了游刃有余的境界。要完成知识的内化，达到“神遇”的境界，需要教师具有一定的反思能力。因此，不是所有教师都可以上升到“神遇”的阶段。而“神遇”期还有发展的余地，即为“道”的阶段。

第四阶段——“道”期。在“神遇”阶段，庖丁在解决这件事上已经完全达到了游刃有余的境界，即便如此，他也“每至于族，吾见其难为，怵然为戒，视为止，行为迟，动刀甚微。謋然已解，如土委地”，在关节等细微之处神情专注、小心谨慎，有所顾忌。而在“道”的阶段，人在经过“固然”与“自然”的磨炼后，“主体”与“客体”的对立完全被打通。“人”与“牛”的对立已经消失，主体只是“顺势而动”，进入“我不知道为什么这样动（因为我说不出来），但我能这样动”的“必然”的阶段。这个阶段的教师已经超越了专家型教师，达到教学的最高境界。此时教师看似依然在从事着日常的教学工作，但他们已将教学融入个体自身。如果对他们的技能、职责或信念等方面进行分割式分析，必然看不到教师作为一个整体，即作为一个融入了教学的生命整体的存在。

2. 整体观发展的螺旋式上升

整体观不是一次成形的，在教师一生的成长当中，也不是只发生一次从“见全牛”到“神遇”的过程。实际上，整体观的建立是一个“初步的整体—解析与反省—高一层次的整体”不断反复发生的过程。

这个过程就不是庖丁解牛的故事所能够完全解释的了。庖丁从不同层次的厨子更换刀的频率之差异中解读出一个单向的过程——好的厨子一年换一把刀，他们用刀去割筋肉；普通的厨子一个月换一把刀，他们用刀去砍骨头；现在我这把刀已经用了十九年，所解的牛有几千头，可是刀口还是像磨刀石上新磨的一样锋利。因此，在庖丁解牛的故事中，一旦一位厨师突破了他此前所处的一个阶段，他就将进入下一个阶段，而不再返回或停滞在前一个阶段。就像登山一样，一旦经过反复寻路与试验找到了登上上一层平台的路径之后，这条路将始终沉淀在登山者的经验当中。

然而，整体观的培养是一个不断反复的过程，包含多次分离与整合。庖丁初见牛，是对牛的粗浅的整体认识，同时他也拥有对自我的粗浅的整体认识。这两种认识在他不断宰牛的过程当中相互磨合，他对自己的认识和对牛的认识都在不断细化和分化，这是一个“分”的过程，这个过程让我们抽离自己的视线，进入“反省”的领域。因为反省正是使用不同于寻常自我的眼光来审视自己，这个时候，反倒是体现出典型的主客关系或物我关系，甚至我我关系都变得不同寻常——同时存在一个作为审视者的我，和一个作为行动者的我。正因为是用异于寻常自我的目光来看，才能做到“未尝见全牛”。其实这个时候，庖丁眼中的自己，也不是“全己”。经过了这样的分解与反思之后，再回到寻常自我的身位当中，构建出一种新的整体性的认知，方能称为“神遇”。庖丁解牛的过程就到这里了，但知识人和教育人的整体观塑造会不断地进行下去。每次遇到一个新的问题，都会让我们发现自己那把多年不换的刀又崩出了新的缺口，又需要重新从一个常常换刀的新厨子开始，通过一次又一次的练习和反省，达到“未尝见全牛”和“神遇”的境界。

3. 整体观与教师成长的关联

在实践初期，庖丁的觉知是整头牛，他所关心的是如何最快地把牛分解、切割完毕，而并不太在意刀刃的磨损。这时候他的觉知放在分解的对象上。如果他注意的焦点是刀刃的磨损，过分关注牛的纹理、肌理和关节间隙对刀的阻力，那么“解牛”的顺畅行为将难以持续。如果他的注意力焦点是牛的分解与切割，那么就难以顾及牛的纹理、肌理和关节间隙对刀的阻力，刀刃的磨损甚至折断不可避免。同理，对于一个专家型教师而言，他也需要经历这样的过程。实践初期，焦点觉知常常放在教学本身，越到后期，觉知越转向学习者，因为教学本身很多时候已经身体化，可以做到顺势而为了。

由此我们可以推理，教师由新手、胜任型、业务精干型成长为专家型的规律，与“庖丁解牛”之道如出一辙。正如老子所言：“道生一，一生二，二生三，三生万物。”万物所表现的形式各有差异，但其背后的“道”只有一个。在教学之初，新手教师往往面临难以调和的矛盾，比如在教学中，如果过度注意教学目标的达成，则可能会忽视运用好的教学方法；如果把焦点集中在教学方法的运用上，则很容易使教学过程支离破碎，陷于主客对立的情况，从而处于顾此失彼的被动状态。而到了专家型教师阶段，教师的觉知会很明确，并且带有身体化的特征，使得教师能从容应对教学中出现的各种问题。

在教学中，教师面对的是一个个活生生的个体，他们的生理和心理无时无刻不在变化之中，这些变化在与教学情境的共变中不断制造出一个个“低洼湿地”，对教学进度、教学节奏、教学方法、教学目标和教学质量产生干扰。专家型教师的出色之处在于，他们能运用不可言传的实践性知识，抓住稍纵即逝的机会，因势利导，相时而教，对运动变化的“低洼湿地”做出恰如其分的教学行为，水到渠成地完成教学任务和教学目标。这时候，教师已经能够在整体的教学情境中有敏锐感知，能够自如而恰当地做出决策和行为。

（二）知行合一、以身体道的实践观

知与行是历来贯穿在教育中的一对核心范畴，联系着教学活动的

两端——一端是专门的教学活动，一端是现实的日常生活。在中国哲学当中，“知”是一个知识论问题，而“行”是包含在人生论之中的。两者并不属于同一范畴，也不是从一开始就被相提并论的。然而，在很多时候，知行问题不仅是重要的哲学问题，而且是重要的人生问题。

1. 知行问题的基本内容

之所以要讨论知行关系，是因为“行”这个概念非常接近于“实践”。中国古代哲学中并未直接出现“实践”一词，但常常用“行”“习行”“践行”与“践履”等概念来表示一种有目的、有价值取向的并且受到某种思想指导的活动。在中国古代，这种“价值取向”又特别表现为一种道德的实践。“践”和“履”都有“脚踏”与“行走”的意思，意味着与“知”“识”相比，这不单是一种认知的活动，而是一种要靠自己的亲历行为和体验来进行的活动，与身体密切相关。

例如，孔子在谈论学习的次序时，便说道：“弟子入则孝，出则悌，谨而信，泛爱众而亲仁。行有余力，则以学文。”（《论语·学而》）“学文”属于“求知”，而“孝”“悌”“谨”“信”“泛爱”“亲仁”属于“行”，两者是不能分开的。孩子很小的时候，先要在家庭环境中学习孝亲敬长，稍大一点开始参与社会生活，要学习谨慎守信。有了这样的实践经验，到“行有余力，则以学文”的时候，才能更好地理解经典当中所要说明的是什么，形成内外一致的理解。其实这句话也可以反过来说，对于专心读书的学生而言，“学有余力，则以力行”，孔子身边的学生都不是“死读书”的人，或是入仕，或是经商，或是领兵，总会有在某方面实践自己所学的愿望与行动。到了清代，蒙学读物《弟子规》将这种思想以更浅明、更易于儿童理解的形式表达为“不力行，但学文。长浮华，成何人。但力行，不学文。任己见，昧理真”。从先秦到晚清，这种追求求知力行无所偏废、知行一体的思想是一以贯之的。

孔子在与其弟子的问答当中，不断体现出对言行、知行问题的思考。例如，孔子弟子不断向孔子提问关于“仁”的问题。“颜渊问仁。子曰：‘克己复礼为仁。’”（《论语·颜渊》）“仲弓问仁。子曰：‘出门如见大宾，使民如承大祭。己所不欲，勿施于人。在邦无怨，在家无怨。’仲弓曰：‘雍虽不敏，请事斯语矣。’”（《论语·颜渊》）“樊迟问仁。子曰：‘爱人。’”（《论语·颜渊》）在论语当中，弟子问仁，多达十几处，而孔子的回答，一般都不是直接解释“什么是仁”，而是通过不同的方式告诉学生“如何去做才是仁”。对于好学贤德的颜渊，孔子从修身的角度指导他要自我克制以符合礼制；对善于从政的仲弓，孔子教导他以谨慎、庄重、敬畏的态度承担工作，自己不想要的不要强加于人，这是对于掌握权力者的特别教导；而对于天资不是很高的樊迟，孔子以最简单的方式教导他要去“爱人”。这种回答有明显的情境性，在不同的场景中面对不同的学生，孔子给出的答案是不同的。任何一个答案都不是放之四海而皆准的答案，因此，脱离情境和人物来谈孔子对于仁的看法，是不符合《论语》文本的原意的。

在这些问答中，一个独特的问答结构呈现了出来——当学生问一个关于“是什么”的问题的时候，老师却以“如何做”的方式来回答。并不是孔子答非所问，而是其中蕴含着这样一种理念，即探讨“仁”“孝”“智”“刚”这样的价值范畴，不仅仅涉及认知，也就是说，不是通过语言和文字就可以传达清楚的。语言可以传达一些关于“仁”这个概念的信息，但是要真正地理解“什么是仁”，唯一的办法是自己身体力行去“行仁”；要理解什么是“孝”，也只有靠自己亲身去“行孝”。有些知识不是在问答中学到的，而是在实践中才能学到的。在这样的“力行”过程中，身体与心灵才能明白所请教的这些内容的意义。

《论语》中还有不少关于言行关系的论述。“子曰：‘君子耻其言而过其行。’”（《论语·宪问》）《礼记·杂记》中也有“有其言而无其行，君子耻之”。言语能表征知识，而不仅是一个用于交流的工具。为什么有言无行、言过其行会让人感到“耻”呢？“耻”是声誉上受到损害而产生的内心感受，为什么言行之间的不匹配会让人产生声誉受到损害的感觉呢？正是因为“言行一致”是一条被共同认可的规范，而在道德践履的过程中，知和言是容易的，而实际践行是不容易的；可是道德实践恰恰又要求实际的践行。于是，只有知和言而缺少行，很容易流为虚德和伪善，而这样的行为在一个真正重视道德修为的环境中会遭人鄙视。正因如此，“行”可以超过“言”，但“言”是不可以过于“行”的。孔子尤其重视“行”。

2. 对知行关系的不同观点

然而，关于知行关系，古人也有不同的观点。总结起来，主流的观点至少有如下三种：一是认为行是知的基础，离行则无知，有行则有知，此墨家及王船山（王夫之）、颜习斋（颜元）之说；二是认为知是行的基础，有知则能行，无知则不能行，此程朱之说；三是认为知行无别，此王阳明之说（张岱年，2010）。可见，虽然古人认为追求知行一体是人生目标，但是如何理解知和行之间的关系，如何最终真正地实现知行一体，不同学者的观点有所不同。

在这三种流派当中，以程朱为代表的“知先行后”出现得较早。这种观点认为，人先有认知，才有实践，因为实践是知识指导之下的实践。正如一个人要先读圣人书，学习圣人的思想，才能进一步在生活中身体力行，正确的理解是正确的行动的前提。这样的观点，不能不说是受到了当时以佛教为代表的思辨、因明等学说的影响，在理论层面明显比先秦时期更深一步。但是，先后有别并不是说在先的就是更重要的，恰恰相反，在朱熹的思想中，致知力行，论其先后，固当以致知为先；然论其轻重，则当以力行为重。从致知开始，是因为致知相较力行而言为易，这一观点与孔子思想中的言易行难是一致的。而知本身不是目的，最终还是要落实到“行”上，因此“行”更加重要。朱熹对于知行论的贡献，除了提出“知先行后”“知易行难”的观点之外，还在于他在发展理学的过程中，融合了佛道学说而使儒学获得自我更新，能够从更加理论的角度剖析关于“知”的问题，在哲学上使关于知行的探索进入了一个新的阶段。

以王夫之和颜元为代表的“先行后知”派则持另一种观点，有趣的是，这种观点最接近现在的唯物主义认识论。王夫之和颜元都是明末清初的学者，而自宋至明，主流文化中的读书人都是在理学的熏陶下成长起来的。王夫之和颜元却逐渐成为理学的批判者，因为他们发现，理学所倡导的“先知后行”的学习顺序，在现实生活中很可能只有“先知”而没有“后行”。并没有什么能够保证一个人学到了经典知识之后，会自动地将“知”过渡到“行”。这个过渡和转换是有条件的。有些人是因为个人自省的发现，有些人是因为现实中工作的需求。但是无可避免的，会有一部分人不能完成这个过渡，或完成得不充分，从而进入一个有知而无行、知行脱节的境况。这种境况与孔子所说的“言而过其行”非常相近。如果知识分子中普遍出现这种情况，整个儒家学说的社会根基都会被动摇。而非常不幸的是，自宋以后，“空谈”之风日盛，应该“耻其言而过其行”的人越来越多，因此王夫之和颜元等思想家开始反省“知先行后”的合理性，并与此针锋相对，提出了“行先知后”。

王夫之的观点是“行可兼知，而知不可兼行”，“未尝离行以为知”。这就是说，不仅在轻重上要以行为重，甚至在学习的顺序上，都要以行为先，而且知行须臾不可离，只要离开了行，知就无从谈起。“兼”的意思是同时涉及或具有几方面的情况，行可以同时涉及知，但知不可以同时涉及行。没有实践的认知活动是可能的，而没有认知的实践活动却不太可能。因此，知和行结合得最好的环节，不是知而是行。所以在学习上，也应该既以行为先，又以行为重。用王夫之的话来说，最终是要做到“知行并进，相资为用”。在当时的社会背景下，王夫之提出这样有颠覆性的知行观，正是因为不践行而尚空谈实在是一种风气，这样的人太多了。

颜元是和王夫之年代相当的思想家，也是实学一派的代表，一生当中做了很多实际的事情，比如行医、办学。他的教育思想特别注重实践，主张“习动”“实学”“习行”“致用”并重，培养文武兼备、经世致用的人才。他的观点与理学主静的观点针锋相对，因为一旦主静，就难免滑向对实践的轻视；实践肯定是要“动”的，如果一味主静，所学难免严重脱离实际。因此，他在晚年规划漳南书院时，将学校分为六斋：文事斋、武备斋、经史斋、艺能斋、理学斋、帖括斋。其中前四斋都以实学为主，同时又不排斥理学和科举，另外设了理学和帖括两斋来招收愿意参加科考的学生。漳南书院的主要课程都体现了“习动”“致用”的主张。

处在两派之间，提出“知行合一”观点的，主要是明代的王阳明。王阳明所说的知行合一，并不是指知和行要一致，或者最终要合为一体——这几乎是儒家各派的共同观点。王阳明的观点是，将知和行看作同一回事，即知和行是一体的，他在《传习录》中提出，“只说一个知，已自有行在；只说一个行，已自有知在”。对于王阳明的知行合一的观点，历来有不少解读，各家解读各异。在历代的知行观当中，王阳明的“知行合一”说是影响较大的一种。

3. 知行关系与以身体道

知和行的合一（不论是哪种意义上的合一）是文化的理想状态，但在现实生活中，并不是人人都能做到知行合一，甚至大部分时候，我们需要面对的情况恰恰是“知行不合一”的矛盾与张力。因为知行合一必然要求实践者“以身体道”，即将自己全部的生命和精力投入自己所信奉的“道”的实践中。这个“道”可以是某种人生哲学，可以是某种价值追求或宗教信仰，也可以是教育者的教育信念。坚持这样的全身心投入，并且将自己的毕生所学生活出来，才能称得上是知行合一且“言教”与“身教”兼备的完美教师。

能够做到知行合一的教师可以称得上是教师的楷模，这种榜样的意义往往能超越时代。陶行知给自己改名字的过程其实可以反映出个体身上的知行问题——陶行知青年时代念书时很崇奉王阳明，于是给自己取名“知行”，希望自己能够像阳明先生一样，以知而至于行；后来留学美国，又经历了多年的教育实践，他的观点发生了改变，认为要先有行才能有知，于是四十三岁时把自己的名字改成“陶行知”。这不是一个改名字的简单举动，它反映了陶行知亲身实践的经历和对自身所信奉的教育理念的反省。

在陶行知一生的教育实践中，创办晓庄学校是极有个性和光耀的一项事业。在理论上，大家都知道中国历来以农业立国，人民群众中绝大多数是农民。而在实践中，很少有人实实在在为农民服务，即使是专门从事教育工作的人，也很少为这大部分人做教育方面的考虑。陶行知认识到中国的农村教育出现了两大问题：第一是占人口比例最大的群体得不到受教育的权利；第二是当时仅有的一点乡村教育又走错了路——它教人离乡进城；它教人吃饭不种米，穿衣不种棉；它教人羡慕奢华，看不起务农（陶行知，2008）。而真正的乡村教育，必须建设适合乡村实际生活的“活”教育。正是这对“活”教育的追求，使陶行知走上了服务乡村教育的道路。

1926 年，陶行知等人开始积极提倡乡村教育运动，决心“征集一百万位同志，提倡一百万所学校，改造一百万个乡村”（华中师范学院教育科学研究所，1984：646）。同时，陶行知决定亲自开办一所试验乡村师范学校，地点选在南京市郊的晓庄村，这所学校就是后来著名的晓庄师范学校。晓庄师范学校有它极其注重“行”的一面。陶行知提出来的学生培养目标则是农夫的身手、科学的头脑、改造社会的精神。他以多年艰苦的付出实践着“改造一百万个乡村”的理想。而这种实践又并非仅凭常识和热情，陶行知多年的学识仍在发挥作用，而他的实践又反过来丰富和更新了他的学识。在归国早期，陶行知的思想中既有中国传统的民为邦本和重农的观念，又有师承自杜威的进步教育理念。经过多年的实践和反思，他最终形成了带有浓郁本土特色的生活教育理念。而“生活教育”一词，永远地和陶行知联系在了一起。

对于大多数教育工作者而言，这种真正的知行合一状态在大多数情况下都只能是一个理想状态而非现实状态，在现实中，优秀而有责任感的教师们不断投身于这个“以身体道”和追求知行合一的过程中，终其一生都在不断地探索。也就是说，知行合一不是一个教师已有的状态，而是一个应当用一生去追求的目标。

（三）从容中道的中庸观

人的所有实践活动总是在一定的具体情境中实施的，而判断一个具体的实践行为做得好与不好，中国传统的思维有自己的一套标准，“中庸”就是这套标准的核心内涵之一。对“中庸”的解释历来众说纷纭。“中”既强调不偏不倚、无过不及，又强调合乎标准。“庸”一般解释为日常实践。朱熹在《中庸章句》中指出：“中者，不偏不倚、无过不及之名。庸，平常也。子程子曰：‘不偏之谓中，不易之谓庸。中者，天下之正道，庸者，天下之定理。’”如果简单分析“中”“庸”二字，便可得出中庸之道的三点要义：不偏不倚、无过无不及；适度合节；行为实践。

1. 不偏不倚、无过无不及

“子贡问：‘师与商也孰贤？’子曰：‘师也过，商也不及。’曰：‘然则师愈与？’子曰：‘过犹不及。’”（《论语·先进》）。这是《论语》中关于“中庸”的一则经典问对。子贡问：“老师您觉得子张和子夏谁更加贤德？”孔子说：“子张做事有些过头，而子夏又做得不到位。”于是子贡说：“那么子张更好些吧？”孔子说：“做得过头和做得不到位，都是‘不及’啊。”

这段对话不是直接讨论“中庸”，孔子的学生子贡并没有直接问“老师，什么是中庸?”。中庸不是一个被讨论的对象，而是在一个具体的事件当中，由孔子谈论问题而体现出来的观点。在评价“子张和子夏谁更加贤德”的时候，孔子以“贤”为标准评价了两位弟子的“过”和“不及”。于是子贡觉得，虽然两个人都不是完全符合标准，但已经“超过”的那个总比做得不到位的那个要更好一些吧。

这段对话之所以被记录在《论语》中，是因为别人在读这段对话时，也能得到相应的教益——子贡的想法恰恰反映的是一般人的正常心理。对于“不到位”，一般人都很了解，从树立一个目标到达到这个目标的过程中，我们都是“不及”的。因此每个人都经历过“不及”的状态，在教育当中也时时会遇到这个状态。而“超过”就不一定是人人都能遇到或亲身经历的状态了。因此，许多人对这种状态也就缺乏充分的反省。已经达到了一百分，争取更多的分数难道不是更好吗？北京市第一〇一中学在命名的时候，不就是出于“百尺竿头，更进一步”的想法吗？而且掌握“度”很难，在有可能的情况下，人们常常会觉得过头一些，有个保底，总比达不到好。子贡正是基于这样的心理，才向孔子提出了“然则师愈与?”的看法。孔子作为老师，他的过人之处就是不流于俗见，他一针见血地指出“过犹不及”。中庸的“度”不是一条及格线，只要在线上便越高越好，而是一个合宜的标准，要求适度而恰到好处。虽然《论语》中的这一段并没有出现“中庸”一词，但实际上体现了中庸的核心精神。

2. 适度合节

孔子在评说《诗经》的时候提到，“《关雎》乐而不淫，哀而不伤”（《论语·八佾》）。在《论语》中，这是一段非常美的评价。诗言志也，咏唱诗歌一定是情感的表达，如果只诵诗而没有情感的投入，就成了干巴巴的“装样子”。所谓“兴于诗，立于礼，成于乐”，正是因为诗与礼乐拥有一种直达人心的力量，在情感的兴发与流淌中能够陶冶出细腻而温和敦厚的性情，孔子才特别地重视诗教。

喜怒哀乐是正常人都会有的情感。而之所以需要诗教，是因为人的情感不能一发而不可收拾，需要有所节制。诗歌中蕴含的情感，正是这样一种动人心而适度的表达。如果诗歌不能让人乐，让人哀，让人的心绪随着诗句的节奏和韵律起伏，就不是好诗；但如果一起兴便歇斯底里，那更不是诗。孔子所称赞《关雎》的，正是这种让你感到欢乐，但不会过度沉溺其中，让你体味到哀愁，但不至过于伤神的表达。故情之所发，都要适度。

教学当中也是如此，任何知识都伴随着某种情感基调或价值观背景，而能够在教学中将它们传达出来并让学生体会得到，是教师教学能力的体现。如果缺少这样的情感传递，教学内容就成为生硬的知识客体，即使它们是有用的或是有趣的，也打动不了学生的心灵，不能让学生体会到所学习的东西和自己的心身是息息相关的。而学生缺少这样的体验，原因往往是教师自己就缺少这样的体验。但是，如果走向另一个极端，课堂就容易滑向“不必要的煽情”，使情感的表达变得空洞。在两方面之间掌握适度合宜的分寸，恰恰是教师需要修炼的“中庸”智慧。

3. 行为实践

中庸不是一种认知性的道德品质，而需要体现在日常的行为实践当中。孔子的教学目的主要不在于获得道德认知，而在于涵养道德行为。因此孔子不会像苏格拉底那样通过“产婆术”发现和传授普遍真理，而是力图使弟子践行道德，完善人格。这无疑需要很多的实践智慧，因此孔子会说：“中庸之为德也，其至矣乎！民鲜久矣。”（《论语·雍也》）这样一种品德，能做到的人还是很少的！

比如说，《中庸》中有这样一段：“子曰：‘舜其大知也与！舜好问而好察迩言，隐恶而扬善，执其两端，用其中于民，其斯以为舜乎！’”孔子认为，舜真是一个有大智慧的人！而称赞舜“大智”的理由，都在于点评他的行为。第一条是喜欢提问，提问能够获取丰富的信息。因此朱熹评价“舜之所以为大知者，以其不自用而取诸人也”，这是说舜不自我封闭，而是积极地取之于人。第二条是“好察迩言”，喜欢听取浅近的言论。舜作为君主，听取周边高层人士的言论是很容易做到的，但是听取基层的浅近而琐碎的声音，就显得更加可贵了。能够广开言路而不只听一面之词，能够充分地掌握大小事，对处于领导位置的决策者而言，是能做好事情的前提条件。然而这还不够，第三条是“隐恶而扬善”，对于已经知道的信息，将美善传播开来，对不善者则隐而不宣，将人的注意力吸引到美善的事物上。只有这样做，才能称得上是“执其两端，用其中于民”，即在我们遇到信息矛盾、观点相反，甚至价值对立时，找到那个值得坚持的“中”来影响人民。

这样一种做法为什么得到孔子高度的称赞呢？因为中庸之道要求行为实践，而舜的做法，便是孔子支持的做法，其突出的特点就在于以具体可感的方式引导人们学习道德行为，养成道德人格。古代的“学”含有“效”的意思，“学之为言效也。人性皆善，而觉有先后，后觉者必效先觉之所为”（朱熹，1983：47）。孔子也指出“就有道而正焉，可谓好学也已”。孔子在与弟子对话中，通过对具体人物和事件的分析点评，帮助学生直观地感知分辨“先觉”“后觉”“有道”“无道”，从而“效先觉”，“就有道”，“见贤思齐”，“见不贤而内自省”。也就是说，通过品评人物、分析事件，孔子能用一个人的道德行为与人格直接引导另一个人的道德行为与人格。

4. 教育实践的中庸之道

《礼记·学记》中论到教学应该避免的一些问题时，有这样的一段话：“学者有四失，教者必知之。人之学也，或失则多，或失则寡，或失则易，或失则止。此四者，心之莫同也。知其心，然后能救其失也。教也者，长善而救其失者也。”

教师一定要了解，学习者容易犯四种错误：有的人贪多求快嚼不烂；有的人学得太少吃不饱；有的人不能持之以恒，不断改变学习的目的、方法和内容；有的人故步自封，浅尝辄止。犯这四种错误的学生，他们的心理状态是各不相同的。教师一定要了解学生的心理，然后才能帮助他们从这些错误中走出来。因为教师所做的，就是发扬人的长处，而弥补人的过失。这一段话实在是关于学习哲学的非常精彩的论述！教学就是这样一种复杂的事件，在具体的情境中，教师总会遇到不同类型的学生，遇到各种意想不到的问题。即使都是“失则多”的学生，也会各有各的不同。因此，教师的工作需要每时每刻都游走于这些事件之间，寻找教育的分寸和智慧。这种复杂性，教师只有在具体的情境中才能体会得到，甚至有可能我们遇到一名学生，他没有失于多、少、易、止，上面提到的这些问题他都没有，但是他还是有自己的问题，这仍然需要教师能够“知其心”，了解他并帮助他。

对于教师来说，这是一个艰难的探索过程，在复杂的实践环境中“求诸中道”，找到最适合于这样一个具体的场域、具体的事件和具体的人的行动策略。教师的实践性知识，就是在这样的过程中被不断建立起来的。新教师可能把握不好“度”，在很高的教育热情之下，施加了过多干预，没有给学生的自我成长留下充足的空间；或是把握不好培养学生动手能力和提高考试成绩之间的平衡；或是在帮助资优生拔尖和为后进生补习之间难以取舍；等等。这些探索需要经历很长的时间，需要一个路漫漫而求索的过程。其中，每一点进步和收获都是非常珍贵的，就像颜回一样，“择乎中庸，得一善，则拳拳服膺而弗失之矣”。每学到一种好的东西，有一点新的体会，都能够持守于心胸之间，好好珍视，沉淀成自己的教育生命的一部分。最终，教育者积累了丰富的知识和经验，尤其是具备了丰富的实践性知识，而这些东西都能从日常生活中的一言一语和举手投足之间体现出来。这个时候的教育者，可以说是从中庸的学习者，成长为一名可以“从容中道”的教育实践者。

正因为中国教师的教育实践生长于中国文化的土壤当中，其中的文化因子已经内化于中国历代教师的教育智慧。在我们学习西方关于实践性知识的理论时，能够发现其中一些观念与中国传统的智慧不谋而合，甚至在中国文化当中，已经有了更为深刻的讨论和实践。而在观察发生于教育一线的各种教育实践时，我们也能够感受到其中蕴含着中国文化的深层影响。整体性的思维方式能够使我们更好地反思人与世界、人与知识的问题；知行合一的实践观能够使教师更深刻地体会到认识与实践之间的关联与张力；从容中道的中庸观念能够引领我们去寻求合宜而微妙的实践智慧。

如果教师要更好地了解自己的实践性知识，并有意识地使用它指导自己的教育实践，一定要对自己的文化传承有所把握。一方面，传统的文化资源可以并且应该成为教师自身文化素养的一部分，甚至是作为“底色”的那一部分；另一方面，在进行实践性知识的研究时，整体性、实践性、具身性的思维方法，是帮助教师反思与研究的有力工具。然而，复杂深厚的中国文化与社会结构该如何在研究中聚焦、打开、再阐释？我们需要一个有力的理论工具，对教师实践性知识进行捕捉和呈现。

第二节 两难空间作为分析框架

在研读经典和分析一手资料的过程中，我们发现，从“两难空间”的视角入手捕捉教师的实践性知识具有可行性与适切性，能够充分彰显教育教学情境的复杂性和动态性。下面，我们首先对“两难空间”等概念进行介绍，对与之相关的近似概念进行辨析，以明确“两难空间”的意涵。然后，我们会探讨两难空间与教师工作的关联，特别是教师在两难空间中生成实践性知识的机制特征。

一、“两难空间”的概念与意涵

要想理解“两难空间”，首先要理解什么是“两难”。霍尼格（Bonnie Honig）认为，两难是这样一种真实的情境：两种或多种价值观（value）、责任义务（obligation）或承诺（commitment）相互冲突，却没有一个绝对正确的选择（Honig，1996：258）。这种情境之所以被称为“两难”，是因为在大多数情况下，可供选择的两条路径都不理想。因此，两难的核心本质就在于，那些相互冲突的观念以及相互不一致的视角之间并不存在正确的一方（the right thing），进而在决策过程中才会出现困难或者妥协。简单地说，当一个人处于两难时，不论这样做还是那样做都有难处。

科尔伯格（Lawrence Kohlberg）的“道德两难”可以为我们提供一个深度理解两难的实例。科尔伯格曾经虚构了一个“海因茨偷药”的故事。病妇的丈夫海因茨到处借钱，可最终只凑得了一千元。海因茨恳求药剂师，说自己的妻子快死了，能否将药便宜点卖给自己，或者允许自己赊账。药剂师不仅没答应，还说：“我研制这种药，就是为了赚钱。”海因茨别无他法，只好在晚上撬开药剂师的仓库门，把药偷走。这种情境对海因茨来说就是一种两难，因为不论他怎么做都不正确：如果他不偷药，他的妻子会失去生命；而如果他偷药，则又违犯了法律。在这个两难中，亲情、道德、法律、义务复杂交织在一起。（科尔伯格，2004）

其实，“两难”并不是一个舶来品，在中国古代典籍中就有不少人使用了这个概念，其语义与当今相同。例如，《新五代史·唐庄宗本纪》就使用了“两难”这个词，即“河中王重盈卒，其诸子珂、珙争立，克用请立珂，凤翔李茂贞、邠宁王行瑜、华州韩建请立珙。昭宗初两难之，乃以宰相崔胤为河中节度使”。在这段记述中，珂、珙争位，两人都拥有自己的支持者，唐昭宗选择两人中的任何一人都会得罪另外一人。最终，唐昭宗决定选择崔胤作为节度使，巧妙地绕开了两难的抉择。此外，清代夏燮在《中西纪事》中也使用了“两难”的概念，他提到“其来文接收与否，反属两难”。与上述海因茨偷药的例子类似，中国的孔孟之道到了现实人生之中也常有两难困境，例如，对国家的忠和对父母的孝有时是不能两全的。在古代伦理的准则上，既有“父子互隐”，同时也有“大义灭亲”。

在这里，我们有必要对几个相关概念进行辨析，即“两难”与“问题”（problem）、“悖论”（paradox）等有何区别。

首先，“两难”不同于“问题”。问题是一种矛盾、疑难，需要被回答或者解答。两难不同于简单的问题，因为两难是无法被解决的，其中包含的元素更加复杂。问题是可以被解决的，但是两难将永远存在；问题可以是超越时间和空间的，而两难是情境具体的，具有对社会文化历史的依赖性。典型的数学问题“一加一等于几”，就是一个可以被解决的问题，而且在各种时空条件下这个解答都是成立的。但是，面对诸如“父子互隐”还是“大义灭亲”之类的两难困境，在不同的民族、文化、社会情境下会有不同的解读。

其次，“两难”也不同于“悖论”。悖论亦被称为吊诡、诡局或佯谬，是一种导致矛盾的命题。它通常被用于逻辑学中，指可以同时推导或证明出两个互相矛盾的命题的理论体系或命题。悖论的出现往往是因为人们对某些概念的理解认识不够深刻。但是，两难不是一种吊诡，更不是由于知识上的不深刻而导致的，而是因为事物本身的冲突或矛盾无法化解，或者无法解释。古希腊数学家芝诺（Zeno）曾经提出了“阿基里斯永远追不上乌龟”的著名悖论。阿基里斯是古希腊神话中善跑的英雄，在他和乌龟的竞赛中，乌龟在前面跑，他在后面追，但他不可能追上乌龟。因为在竞赛中，追者首先必须到达被追者的出发点，当阿基里斯到达乌龟在某时所处的位置时，乌龟已向前移动一些；阿基里斯再到达乌龟的那个位置时，乌龟又往前跑了一段。因此，无论阿基里斯到达乌龟曾处的哪个位置，乌龟都会在他前面。无论阿基里斯跑得多快，他永远追不上乌龟。

（一）从“两难”到“两难空间”

虽然“两难”的概念揭示了现实情境下的复杂状况，从根本上呈现了价值多元的现象，也进一步承认了这种差异之不可消除，但是由于过度关注两难本身，它忽视了行动主体、社会环境、重要他人等因素的互动。鉴于此，霍尼格在“两难”概念的基础上，进一步发展出了“两难空间”的概念（Honig，1996）。

何谓“两难空间”？从字面上来看，“两难空间”就是“两难”加上“空间”，或者说是把两难放入具体的、动态的空间中进行考察。“两难”依旧是那些相互冲突的价值、要求或者规范，而“空间”则指的是各种行动者（actor）的互动及其生成的张力。这个“空间”通常是一个虚拟的空间，行动者在其中发生冲突、互动，并在协商过程中做出判断和决策。在行动者思维与行动的过程中，由两难空间所营造的张力之网塑造了个体新的身份，而个体也在这个过程中改变着两难空间的原有边界。

从“两难”到“两难空间”的概念延展，让我们不仅看到了冲突，还看到了主体与冲突之间的相互关系、主体间的权力协商与自我定位，有助于我们揭示事情的复杂性。换句话说，“两难”看到的是一个具体的困境或者情境；“两难空间”则将主体与困境放在一个错综复杂的关系网络中，因为“空间”就是一个关系型概念，其中涉及主体、客体、互动机制与动力系统。增加“空间”这一概念，为个体在两难困境中的抉择增加了解释力度，揭示了个体在两难抉择中的复杂思维。我们可以在一个空间中看到个体及其与所处情境之间的互动，在这个空间之中，人际关系——地位与协商——都可以被看作一种政治性的行为（Frelin et al.，2010）。同时，这个空间并不是封闭的或者固定的，它是变动不居的，在社会转型的背景之下，其边界也会不断变动，两难也会在个体和社会的不同层面得到重新界定。

研究两难空间，辨识其背后的动力机制非常重要。两难空间中一定会涉及的两个关键要素是“定位”（positioning）与“权力协商”（negotiation of power），它们能够帮助我们将各种动力关系可视化、概念化。不同的主体在不断地定位与权力协商中，形成了主体间性（intersubjectivity），个体也正是在主体间性之中不断建构着自我。两难空间与主体性和身份认同构成了行动者的自我和存在的状态，因此，主体与两难空间是一个互构的过程。

但是，我们也需要注意到，对“两难”的界定具有个人差异。例如，在一些教师看来，某种情境可能是两难的；但是在另一些教师的眼中，该情境可能就不是什么困难的事情。换句话说，对两难的定位取决于个人的价值判断、学识素养和实践经验。教师每日所面临的两难困境随处可见，但它们同时也营造了一个精神空间。因此，我们需要关注教师对“什么是两难空间”与“什么是真正的两难”等问题的本土解释。

（二）两难空间中的教师工作

近年来，“两难空间”的概念出现在许多研究领域中，例如社会工作（Hoggett et al.，2009）、政府与公共服务（Newman et al.，2009）、对政治环境的分析（Whitaker，2008）等等。然而，很少有研究者用“两难空间”的概念解释教育教学情境，弗兰松等（Fransson et al.，2013）的研究是一个例外。为了更好地理解在日益变革的教育环境之下教师工作的本质，弗兰松及其同事将“两难空间”的概念引入了教育研究领域，并着重用该概念探讨了教师工作的复杂性。

如前所述，“两难”不同于简单的“问题”。虽然教师工作少不了解决问题，但是一个两难却永远无法被完全“解决”（Denicolo，1996）。因为它不是一个独立的、具体的、有待化解的难题，而是一个充满张力、需要个体决策、结果无论如何都不可能绝对正确的现象。用库班（Cuban，1992）的话来说，两难空间是一种非常戏剧化的场景，它让教师感到不舒服，而教师的选择一定是对一种特定的结构性制约及其结果的妥协。

由于教师经常处于两难空间之中，通过协商和妥协建构自己工作的意义，这个概念能够有效地解释教师工作的处境，特别是其模糊性、复杂性和不确定性。教师的教育教学工作作为一项实践活动，不能被归约为一些能被意识到的、不变的规则，而是一些实践图式。这些图式自身是模糊不清的，并常因情境不同或观点不够全面而不同。实践逻辑的步骤很少是完全严密的，也很少是完全不严密的（布迪厄，2003：19）。教育教学类似布迪厄在人类学研究中所列举的象征和仪式，具有实践活动的“非逻辑性”以及实践自身所固有的特殊的“实践感”。“两难空间”这个概念便体现了这种非逻辑性和实践感，可以被用来解释教师实践的特性，也能够帮助教师更好地认识自己。

教师的工作要求教师随时与学生、同事、家长及其他利益相关者互动，这表明他们随时随地都在做决策，而且这些决策具有伦理的和微观政治的意涵（Achinstein，2006）。这更像是在两难困境当中做抉择，而非简单的问题解决。教师需要熟悉不同的选择及其可能产生的结果，在不同的价值、定位和行动之间协商，而且还要具备专业的伦理感（Hansen，2001）。在两难空间中斡旋的过程中，教师会逐渐形成自己的专业认同（Foster et al.，2005）。这说明，两难空间不仅内居于教师的日常工作中，而且是教师日常实践的一种社会性建构。

关于教师在教育教学实践中的两难困境，欧美不少学者开展了研究，并以此为切入点探讨了教师的专业伦理和专业成长问题。坎贝尔（Campbell，2003）从教师伦理的角度出发，通过一系列案例，反映了行政要求对教师专业伦理的违背、教师的专业伦理与管理者的期待不一致的情形。米尔沃特等（Millwater et al.，2004）则关注了实习教师在实习期间面临的问题，例如集体权利与个人权利、学生的隐私与信息公开之间的矛盾等，这些问题在他们进入教育现场之前都不曾被预料到。赫尔顿等（Helton et al.，2006）在研究中总结了两难产生的五种基本矛盾：法律与政策的矛盾、行政决策与个人伦理的矛盾、学生的行为、同事的行为、专业伦理之间的张力等。

本研究认为，在中国社会急剧转型的现实情况下，中国教师比欧美教师面临更多的两难困境。前文对中国当下社会结构中种种矛盾的分析也表明，中国的教师在工作中需要不断地做出各种艰难的抉择，如应对教育目的方面人本主义与工具主义的矛盾，处理教育模式方面“应试教育”与素质教育的冲突，进行教育管理方面外部问责与内部自治的协调，做好教育手段方面自由与控制的平衡，完成教学设计上预设与生成的协调，等等。教师做出的抉择往往没有最好，只有更好。因此，我们认为，“两难空间”的概念不仅有助于阐明和加深对教师工作复杂性的认识，而且能更加有效地揭示出中国教师对两难困境的创造性回应及其中蕴含的实践性知识。

二、两难空间与教师实践性知识

具体到教师知识研究，我们认为，“两难空间”这个概念能够为教师实践性知识的生成、辨识和发展提供一个合理依据。从无知到知识的转化过程，就是从起初困惑、含混可疑、矛盾失调的境况，转到清晰、有条理、安定以及和谐的境况。经验主义哲学中的“所与理论”也认为，证实可以直接地来自当下的经验、直接的体认、直观直觉信念，不需要其他信念作为基础（胡军，2006：164）。这样看来，两难空间作为一种现实的情境，为教师实践性知识的生长提供了土壤。

（一）两难空间中的实践性知识

教育情境是非常复杂的，各种不同的利益相关者在此处角力。不论是政治还是行政上的力量，都影响着教育系统和教师工作（Ball，2004）。这样的两难在内容上可能涉及教师的自我、社会的价值、人际的互动，乃至更宏观的社会文化结构。两难空间可能是一个个体内部的空间，也可能是一个教师人际的空间；它可能是教师的现实自我与理想自我之间的差距，也可能是不同教师之间相互反思映照的空间，还可能是教育场域内不同利益相关者博弈的场所。其实，对于复杂的教育教学环境而言，不存在最好的行动，而只有更好的、更合适的行动（Honig，1996）。正如莱昂斯（Lyons，1990）指出的，许多教学中的两难都是不可解决的，它需要去经营而非化解（not solvable and must managed rather than resolved）。

两难空间之于教师实践性知识的研究价值在于，它能够集中解释教师实践性知识的运思。一方面，它可以激发出教师处于缄默状态的实践性知识，使其外显；另一方面，它可以促进教师深入思考其深层教育信念，推进自己的反思与成长。我们认为，教师在工作中面临两难困境的解决方式实质上就是教师实践性知识的表现形式，而这种在行动中反思的方略又是教师生成新的实践性知识的重要机制。

在两难空间中，教师调动自己的实践性知识对两难困境做出决策，选择一方并对另一方妥协。在这个过程中，教师会在行动中反思，检验自己缄默的实践性知识正确与否，并经由与真实的情境对话，完善和更新自己的实践性知识。在与不同力量的博弈与定位中，教师对于教育变革的动机，以及他们的教学信念、自我效能感、人格倾向、工作习性、课堂教学实践、同事关系等，都会发生连续、细微的变化，他们的专业自主与身份认同也能够逐渐确立。

实践性知识是教师在实践中的知识，具有行动性、直接性、情境性、过程性、关系性等特征。以两难空间为视角，能够帮助我们把教师独特的思考和做法中的精华提炼出来。这样一种中观的视角不会把教师的实践性知识提升到普遍真理、原则的高度，而是结合了具体的案例、问题情境、行动过程、反思环节等，以便其他教师在学习中进行整体迁移，这可以被称作“打包式”的学习和创新。由于教师的实践性知识不是由孤立的概念和命题所组成，它具有在场性和情境性的特点，所以我们除了对教师的本土概念进行类属分析之外，还应该对教师实践性知识进行情境分析。这里的情境就集中表现为两难空间，涉及对社会、历史、文化的多维探讨。这种分析思路能够保留事件发生的时空情境、人物关系以及各种要素之间的关联，营造出教师专业生活的“三维空间”，即时间、位置、空间，充分体现教育作为一种关系型实践的互动状态。

（二）两难空间的分析框架

霍尼格为两难空间提供了理论阐述，而埃里克等（Ehrich et al.，2011）则提出了个体面对两难时的决策模型。该模型覆盖了两难困境中的多重动力和复杂网络，对我们的研究具有一定的启发意义。他们将该模型划分为五个阶段：第一，某个关键事件激发了两难困境；第二，行动者会透过这个关键事件看到背后相互竞争的力量，例如专业伦理、组织文化、经济环境、政治结构、社会环境、制度环境、法律规范，甚至全球背景等；第三，个体的价值、信念和特质被上述各种力量所塑造，同时也受到周围重要他人的影响；第四，个体的决策与行动过程；第五，挖掘这一系列行动背后的深层意涵，包括个体的、组织的和社群的。

之所以将“两难空间”的概念及其分析框架引入对中国教师实践性知识的研究，是因为从这个视角出发能够集中解释教师实践性知识的运思，也可以通过教师对两难空间的管理过程展现其实践性知识的运行。借鉴上述分析框架，通过本土改造，我们设计了一个针对中国教师实践性知识研究的概念框架。在这个概念框架的导引下，我们有效地捕捉到了中国教师的一些实践性知识，对他们的行动和思考进行了意义解释，为教师实践性知识研究提出了新的思路。

我们以两难空间作为理论视角，立足中国社会文化的独特场域，考察教师的实践性知识，提出了本研究的核心问题：在中国社会文化视域下如何解读教师在两难空间中形成的实践性知识？具体的子问题包括：

（1）中国教师面临的两难困境及两难空间是什么？

（2）中国教师在两难空间的思维与行动中体现了怎样的实践性知识（如实践性知识的内容、表征方式、结构、生成机制等）？

（3）这些教师实践性知识具有怎样的中国社会文化意涵？

上述核心问题与三个子问题统领整个研究思路，在接下来的四章内容中，我们将一以贯之地按照三个子问题的结构来呈现中国教师独特的实践性知识。我们在借鉴了埃里克等建构的两难空间理论模型（Ehrich et al.，2011）的基础上，重新搭建了本研究的概念框架（见图2.1）。

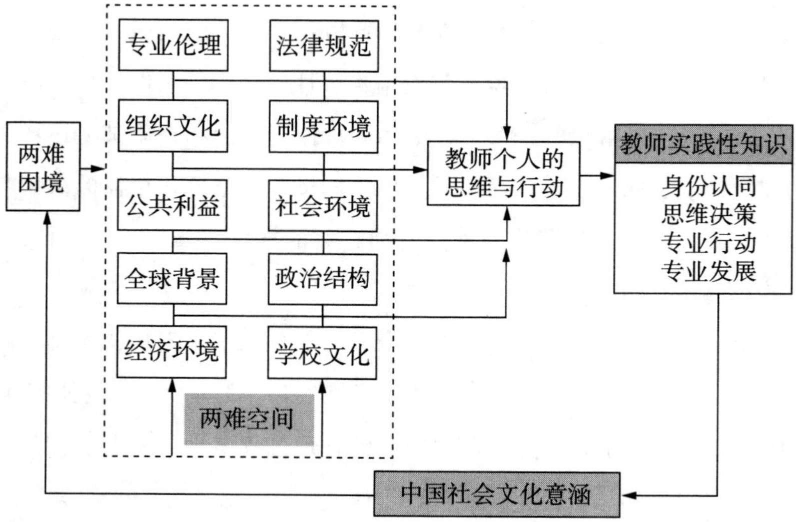

图2.1　本研究的概念框架

在本概念框架中，我们首先从教师所遭遇的两难困境入手，它不是一个非此即彼、可以化解的题目，而是需要不断进行理性抉择。这些两难困境在教师的教育教学工作中随处可见。例如，后文将提到的教师同情心践履的两难，教师在课程改革中进行主题教学的两难，等等。

进而，我们从教师所遇到的具体的两难困境，进入更宏观的两难空间中，分析教师所遭遇的现实困境究竟是哪些根本性的冲突。这里，我们以“空间”的概念来囊括各种相互交织，甚至相互抵触的力量。例如，在本研究中提到的教育的工具性价值与教育性价值的两难，“应试教育”与素质教育的两难，等等。

在两难空间中，教师的思维和行动是我们关注的重点。我们需要回答的问题是：教师是如何面对两难困境的？他们是如何进行抉择的？他们又是如何做出行动的？在回答上述问题的同时，我们会将其与教师的实践性知识进行关联，进而从身份认同、思维决策、专业行动、专业发展等四个方面进行解读，而实践性知识本身包括内容类型、表征形式、生成机制、生成媒介等构成元素。

由于我们的研究对象都是中国教师，所以我们还需要回应中国社会文化之于教师实践性知识的深层意涵。其实，中国的社会结构与文化传统不仅影响了教师的实践性知识，而且对于我们先前所提到的一系列元素，包括两难困境、两难空间、教师个人的思维与行动，均有交互性投射作用。因此，中国社会文化的视域对于我们捕捉、理解、解释中国教师的实践性知识及其所生长的具体情境均具有支持性作用。

如图 2. 1 所示，三个阴影部分回应的就是本研究的三个子问题。还需要强调的一点是，两难空间的理论基础与社会文化视角具有内在的逻辑一致性。因为两难空间强调的是从具体的困境和具体的行动者视角中“跳出来”，将两难放在更广阔的“空间”中进行考察，力图看到两难困境背后的张力，发现两难空间中不同力量的互动机制。而社会文化的研究路径正是将教师的思维和行动与更大的社会结构和文化传统相勾连，发现中国教师实践性知识的独有特色，使研究更具有本土化的特点。因此，从中国社会文化视域出发解读中国教师的实践性知识，是对两难空间理论的有力补充。

三、研究的思路与过程

由于实践性知识具有缄默性、身体化、个人化、不确定性等特征，很难用明晰的概念和语言来表达，更适合去解释与理解，而非测量与评价，因此本研究主要在解释主义的范式之下，采用质性研究的方法开展研究。其中，最主要采用的是个案研究（case study）的方法，即通过呈现个案教师所处的两难及其应对策略中体现的实践性知识，来分析其社会文化意涵。课题组根据研究的不同内容和不同环节，采用了尽可能多元且恰当的方法收集和分析资料，形成研究结论。

由于我们长期从事教师研究，与北京市很多学校保持了良好的合作关系，因此在符合抽样标准的前提下，我们选取的主要是相对熟悉的个案。同时，为了尽可能多地呈现中国教师本土的实践性知识，我们也收集了一些国内优秀教师的案例。在抽样的过程中，为了尽可能覆盖不同学段的教师，我们的研究田野横跨基础教育至高等教育四个学段，先后在六所小学、四所中学以及两所大学开展研究，共邀请了三十多位中小学教师和十多位大学教师加入课题研究。他们主要集中于北京地区，同时也有来自江苏、安徽、新疆、河北等地学校的教师。

我们主要采用质性研究方法收集资料，其中包括访谈、观察、收集实物等，资料收集的时间主要为2012—2014年。由于教师的实践性知识是由教师“做出来”的，并且体现在两难空间之中，因此观察是主要使用的方法。研究人员到中小学和大学课堂内外对教师进行长期的现场观察，及时记录下关键要点，了解教师实践性知识的表征形态和典型使用场所。在课堂观察中，我们考察了教师在个人话语与管理话语、实践话语与理论话语之间是如何协调自己的教学的，集中针对教师教学中的两难事件进行深描，发现教师在面临两难困境时所体现出来的教学机智。

此外，我们还对大部分教师进行了深度访谈，通过编订相应的半开放式访谈提纲，引导教师对其教学实践做出解释。在访谈中，我们着重探寻了教师曾经面临的困境，并通过合作叙事的方式请数位教师共同分享他们的困惑，在集体的相互激发与心理支持下，形成有集体价值的构念。为了更加立体、全面地呈现案例的复杂性和关系性，我们还访谈了学生、家长、学校领导等不同人群，与教师的解释进行三角验证。

我们还收集了教师的教案、教具、反思日志、案例、叙事等，对其中深藏的实践性知识进行分析。在实物收集中，我们不仅关注教师自己撰写的成功处理困境的案例，而且关注他们所记录的自己的困惑、所犯的错误、遭遇的失败等，以揭示教师工作的复杂性、艰巨性及其中体现的教师实践性知识。除了上述常规的资料收集的方法，我们还采用了头脑风暴、画概念图、词语排序、刺激回应技术、看录像后收集教师反馈等方法激活教师的实践性知识。

在对大量一手资料进行分析的过程中，我们主要使用了类属分析和情境分析的方法，同时根据资料的类型，融合了话语分析、叙事分析、隐喻分析等。在资料分析的过程中，我们还邀请教师一起对收集到的案例、教案、教材、教具、录像、录音资料等进行分析，以随时补充缺失的资料，进而提高研究结果的丰富性和可靠性。

此外，基于伦理方面的考虑，书中出现的所有学校名称以及教师、学生的姓名，均为化名。同时，考虑到研究者身份、研究关系对研究过程和结果的影响，我们遵循了自愿参与原则、信息保密原则、合理回报原则。我们为参与课题的教师开具课题参与证明，并赠送文具等小礼品，鼓励研究对象积极参与。

本章小结

本章对教师实践性知识的社会性与文化性做了探讨，从社会结构、社会转型的角度揭示了中国教师在教育活动中的现实境况；从文化传统、集体心理的角度说明了中国教师行动背后的文化根源。二者共同构成了中国教师实践性知识形成、发展、演变的社会文化之源。为了寻找教师实践性知识的社会性和文化性在教师思维与行动具体情境中的体现，我们采用了两难空间的分析框架，将两难作为激活教师实践性知识的重要情境；同时从两难扩展到两难空间，以看到教师实践性知识的复杂性和动态性。

本书整体采用质性研究的路径，通过对案例、叙事、行动的分析，体现出“实践-反思教育学”的风格。我们认为质性研究的路径能够最大限度地挖掘教师的实践性知识。特别是基于两难空间的冲突能量场，教师实践性知识体现为在实践与反思之间循环上升的历程——实践是认识的来源，两难困境是反思的重要契机，面对新的问题情境，教师的实践性知识最终落脚于教师身份认同、思维决策、专业行动与专业发展。

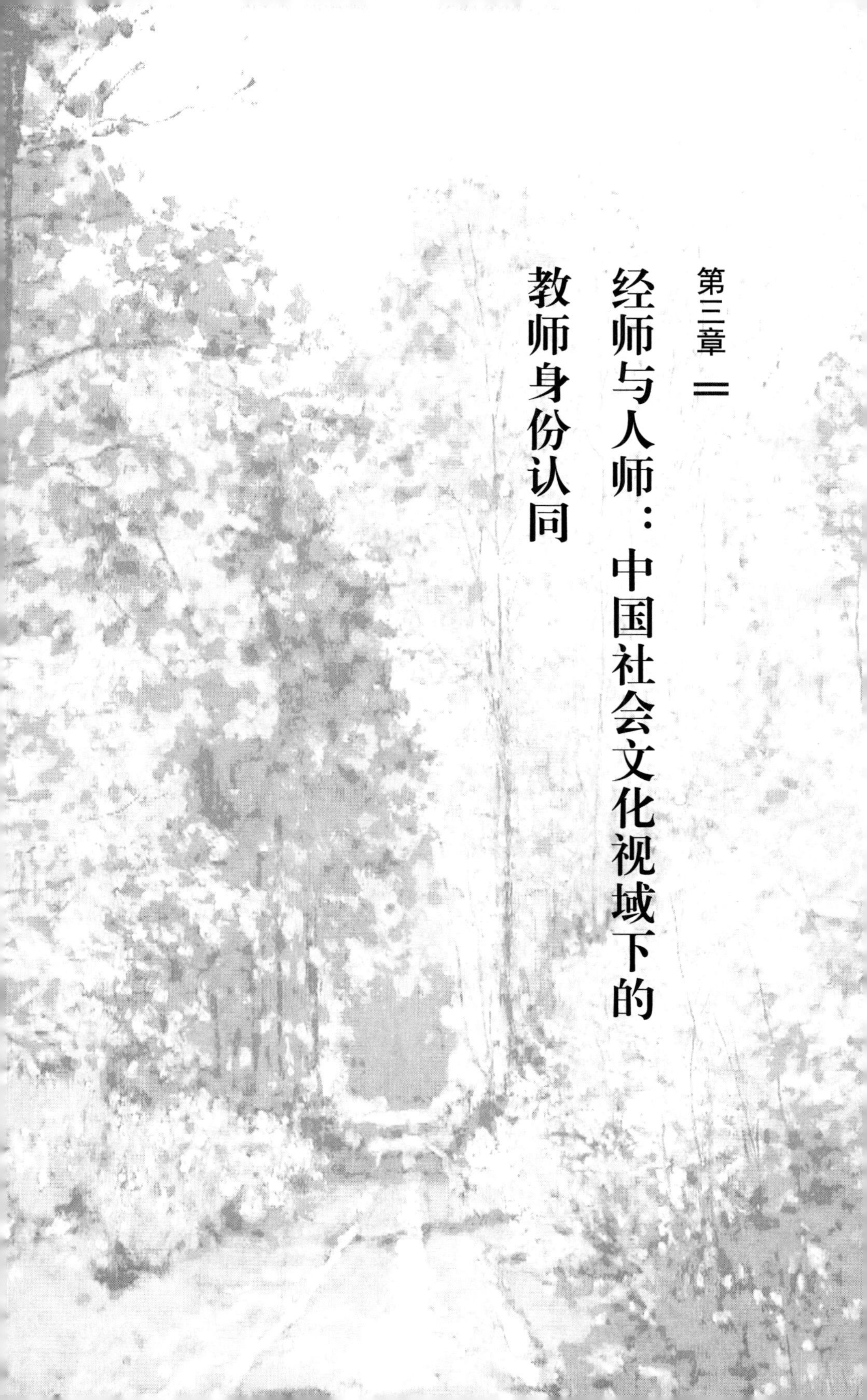

第三章 经师与人师：中国社会文化视域下的教师身份认同

教师身份是在特定的学校情境中由教师个体行动和社会运作不断互动、不断创造与再创造而形成的，它包含教师基于自己的实践经验和个人背景的专业生活体认（自我认同），以及社会对教师的期望(社会认同)。在这两种因素的共同作用下，教师建构出自己的身份认同（Tickle，2000）。一方面，教师的身份认同体现了一种群属感，强调个体对于归属群体的认识，并通过实践外化所属群体的行为规范和价值取向。另一方面，教师的身份认同又是内发的，它使学校环境中的教师个体产生自我实现的需求，进而进行专业实践，并通过形成个人的独特身份标示其在群体中的地位。教师身份认同的核心是专业身份，它包含教师的专业认知、专业情感、专业效能感和专业归属感。专业认知，即对什么是“教师”和“教学”的理解和认识；专业情感，即对从事职业的态度和体验的判断；专业效能感，即对自己从事教师工作能力的信心，对自己是否有能力胜任教师工作的判断；专业归属感，即作为专业教师的身份感，对教师群体的归属感和成员感等。

本章讲述了三个案例，前两个案例介绍的是教师通过反思性行动，形成了教师的身份认同；第三个案例讨论的是一位新手教师如何通过社会化形成自己的身份认同。所有的案例均从教师视角展开：我是一名怎样的教师？我对教学的信念是什么？在我的课堂中，我要和学生做什么？在学生、家长、行政人员的眼中，我又是一名怎样的教师？(Newman，2002：123-217)。

第一节 “道”与“术”的两难

韩愈在《师说》中提出：“师者，所以传道授业解惑也。”这是对教师身份的一种诠释，“传道”和“授业”是教师实施的教育内容，而“解惑”是教育的手段。虽然不同人对“道”的理解有所不同，但一般认为它代表了关于“做人”的教育；“业”包含“做事”所需的知识和技能，也被称为“术”。“道”与“术”构成教育的两个维度，因此教师身份一方面应定位在抚育学生精神成长和人格完善的道统上，另一方面则是传授知识和培养学生技能。接下来，我们就来看看韩老师是如何建构寓“道”于“术”的教师身份的。

一、学科教学与教育育人的两难

我国的大部分学科教师都同时担任班主任。一方面，作为学科教师，他们需要通过系统的学科知识传授，帮助学生建构完整的知识体系以及利用这些知识解决问题的能力。另一方面，作为班主任，他们工作的重点是培养人的精神世界，关注每个生命的存在方式，将生命感、价值感从心灵中唤醒。因此，对于兼任班主任的学科教师而言，一方面，要探索如何做好学科教师，在完成学科教学内容时赋予它教育意义；另一方面，要关注如何将育人的工作渗透于学科教学中，在教学过程中利用社会规则引导学生，陪伴和扶持学生成长。但在有限的工作时间内和被压缩的教育自主空间下，学科教学与教育育人出现了两难。

三年级（3）班的班主任韩蕾是一名语文教师，她最近在“头疼”班上的男孩丁丁。虽然他学习不错，上课也积极发言，但他常常以自我为中心，与同学摩擦不断。其他教师说他，他也爱搭不理。渐渐地，同学们都不喜欢跟丁丁玩，甚至会抱团反对他提出的想法。由此，丁丁对班里每名同学都持敌对态度。有一次，他和同班的小海与英语老师在走廊上相遇，他们都向老师问了好，老师也冲他们挥了挥手。回到班里，两个人为“谁先和英语老师打招呼”争论起来，并在班里大打出手。

韩老师拥有学科教师和班主任的双重身份，因此她明白自己负有教书和育人的双重任务。“教育学生”作为一种身份理念存在于她心中，但令人“头疼”的丁丁的行为，打破了班级的理想状态，“摩擦”“不喜欢”“敌对”等成为她不得不面对的困境。作为班主任，她要确保每一名学生都融入集体，但又不能伤害“落后”学生的自尊心。她也知道，单纯说教是没有效果的，指责只会让丁丁变得更加桀骜。

韩老师也意识到，自己与学生接触最多的机会是在语文课堂上，如果能够在课堂上渗透更多的德育就好了。但在长期接受专业学科教育的影响下，韩老师认为语文教学的主要任务是教会孩子们听说读写，贸然地插入德育会不会破坏课堂的整体性呢？在遇到丁丁这个“问题学生”后，韩老师开始慢慢思考。

也许，这中间的地带蕴含着更多的教育机会，我要在这里有所作为。

二、教师的行动及其实践性知识

在语文教学中，教师常常聚焦于一些具体的知识点，字词句段往往是他们备课中最关注的内容，价值观念教育常放在对文本结构的理解上，以讲解抽象的道理为主，比如家国情怀、民族大义、崇高理想等，与小学生的生活联系较少。面对这样的问题，韩老师在教学反思日志中写道：

教师要做巧手的裁缝，要缝合零碎的学科知识和课文教育意义，最后加入新近发生在学生身边的关键事件，才能做出一件适合教育的时装。

韩老师抓住了这个瞬间的灵感，并决定尝试一下。在学完《谈礼貌》这篇课文后，韩老师先让学生总结文中岳飞、小朋友和周总理三个故事反映的中心思想，然后让学生列举历史上因为讲礼貌而改变人生的例子。在学生热烈的讨论中，丁丁和小海也积极在小组中发言。韩老师发觉，如果在这种轻松的环境中对他俩进行教育，可能效果会更好。因此，在最后总结时，她说："既然礼貌对我们这么重要，那么丁丁和小海课间为什么还那么冲动呢？"

学生们七嘴八舌地讨论起来。有一名学生说："你们俩都和英语老师挥手了，也可能老师是向你们俩打招呼呢！"韩老师顺着这名学生的思路继续往下说："让我们想一下，英语老师看到这两名学生向自己挥手，她会怎么想呢？"学生说："她会很高兴，因为学生有礼貌。"韩老师接着说："是呀，本来这么懂事又有礼貌的孩子，怎么能做出打架这样粗鲁的事情呢？岳飞和周总理就是从小事中培养自己的礼貌意识，才成就了以后的辉煌！"

说完这段话，韩老师看到丁丁和小海的头低下了，明白丁丁进步的大门已经打开了一半。此时，韩老师意识到，如果能抓住日常教学中的关键节点开展教育，就会让学生有更切身的体会。韩老师在具体情境下对学生进行引导，是在教学生思考和学习。其实，韩老师也在激发学生进行自我教育，这种教育对学生来说难能可贵。

在不久后的一次语文课上，韩老师带学生一起阅读了《小猪、小牛和小羊》与《宰相肚里能撑船》的故事，然后让学生发表自己的看法。在学生归纳出“宽容”的特点后，她在黑板上用大字写下一条格言：“宽容别人，其实就是宽容我们自己。”学生们纷纷开始发表自己的理解，她则趁势做了总结。

立场不同、处境不同的人，需要了解对方的感受。对待同学要有关怀和宽容的心！其实，每名同学都有自己的优点和缺点，我们要理解他们，才能真正做到宽容。我们现在就说说周围同学的优点吧！

然后，学生们非常活跃地彼此“揭发”，一些不太引人注意的优点也被大家说出来了。很多学生在别人的赞赏中，脸上因喜悦而布上红晕。最后，韩老师建议大家说说丁丁的优点。班长说：“他上课发言特别积极。”有名同学说：“有一次美术课我没有带彩笔，他和我一起用。”还有一名同学说：“他给我买过早餐。他还帮其他同学削铅笔。”在学生们肯定的发言后，丁丁站起来哽咽着说：“谢谢你们！请大家原谅我以前的不懂事！”在这节课结束时的总结中，韩老师说：“三（3）班的同学和老师是一个集体，是一个大家庭，那么我们就要做相亲相爱的一家人，对吗？”

她从学生的表情和齐声说“对！”中读到了学生们的赞同。在之后的教学中，韩老师一有机会就强化丁丁的集体意识，慢慢地转变了他认为“大家都欺负我”的偏见。同时，韩老师也经常在其他学生面前表扬他，让大家意识到他的进步。不久，丁丁就能与同学们友好相处了。后来，在学习另一篇课文《账单》时，学生们不仅重温了理解和宽容的意义，更被文中小彼得的感恩行动深深打动。第二天，丁丁把大半个橘子放在了韩老师的手里，腼腆地说："老师，今天妈妈买的橘子我都尝了，只有这个最甜，我给您带来了。"手里捧着这半个橘子，韩老师感觉到孩子的体温，她紧紧拥抱了丁丁。

韩老师通过摘取教材中的几个片段，借助学生的反应，激发了丁丁心中善的意识，也化解了学生的矛盾。她让师生之间静态的师教生学的学科教学转变为动态的教与育引导下的学生互学。在韩老师看来，学科既是教学的内容，也成为人格教育的有效载体。韩老师在上述学科教学情境中，借助故事、格言等形式，形成了有利于学生人格教育的班集体文化。在师生共同参与和互动中，教师通过寻找学科教学中蕴含的教育机会，让学生放下防御心理，开放地讨论和探究不同观点。这带给学生学科成就感的同时，也带给他们深刻的自我识知和良好的集体舆论。

回顾对丁丁的教育过程，韩老师在自己的教育博客中写道：

> 教师的生命可以处于低处，而灵魂必须占据高地；教师把（学生）鲜活的生命珍藏于心灵深处，体会（他们的）存在价值，（为他们）创造幸福；教师用爱陪伴（学生的）成长，期待（他们的）绽放，用宽容与耐心滋养受伤的个体；教师应该把校园作为育花世界，享受培育花开的过程，体会园丁的辛勤劳作。

课程标准关于语文教学有着清晰明确的要求，学校德育计划也对班主任工作提出了具体的标准。但对于如何将二者有机结合，学校没有规定，也没有提供参考样本，不同学科的教师对此也有着不同的理解。韩老师基于学科教学的教育方法，是她在自己的教育信念支撑下采取的实践行动，体现了她个人独特的实践性知识。韩老师的教育取得了令人满意的效果，使她对于自己作为学科教师和教育者的身份有了更清晰的认识。通过对她的教育教学过程进行分析，我们对她的实践性知识进行了总结。

在本案例中，韩老师遇到了学科教师与教育者身份难以兼容的两难困境。她原本对语文教学的专业认知不再适合目前情境，应对不了像丁丁那样的“问题学生”，这迫使她不得不与问题情境对话，调整自己的身份定位。于是她通过在行动中反思，并借助班级集体舆论、师生互动、辅助资料（如教材、格言、故事等），为教师的育人身份催化新的教育策略（如鼓励、组织讨论、营造氛围等）。她用“裁缝”这一意象来表征教师身份。首先，教师是知识的化身，即教师拥有关于学科教学和教育的一般知识，并需要在特定情境里贯通二者，用“解衣衣人”的方式传递知识和道义。其次，教师应该有艺术特质，即根据受教育者的需求“量体裁衣”，教育教学内容既要有传承性，也要有创新性，才能为学生所接受。再次，教师需要有自己的实践智慧，即在自然的课堂情境里对既有教学策略小修小补，对学生行为的纠偏力求做到“天衣无缝”，不露痕迹。最后，教师必须有信念感，即将为师的责任感一以贯之，为学生发展而付出，不怕“为人做嫁衣”。

三、教师实践性知识的社会文化意涵

万物皆有道，《周易·说卦传》里也有“立天之道，曰阴与阳；立地之道，曰柔与刚；立人之道，曰仁与义”的表述。“天、地、人”的说法，隐喻地表达了中国传统文化思想中，天地万物都蕴含着“道”。在教育中突出表现的是“人道”，强调人的活动、人的社会组织及其背后蕴含的规律。孔子提出的“人能弘道，非道弘人”（《论语·卫灵公》）则把“人道”纳入规范系统，从正面告诉人们什么可以做，应当如何做；从反面则告诉人们什么不可以做，即对人的行为加以约束或限制。教师的“道”体现了教师的境界、修养、信念和对人的意义的追求，体现在教育上就是对教学规律和人的发展规律的遵从，落脚在对学生人格的培养上。教师的“术”是机智、技巧，代表的是理性和工具性，是教师做好教育工作所需要的方法、技术、手段。“以道御术”是老子在《道德经》中提出的，倡导人们以道义来承载智术，强调悟道比炼智更高一筹。本案例中的韩老师，以德立教、以情树人，将教学起点放在教育的道德高度，但她并不是通过简单说教和单方面树立榜样的方式进行教育，而是依靠学科内容、从学生现实出发，在日常与学生的交往中实现教育目的。

做好教师工作，要确立以育人之“道”为本的思想，然后才是选择最好的教学之“术”。于韩老师而言，要完成教育教学任务，必须教之有道。于学生而言，学习和践行德性，必须习之有术。教育的大艺为道，教学的小技为术。也许“道为本，术为用；术合于道，相得益彰；道术相离，各见其害”能很好地说明教育中“道”与“术”的关系。同时，大道无术又是教育的一个理想、一个过程。大道无涯，术可以精益求精。正如韩老师一样，她心存教育理念，明白育人之“道”。但这种“道”是不能通过说教直接迁移到学生身上的。她必须借助学科教学内容，通过故事、寓言和语言教学与学生互动，才能实现“润物无声”的养成性教育。两难困境中的思考、试错、试验，推动韩老师对自己身份认同的深化，帮助她采取更适切的行动。在此过程中，她关于教师、学科教学、学生教育的所有知识都从缄默状态进入行动模式，最后融合成“以身体道”的实践理性。

第二节 『位』与『为』的两难

中国教师素来有“园丁”“蜡烛”“灵魂的工程师”和“人民教师”的美誉，师范大学也常把“学高为师，身正为范”作为培养教师的理念。这表明社会舆论对教师职业的道德水准和奉献精神的期许是很高的。同时，教师也生活在一个被各种制度约束的环境当中，受到种种外在规则的规约。在规则的制约性与个体能动性、制度与情感等冲突的两难空间内，教师的信念、情感、价值观、态度以及同事关系等，都会发生连续、细微的变化。对于教师而言，要开展教育教学活动，留给自身发挥主观能动性和创造力的空间并不大，这是中小学教师普遍面临的问题。如何使行动符合自身所处的“位”，又充分有“为”，是摆在每位教师面前的一个切身问题。

在“位”与“为”的关系中，“位”指的是教师在社会和学校情境中的地位；“为”则指教师身体力行的作为。对于这一点，孔子“不患无位，患所以立”（《论语·里仁》）和“不在其位，不谋其政”（《论语·泰伯》）所说的都是“位置”与“行为”的关系问题。这不仅是说人要有作为才能取得理想的待遇与地位，更重要的内涵在于每一个位置都有对应的、应然的行动方式。这表现在教育中，就是教师如何理解自身在情境中的“位”和如何在此情境中有所“为”的问题。

一、考试压力与培养学生的两难

刘老师是一位有十一年教龄的高中历史教师，他所在的学校位于华北平原的一个地级市。该校日常的运作像一家工厂的流水线——清晨5:30开工，晚上10:10停工。其间的每一分钟都被各种制度精确规划，师生基本没有自由支配的时间。严格的管理带来骄人的高考成绩，近几年全省600分以上考生大约有五分之一出自该校，该校被北大、清华录取的人数几乎占所在省总人数的五分之四。因此，学校赢得学生家长的热捧和全国教育界以及媒体的关注。但是，这种“老师苦，学生累”的教育方式，使得该校被称为“高考工厂”，对该校“教学没人性”和“高分低能学生加工厂”的批评之声从未停止。

面对高考压力和同类学校的竞争压力，学校领导和教师不得不把高考分数作为最高目标，提出了“只要学不死，就往死里学”的极端口号。甚至教师也被要求“往死里教”。由于长时间、高密度的教学，有些教师的身体状况和家庭生活都亮起了红灯。但在这个全省经济指标排名倒数的地级市，教师的收入却很不错。学校也尽量帮助教师解决生活问题，该校的教师在社会上得到很多优待。处于这样的一种矛盾中，刘老师并不赞同片面地把自己的学校称为“高考工厂”。对此，他有自己的看法。

如果可以比作工厂，那我校也是高级的智慧工厂。我认为自己是加工智慧的工程师。

“工厂”是一个充满现代性意蕴的隐喻，意味着大规模的生产作业、高度细化的劳动分工、技术化和专业化的操作、精确化的管理、统一的标准、严格的程序性步骤，以及对最终产品“检验合格”的要求。所有这些“工厂”的特点，在现代教育和学校当中都能够看得到，这也是现代教育受批评之原因所在。其实，全世界很多国家的教师都面对着以国家课程要求和国家考试标准评定学校质量之类的政府干预，其产生的持续性影响侵蚀了教师的自主性，挑战了教师个体和集体的身份认同。被规定的课程和考试，影响教师已有的教学实践，给教师带来不安全感和不稳定感，不仅增加了教师的工作负荷和心理负担，而且引发了教师动机、效能感、工作满意感和工作有效性等方面的危机。

在强大的社会制度与学校文化威压下，有的教师完全屈服，放弃了个人的追求，成为随波逐流者；有的教师一直在理想身份和现实身份之间纠结，成为学校中的“边缘人”，在专业身份定位方面感到无力。面对教育中的两难，坐等外在环境转变还是选择积极有为？——这是教师必须做出的选择。刘老师并不否认现代教育的“工厂”模式，是因为他看到这一模式也有积极的一面，即“高级的智慧工厂”对于学生发展来说同样是有意义的。即使被限定在一个高度约束的环境中，教师同样可以把教学做得“高级”，可以生产“智慧”，把更好的东西带给学生。并且，在看似严苛的的制度之下，同样蕴含着一种帮助处境不利学生改变命运的可能性。

没有高考，哪来我们这些“狗尾巴草”的春天？现在的中国，没有比高考更公平的选拔方式了。为学生、为我自己，我希望高考一直持续开展下去，我乐意为此努力、拼搏！

刘老师认定读书可以改变命运，高考可以改变个人发展，还因为他自己的经历。他本是华北某县山村里的苦孩子，从小家境贫寒。他就是通过苦读，完成了阶层跃迁，走向了一种新的生活。因此，他相信自己的经历对于现在的学生来说，仍然是有意义的。即使不能改变这种并非完全合理的管理方式，但教育仍然有可能在这一制度下给予学生某些积极的、对人生有意义的东西，如坚韧、能吃苦、不怕打压、善于竞争等个人品质。

二、教师的行动及其实践性知识

面对两难困境，教师需要不断强化自我身份，才能形成专业自我的身份认同。同时，教师还需要保持开放心态，接受和适应学校的主流文化和亚文化，并形成对文化的个人理解。在此基础上，通过教师的反思性行动和集体行动，塑造一个积极的学校生态。

当刘老师在高考制度和学校文化中做出一种符合自己愿望的选择，并决定对自己的专业未来负责时，他开始获得了一种权力感。这种权力感在一定程度上是制度性的，但更主要的是教师专业性的自我赋权。在学校教育中，这种自我赋权标志着教师有一种基于专业知识、能力和认同的影响力，这种影响力能够通过教学作用于学生身上。刘老师描述道：

> 我们在课堂上、饭后、午休时，寻找一切可以利用的机会，把自己学科的知识焊接、转移到学生的头脑里。

作为一名高中教师，又任教于一所以高考成绩为最重要指标的学校，刘老师日常教学中所做的事情基本都围绕提高学生成绩这个主题。上述引语中，他使用的两个词语很有意思——“转移”和“焊接”。“转移”似乎像是一个搬运工，把知识从自己的头脑搬运到学生的头脑里；“焊接”更生动形象，学生那里本有一块原料，教师带着新的焊料和焊刀到学生那里去，把“焊料”接在学生的“原料”上，使原料延伸得更长，而且“焊”得非常牢固。这个过程需要辛苦的工作，需要抓紧一切可以利用的时间，“寻找一切可以利用的机会”。因为刘老师明白，“知识这东西，来不得半点虚假”。不仅求知来不得虚假，应试更加需要技巧，而只有“扎实的基础，才能产生超强的解题技能”。

他比喻自己的工作是“我造帆船，送学生过书海”。他造的“帆船”主要是自己精选的习题和考试题，而学生的“书海”则是各种在考试中可能出现的知识点。他从不给学生订购成本成套的习题集，学生每天做的六页试题，或是他和教研组其他教师设计的，或是从报纸、杂志、历年高考试题、其他省份各种试题中精选出来，然后打印或剪切拼接而成的。他每天都会在饭后、课间去班里看学生，督促他们补齐尚未掌握的知识点。

该校的教师为什么不给学生订购成本成套的习题集呢？因为习题集是“别人的老师”编制的，一套又一套的题目未必适合目前这批学生的需要。而且一套完整的题目，质量可能参差不齐，值得参考和练习的只是其中的一部分。如果让学生全都做，会浪费非常宝贵的备考时间。教师自己命题，或者从别的地方“精选”试题，其实是教师把自己当作一个筛选题目的“筛子”。提供给学生的大量艰苦训练是经得起推敲、有价值、有意义的，而不是一种简单的重复。这么做能够培养学生对习题的鉴赏力，能够让学生明白，苦学不是蛮干，“功夫要下到点子上”。同时，学生看到教师无怨无悔的付出，对自己也是一种激励。

有些学生，你不“揪”他，他就偷懒。所以要“揪”住不放。不过学生们也知道，老师是为他们好，再“揪”他们也不生气。

只有当学生能够体会到教师对他们是真心“好”的时候，才会“再‘揪’他们也不生气”。刘老师在访谈时几次使用了“揪”这个字，显示出他对自己认为的努力不够的学生的对策。学生5:30起床，他也在5:45前到校。学生在操场跑步，他就跟在自己的班级后面慢跑。饭后，只要教室里有学生，刘老师就会和教师待在办公室或教室，随时准备解答学生的问题。学生上课的时候，他和没课的教师则要坐班。学生放学了，他们还要研讨第二天的课怎么上。

在被问起在大讲素质教育、激发学生自主性和多样性办学的今天，他们为什么还死死抓住高考不放时，刘老师笑着说：

其实我们也不想这么累，也想让学生更幸福地学习，但学习本身就是辛苦的。我们老师一直和学生同甘共苦，只有这样，他们才不觉得孤苦。考个好大学，就值了。再说了，多出几个北大和清华学生，多出几个高分生，不也是为社会、为学生和他们的家庭做贡献吗？

生活在“高考工厂”中，这个环境是教师和学生都无法改变的，甚至在很长的时间内中国的教师、学生、家长都会继续面对这个问题。但是在这样的高压之下，教师能不能仍然以“爱和关心”来对待学生，在制度的约束下使学生得到尽可能优质和有效的教育呢？刘老师以自己的行动为我们做出了肯定的回答。

教师的身份认同也包含教师对这份事业的信仰。在每一位严肃对待教育事业和教师身份的教师那里，都会有对信仰的追问。

我来这里做什么？我要做一个什么样的人？我今天做得怎么样？

这是该校的“经典三问”，也被刘老师当作自己的座右铭。这个座右铭不是一个简单的目标或者口号，而是表达了对“教师是什么样的人”和“教师应该是什么样的人”的追问。

教师干的是苦力活、良心活，管不管咱都要干好！因为你是教师，是学生的引路人。

刘老师使用“学生的引路人”这样的比喻，对自己的专业进行了归属划分，这里凝聚着他对教师身份的一种信仰。因为有了信仰，他才进入一种投入的精神状态，表现出对自己认定的、包含最高生活价值的追求。这种追求也使他超越身体的疲惫，对教育教学有了高度服从、景仰和向往的意志，从而形成他工作的精神支柱和行动指南。刘老师自己的从教经历，也让他更笃定地相信，“有为”才能“有位”，而“有位”促使他更加努力，突破极限，更加“有为”。

正是因为拥有了这样一种自我赋值的信仰，刘老师具备很高的情感能量。其具体表现就是，虽然身处一个“高考工厂”，他却总是乐呵呵的。他似乎很享受学校这种周而复始的、苦尽甘来的生活——全体教师会上，他会带着大家跳骑马舞来放松；在教研组里，他带领其他教师仔细钻研教材和考题；在课堂上，他盯着每名学生，看他们是否落实了知识点的学习；在自己的班里，他制定过这样的口号来激发学生的学习动力：

> 今日疯狂，明日辉煌；超越自我，挑战极限；自强不息，志与天齐；万念归一，用虔诚追求梦想。

作为一名高中教师，他喜欢被即将进入名校的毕业生簇拥着在教学楼前合照，这让他特别有成就感。在这个别人看来压抑、紧张和充满竞争的校园内，刘老师却过着开心的教师生活。他说自己乐于做这个“高考工厂”的教师、班主任、工程师。

虽然在外人看来，刘老师在这个“高考工厂”里就像流水线上的一名工人，服从学校的严格管理，但与此同时，他也能够为学生提供各种支持，而且自己也能不断提升、追求进步。他支持和践行严格的量化管理制度，也会与学生共同遵守；他不断参加星级教师、优质课和高考质量奖的评选，他认定这些活动能激发教师的艺术创造性和个体积极性；他享受学校给优秀教师的物质和精神奖励，因为他觉得那是对教师工作的肯定和尊重；他用吃苦精神劝诫来自富裕家庭的孩子，也用“考过‘高富帅’，战胜‘官二代’”的口号鼓励穷孩子。他还为班级制定这样的班训：

比自律、比早起、比速度、比投入、比状态、比声音、比勤奋、比效率、比士气、比付出、比人格、比坚持、比成绩、比名次。

刘老师相信，即使在人的个性被压抑、自由活动空间非常有限的环境中，仍然有可能培养出学生的自律、勤奋、高效、士气、付出、坚持等等这些积极的品质。这也是刘老师希望能够带给学生的，在追求分数、成绩、名次的同时，教师个人仍然可以有所作为，可以把好的品质带给学生，可以教会学生如何面对不如意的外部环境。

刘老师的状态引发我们深入思考教师在两难困境中的身份认同问题。通常，教师从教初期，会带着自己的教育理想进入工作岗位，对自己的身份有一个初步定位。当这个身份遇到制度框架和学校文化的双重影响时，教师会面临屈从制度和文化还是坚持自己理想的两难困境。对制度和文化的彻底屈从，意味着自我身份的模糊或消失；坚持自己的理想，则可能会遭遇制度和文化的打压，从而发生身份危机，导致个人效能感的降低。这说明，教师具身化的经验镶嵌于学校的规范和规则中，也给教师提供了两难空间去质疑和重建自我和人际关系（Zembylas，2003）。

从社会化的角度来看，成为一名教师即是成为社会所期望的角色，教师必须依据既定的规范和文化脚本（Reyolds，1996：75）形塑自己的专业身份，无法回避制度和文化对于教师角色的规定。然而，即使是在同样的社会文化期待中，不同的教师也有不同的身份认同策略。刘老师的例子表明，虽然他身处社会诟病的“高考工厂”，但是他赋予自己“加工智慧的工程师”的身份。通过调适自己所处制度环境所规定的教师角色，同时自我赋权和自我赋予意义，刘老师更加明确了自己的专业身份，也从中获得了工作的意义。

三、教师实践性知识的社会文化意涵

如何处理“位”与“为”的关系是每名教师都需要去面对的问题。当个人教育理念与制度冲突时，有的人随波逐流，变成一颗被动的螺丝钉；也有的人像《周易》中说的，“天行健，君子以自强不息”，寻求一种个体的能动性。虽然刘老师认为高考有其不合理之处，但他可以寻找到其中对于学生、家庭和社会有益的部分，并积极有为。他的“有为”是一种判断能力，在面临多种选择机会时做出取舍，选择做“对学生、家庭和社会”有益的事情。刘老师的“有为”是一种行动能力，在明确自己的专业定位后，付诸实践，才能体现自己的有为。“位”是一种能量和催化剂，作为高中历史教师，这个“位”意味着他可以影响这些学生的未来和出路。而“为”才是终极目的，刘老师在现有的制度空间里做出了积极、正向的教育行为。“有为”的真正目的是实现个人价值、为他人创造价值。做到这一点的时候，教师的社会角色则成了追求价值中的附属产品。

我们的教育现实大环境始终与教育理想之间存在张力。有“位”者要“思不出其位”，谋其政、守其职、尽其责，这是对“有为”的限制。“有为”不是乱作为，是要遵守一定规范和规则的。刘教师对于“位”与“为”的认识和行动，体现了教师在两难空间中应对考试压力与培养学生这一两难困境的实践智慧。

第三节 『心』与『物』的两难

新手阶段是教师的专业发展历程中有着至关重要作用的阶段。一个人第一年的教学情况，对他之后所能达到的教学效能水平有重大影响，而且要持续数年。这段经历会影响整个教师职业生涯中对教师行为起调节作用的教师态度，也会影响到教师是否继续留在教学专业的决策（叶澜 等，2001）。由于中小学和幼儿园的“工作文化”与新手教师在大学时所熟悉的“学术文化”很不一样，而且很多大学毕业生到学校后往往直接“上岗”，甚至除了教学工作以外，还要承担班主任工作，“焦头烂额”“心理压力大”和“忙不停歇”是多数新手教师刚开始工作时的状态。教师初执教时能否顺利度过危机决定了他们是继续留任还是离开教职，如果选择留任便会成为挣扎中的初任者（Fuller，1969）。

新手教师的从教经历以及由此产生的情感反应是建构其身份认同的基础性元素。新手教师在获得专业身份认同的过程中，既有对学科知识内化与教学技能掌握程度的考量，又有反思理论知识并对其进行情境化和个人化加工的需求，还对形成、加强和升华专业情感产生了期待。

一、新手教师面临的多重两难

王老师是一名参加工作一年半的新手教师，本科毕业于某重点师范院校的地理专业，后来又读了地理课程论的硕士，系统学习过教育学、心理学等相关课程，现任初二年级的地理教师。王老师所在的中学实行“师徒制”，即为每一位新手教师配备一名资深教师，为其提供课堂教学、班级管理等方面的指导。从入职到现在，虽然有师父的帮助，王老师仍遭遇了一些使她感到“矛盾”的困境，分别是知识性和趣味性的两难、爱和惩罚的两难，以及个人风格和外在评价的两难。

（一）知识性和趣味性的两难

王老师遇到的第一个两难是如何处理枯燥知识点与趣味教学的关系。入职前，王老师通过理论知识的学习，虽然了解到教学中要培养学生的学习兴趣，但并未真正意识到兴趣的重要性。入职后，王老师发现同样内容的一节课，如果加入有趣的知识拓展，学生就会全神贯注，甚至平时不听课的学生也会认真听课。相反，如果仅仅把“条条框框”的知识点讲得很清楚，则难以吸引学生的注意。学生在两种不同风格的课上的不同表现，加深了王老师对学生学习兴趣的重视。

为了激发学生的兴趣，王老师试图通过增加故事性的知识拓展营造“好玩”的课堂，即包含有一定难度、贴近生活或者学生闻所未闻的新奇元素的课堂。王老师通过旁听师父的课，将师父引用的一些“故事”用在自己的课堂上，以辅助教学。但在课堂上增加故事后，王老师却发现，故事冲淡了学生对知识点的印象，使得学生更容易只记住故事，而记不住应该掌握的知识点，进而影响了考试成绩。因此，王老师感到很矛盾。比如，王老师有一次给学生们讲巴西的地理位置，以“巴西”名称的来源作为导入。

一帮人来到这里之后一看："哇！一大片的森林！"他们觉得以前没见过这个木头，听到当地人说它叫巴西木后，就给这个地方起了一个名，叫巴西。然后顺着这个，我讲到了巴西的地理位置。后来我就发现学生只记得这个地方为什么叫巴西，具体的位置却不知道。

王老师在另一个教学情境中采取了应对办法，即将知识点与故事结合，其中知识点需要具备新奇、有难度、能引发思考、与生活有关等特征，而故事需要与知识点紧密相关。故事中包含知识点，而非"两张皮"。以讲巴西混血种人为例。

我说："巴西这个地方本来生活着印第安人，是什么颜色的人种?"学生回答："黄种。"我说："好。"然后就讲巴西的历史。"后来呢，一群英国人来了，英国人是什么颜色的人种?"学生回答："白色。"我把"黄""白"都写到黑板上。"再后来，发展了呀，有种植园了，挖矿了，人不够用了，就得找奴隶，然后就贩卖了什么呢?"学生说："黑奴。"我说："黄、白、黑，颜色俱全了吧！这些人一通婚，生出来的就是混血种人。"这样的话他们就能把故事和知识点结合在一起，以后再记的话就能记住。这些人都来了，然后生出来混血种人。这个（教学效果）倒是还挺好的。

然而，王老师也强调，"不可能对每一个知识点都找到很好的故事与之对应"。对于诸如纬度位置等"干巴巴"的知识点，不仅难以加故事，而且没有必要加故事。由于一节课的时间有限，如果所有知识点都以故事的形式串讲，则不能按时完成教学任务。因此，王老师用较短的时间直接传授"干巴巴"的知识点，用较长的时间讲解与故事相结合的知识点。对于"干巴巴"的知识点，王老师则用夸张的语气说出来，引起学生注意，也能起到不错的效果。

福斯特等（Foster et al.，2005）曾经指出，个体在两难空间中不断建构着自我。因此，教师在两难空间的博弈中能够实现身份获得。专业认知涉及他们对“教师”和“教学”的前概念的认知，以及这些前概念在工作过程中的验证和修正。在上述两难困境中，王老师最初认为课堂教学应该是“好玩”“热闹”的，学生的学习兴趣非常重要，要通过“好玩”的教学“让他们来学校很开心，让他们喜欢上地理课”，因此教师应该通过故事性的知识拓展将课堂“变得好玩”。然而，在实际教学中，王老师发现与知识点相剥离的故事虽然能增加课堂的趣味性，却导致学生“舍知识逐故事”，在考试中表现不佳。在教学理念和考试压力的冲突中，王老师利用师父使用的材料，根据学生反馈进行调整，进而修正自己对教学的前概念，形成新的理解，获得“兼顾知识性和趣味性的学科教师”身份。

（二）爱和惩罚的两难

王老师遇到的第二个两难是对爱和惩罚的把握。她在初中实践大学理论学习中“爱学生”的教育理念时，发现简单的“爱”并不适用于所有学生。王老师曾以“爱”的方式，即在了解学生的基础上给予关心，增加了与学生之间的信任，进而促进了学生的学习动力。例如，李同学以前在课堂上有时唱歌，有时突然把桌子推倒，有时撕纸片到处吹。考试的时候干脆就在试卷上画个飞机和四处发射的大炮。王老师先是询问班主任，得知李同学从小跟爷爷奶奶长大，非常缺少父母的关爱。于是在以后课前课后的几分钟内，王老师总是主动找他聊天，有时鼓励他“你这节课表现不错啊，没唱‘喜羊羊’”，有时关心他“吃饭没有啊?”“吃的什么呢?”等等。慢慢地，李同学开始主动跟王老师说话，而且在学习上取得了进步。然而，王老师采用相同的方法对待另一名学生时，却没能奏效。赵同学有一点暴力倾向，其他教师都是“骂他、教训他”，而王老师对他“特别温柔”，主动跟他聊天，但是他“反而变本加厉地在课堂上闹”。王老师也在踌躇，要不要对他“狠”一点?

这些截然不同的亲身经历，让王老师觉得爱和惩罚的度确实不容易把握。她认可弗罗姆（Erich Fromm）对“爱”的阐释，即了解、责任、尊重和关心（弗罗姆，1986：82-91）。其中，了解是前提，责任是指有能力并准备对对方的愿望给予回应，尊重是指让对方遵循天性发展，关心则意味着爱是我们对所爱者的生命与成长的主动关切，如果没有这种关切，就没有爱。但是，爱并不是万能的，有时候需要将爱与惩罚，甚至与“不搭理”相结合，而具体方法的选择则应该依学生的情况而定。

因此，王老师对赵同学转而采用“教训”的办法，也取得了暂时的效果。但每次训完不到两分钟，赵同学还是一副老样子。王老师认为赵同学“软硬不吃”，于是尝试采用“不搭理”策略。这种“不搭理”并不是无视，而是“慢慢关注他的变化”。

不搭理他这种办法好像还有点用。他上课爱闹，我就说：“上课你不要打扰别人，你自己看会儿书，你看手机我都不管你。”一开始他觉得特高兴，就在那乱看。课堂秩序稳定了，因为他不打扰其他同学了。后来他觉得没人管原来也那么无趣，就主动回到我课堂上来，有时候还回答一两个问题。他不听课，我就不理他；他回答问题，我就大力表扬他，让他觉得很得意。现在，他表现特好，不让他听课，他都跟你急。

在这个两难困境中，王老师受大学中学习的教育理论影响，对“教师”的前概念是必须“爱学生”，认为教师应该用爱的方式对待每一名学生。在与第一名学生相处时，王老师发现学生因为“被爱”与“被鼓励”获得了努力学习的动力，验证了“爱学生”的前概念。但与第二名学生相处的过程中，王老师依次采取了“爱”“训”和“不搭理”的策略，“爱”使学生“变本加厉”，“训”只能在短时间内有效，“不搭理”则取得较为明显的效果。因此，她修正了“爱学生”的前概念，借助不搭理的动作或策略，也就是所谓的恩威并济，让单纯的“教育爱”增加了一抹教师合法性权威的色彩。

（三）个人风格和外在评价的两难

王老师遇到的第三个两难是个人风格与外在评价的权衡。她很不喜欢公开课或展示课，觉得这种课是“花拳绣腿”，华而不实。她也不赞同公开课上“好老师”的标准：扎实的基本功（如说话严谨、指图明确等）；特别能够抓住课标，设计的所有内容和环节都能够反映课标的要求；遵循课程结构的规矩，依照固定的套路上课（如第一环节温故知新，第二环节新课引入，第三环节拓展训练，等等）。她觉得固定的课程结构“箍得慌、难受”，“当你把所有的东西都放到一个固定的套路里时，它就显得很无趣。学生连学习兴趣都没有的时候，无论你怎么培养，他们可能都没有热情投入”。因此，王老师倾向于不按“规矩”教学，使用口语化的语言，而非严谨的学科语言。

我问：“来来来，大家看一下这个图！江苏在这张图上的什么地方?”学生说：“下面。”我说：“对，那下面是哪个方向呢?”像这种教法，绝对是老教师反对的，他会提示：“注意了！在地理学科中，我们不能说上下，我们要说南北。”但是我可能就不会这样说，因为我觉得说上下很直观！

王老师在描述自己所处的两难困境时说：

如果我平常像上公开课那样上课，学生在底下肯定睡倒一片；如果我上公开课像平时那样上，评委就“疯”了。

由于公开课的“规矩”与自身的教学风格存在差异，王老师也曾遭到一些批评和怀疑。

讲某个国家，课标要求讲这个国家的交通运输方式，那我可能讲到这个国家的一些风俗习惯，但这些是课标没有要求的。如果我在公开课上讲了，可能就会被指责，评委觉得你讲这个没有意义，又不是讲旅游地理。

目前，王老师经过心态调整，已经“慢慢学会服从一些制度上的东西”，并在不同情境下选择不同的应对方式，即“在该服从的时候服从，该按自己的方式的时候按自己的方式”。王老师对“教学”的前概念是“做好教学工作，就是让学生学明白，在学中玩”。但实际上除了教学，王老师还要应对区里和学校的培训、说课、微课、同课异构、公开课、比赛等等。由于在这些活动中屡屡受挫，受到上级批评，她修正了自己的教学策略。最终她选择扮演情境化的双重角色，在课上践行自己的教育理念，在特定场合服从外在的规则和规范。通过妥协和让步，她获得了“扮演双重角色的自我发展者”身份。

二、新手教师的行动及其实践性知识

19 世纪 90 年代中期，德国社会学家格奥尔格·齐美尔（Georg Simmel）首次提出“社会化”（socialization）这一概念。社会学意义上的个体社会化是指个体在与社会环境相互作用中，发展自我观念与社会角色，掌握所属社会的各种技能、行为规范、价值观念，获得该社会所要求的成员资格，同时形成个性并完善自我，即从一个生物体的自然人转变成为一个社会人的历程。教师社会化，是带有自身经历的个人通过一定年限的师范教育训练及长期在职进修而不断地获得教师角色的过程，是与教师角色有关的一系列认知、情境及行为发生变化的过程，也是与各种社会化动因不断互动的过程。教师继续社会化，则是指个体在承担教师职业角色之后，为了更好地扮演角色而进行的社会化（吴康宁，1998）。它表示教师入职后怎样通过与社会互动，逐渐获得教师角色、成为合格教师的过程。

社会系统并不是静止不变的，它与行动的主体不断产生交互作用，相互影响。也就是说，社会系统的结构性特征并不外在于行动，而是反复不断地卷入行动的生产与再生产（吉登斯，1998：522）。在这个过程中，系统具有双重能力，一方面对行动有制约的作用，教师要受制于规则；同时，系统也支持和促成行动，为教师提供资源。其中，“规则”主要由行动者在行动时所依赖的各种正式制度、非正式制度以及各种有意义的符号构成。“资源”分为配置性资源和权威性资源：权威性资源是指行动者所拥有的权威和各种社会资本等，配置性资源则是指各种物质实体。

借鉴吉登斯（Anthony Ciddens）的结构化理论，结合上述王老师面临的三个两难困境可以看出，新手教师的实践性知识是在两难困境中，通过行动不断地与规则和资源互动，维持或改变已有的规则，维护或增减自身的资源而生成的。其中，规则主要包括考试制度、师徒制、公开课评价标准等，资源主要包括“学习兴趣”“爱学生”的理论知识、学生反馈等权威性资源，以及师父帮助等配置性资源。

值得强调的是，此处的配置性资源与吉登斯的定义稍有不同，指的是学校赋予教师的所有资源，既包括实体性的资源，也包括非实体性的资源。在形成实践性知识的过程中，新手教师与各种规则和资源进行互动的过程就是一个不断“试误—反思—调整行动”的循环过程。并且，鉴于教师实践性知识的缄默性和情境性（陈向明，2009），有多年教学经验的师父往往难以给予新手教师建议，这时的新手教师就像是一位“孤独的探索者”，在重重困境中不断摸索，总结失败的经验教训，进而一步步找到应对方法。

在上述两难困境中，王老师获得了三种身份，分别是“兼顾知识性和趣味性的学科教师”，“爱和惩罚相结合的教育者”，以及“扮演双重角色的自我发展者”。王老师的继续社会化过程如图 3.1 所示。

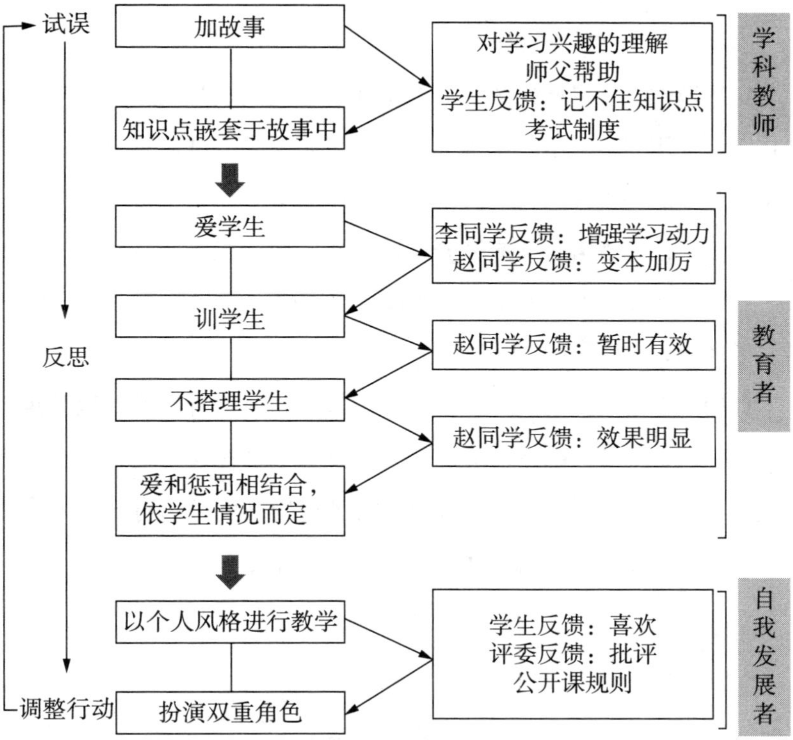

图 3.1　王老师的专业社会化过程

在知识性和趣味性的两难中，王老师基于对学生学习兴趣理解的加深，利用师父使用的材料，先是尝试在课堂上加入故事。后来学生出现记不住知识点的现象，王老师受考试制度的影响，反思知识点与故事结合的方式和条件，最终调整行动，生成了将“新奇、有难度、引发思考、与生活有关”的知识点嵌套于故事中的实践性知识，实现了知识性和趣味性的兼容。

在爱和惩罚的两难中，王老师在关爱还是训斥、不搭理学生的困境中，为了纠正赵同学的行为，灵活运用大学理论学习中“爱学生”的教育理念，通过依次对“爱”“训”和“不搭理”等策略进行试误，并通过赵同学的反馈，对策略不断进行反思，最终生成了“爱与惩罚相结合，具体方法依学生情况而定”的实践性知识。

在个人风格和外在评价的两难中，王老师最初在公开课上以个人风格进行教学，结果遭到评委们的批评和怀疑。她受制于严格使用学科词汇、采用固定教学套路等公开课的规则要求，进而对自己的教学风格和评委的评价标准进行反思，认为虽然学生更乐于接受有个人风格的教学，但她也需要适应公开课的要求。因此王老师调整行动，生成了“扮演双重角色，践行自己的教育理念的同时，学会服从制度”的实践性知识。

如图3.2所示，新手教师在两难困境中，通过行动不断地与规则和资源互动，维持或改变已有的规则，维护或增减自身的资源，进而生成实践性知识。其中，新手教师与各种规则和资源进行互动的过程是一个不断“试误—反思—调整行动”的循环过程。

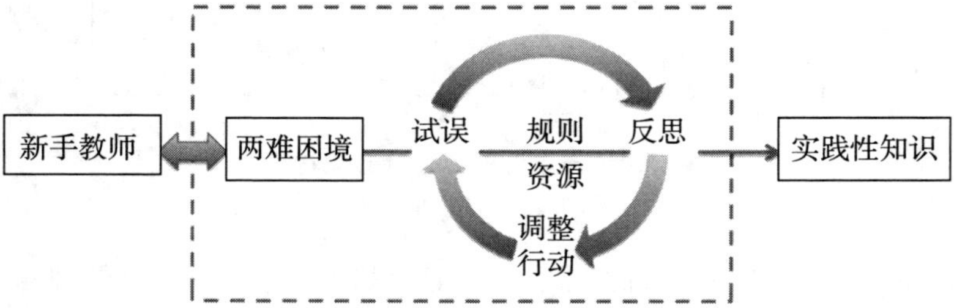

图3.2　新手教师实践性知识生成的过程

三、新手教师实践性知识的社会文化意涵

王阳明在《传习录》中提到“知行合一”，即“知是行的主意，

行是知的功夫；知是行之始，行是知之成”。他的意思并不是指知和行要一致，或者最终要合为一体，而是将知和行看作同一回事，知行应一体。我们知道，知行合一是教师追求的一种理想状态，需要教师以身体道。以“仁”爱人，即用“己欲立而立人，己欲达而达人”的观念指导教学育人工作，需要教师全身心地投入教育，并将学生发展放在首位，实现从“教化”走向“感化”。

王老师对教育的已有认知是其教学实践的起点，在困境中通过调整实践行动以解决问题，进而修正已有认知、形成新的认知，表明了“行是知之成”。知行之间并无固定的先后顺序，“知之真切笃实处即是行，行之明觉精察处即是知”（《传习录》）。王老师正是通过知与行的不断循环，即知指引行，行验证知，或者行修正并生成新知，新知引发新行，逐渐实现个体的继续社会化。以知识性和趣味性的两难为例，王老师为了把语文课上得更有魅力，增加知识讲授的故事性，拓展了语文学科教学的知识边界，触及了当前新课标强调的跨学科学习的意涵。

再以爱和权威的两难为例，王老师在大学理论学习中形成“爱学生”的认识，并在入职之初践行关爱学生的理念，但赵同学受到关爱后反而“变本加厉”的情境，促使王老师将“爱学生”修正为“爱和权威相结合”，最终将二者统一于育人的目的之下。王老师在教学中的整合、协调反映了中国传统文化中的中庸观。

中国传统文化不仅讲求“知行合一”，而且提倡“中庸”。中庸是一种不偏不倚、无过不及的实践观，强调合乎标准，做事要十分恰当。对教师来说，就是在教学中，要能把握一种微妙的分寸感。这种分寸感是在每日每事的教育生活中，从细微之处体现出来的。以个人风格和外在标准的两难为例，面对学生的喜爱和评委的批评，王老师通过扮演双重角色，既保持自己独特的教学风格，又遵循公开课的规则，践行了合乎常规的“天下之正道”。

本章小结

在中国当代社会的文化转型时期，教师面临着自我与社会、变革与传统、理想与现实、理智与情感等多重两难。如何应对这些两难，并建构教师专业发展的空间，关键在于教师的身份认同和身份重构。

学科教学与教育难以兼顾的问题一直存在于班主任的工作中。本章中的韩老师，就是在语文教学与立德树人之间找到了一条相通的路径。她借助课文、故事和格言的形式，引导学生学会宽容、理解他人。她还通过列举学生优点和表扬学生的方法，形成良好的集体舆论，把与班级师生渐行渐远的“困难生”拉回集体中。当那个令人“头疼”的学生通过送半个橘子来表达感恩的时候，韩老师对于自己身份和专业的认识得以强化与升华。

而对面临高考竞争与升学文化双重压力的刘老师来说，“园丁”和“蜡烛”的美誉也许并不为过。当这个身份面临着是与制度和文化对抗还是坚持自己的两难时，他选择了以爱和关心来面对学生，在制度的约束下使学生得到尽可能优质和有效的教育。他对于“学生领路人”的身份定位，使他在严苛的环境下依然快乐生活。韩老师和刘老师的案例，从专业认知和专业效能感的角度说明了教师拥有什么样的身份，这种身份又是如何在两难困境中得以体现的。

新手教师从“制造理论”的大学来到教学一线的中学，面临着社会化和再社会化的过程。在这个过程中，教师发现自己常常处于两难空间之中。对于王老师而言，“中庸”的不偏不倚和合乎标准成为她新手教师的身份写照。

表 3.1 归纳了这三个案例中的教师实践性知识及其意涵。

表 3.1　教师身份认同中的实践性知识及其社会文化意涵

教师	两难困境	教师的行动	教师的实践性知识	社会文化意涵
韩老师	学科教学与教育	挖掘课文的教育意义；讲故事、引用格言、联系实际	学科教师可以成为“裁缝”；育花世界；教师即教育者	“道”与“术”
刘老师	高考压力与个人能动性	塑造一个积极向上的学校生态；为学生提供优质教育；“揪”学生；鼓励学生；快乐生活	读书可以改变命运的信念；转移知识；严格管理出成绩；服务高考也是做贡献；教师干的是苦力活、良心活	“位”与“为”
王老师	枯燥知识与趣味教学；爱与惩罚；个人风格与外在评价	以故事形式串讲知识；关心/惩罚/不搭理学生；践行理念与服从规则和规范	对学科知识与教学法的理解；师生关系；制度约束与坚持自我	“知”与“行”；“中庸”

身份认同是教师积极行动和反思的前提，也是教师实践性知识中重要的组成部分。教师身份认同受到宏观的教育制度和社会舆论的影响，也受到中观的学校文化和学校组织的制约。由于宏观和中观层面的影响，教师对教育教学的信仰往往会遭遇两难困境。这迫使教师与情境对话，开展个人反思性行动，从而通过实践获得专业认知、专业情感、专业归属感和专业效能感。这种专业自我的发现，使教师专业身份得以强化和稳定。而应激事件或激变情境的出现，打破了身份的这种稳定性，使教师再次行动和反思，重构身份，反过来又重新定义了专业认知、专业情感、专业归属感和专业效能感。于是，身份中缄默的教师实践性知识得以丰富和外显（见图 3.3）。

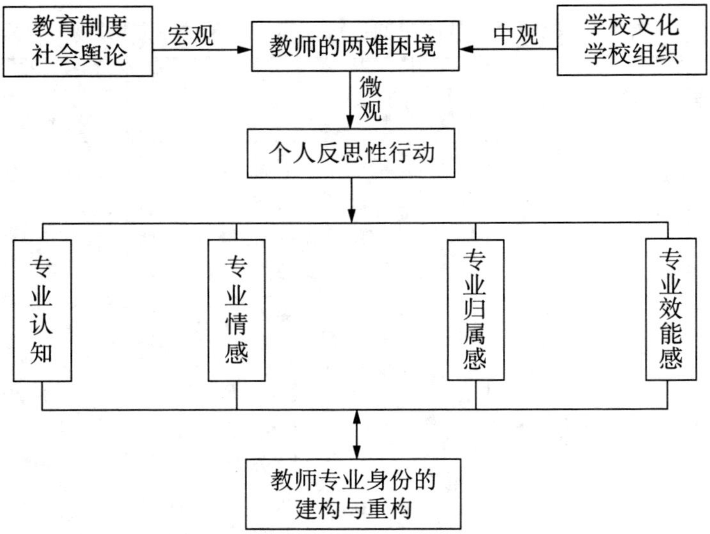

图 3.3　教师身份认同的机制

在中国社会文化视域里，教师身份认同意味着明道、优术、取势、践行、合众。教育的根本目的就是“明道”，即遵循人的发展规律和教育发展规律，对学生进行人的精神的培育。“优术”要求教师融合知识、方法、策略和经验，在问题情境中优化解决问题的路径和策略，实现有效教学。“取势”要求教师善于抓住教育时机，在适当的时间和地点采用适当的教育方法，做到“善战者因其势而利导之”（《孙子兵法》）。“践行”要求教师不断在理论和实践之间搭建桥梁，使理论指导实践，实践丰富理论，以谋求创新和突破。教师的教学，需要在实践中与学生共荣共生，与同侪互助和分享信息与经验，这是“合众”。明道、优术、取势、践行、合众既是教师身份认同的原则，也是手段和策略。用它们来描述当代中国社会文化视域下的教师存在状态，可以在揭示教师面临教育教学的两难时，于制度和文化框架内最大限度地发挥个人能动性，并将内隐的实践性知识显化为具体的专业行动。

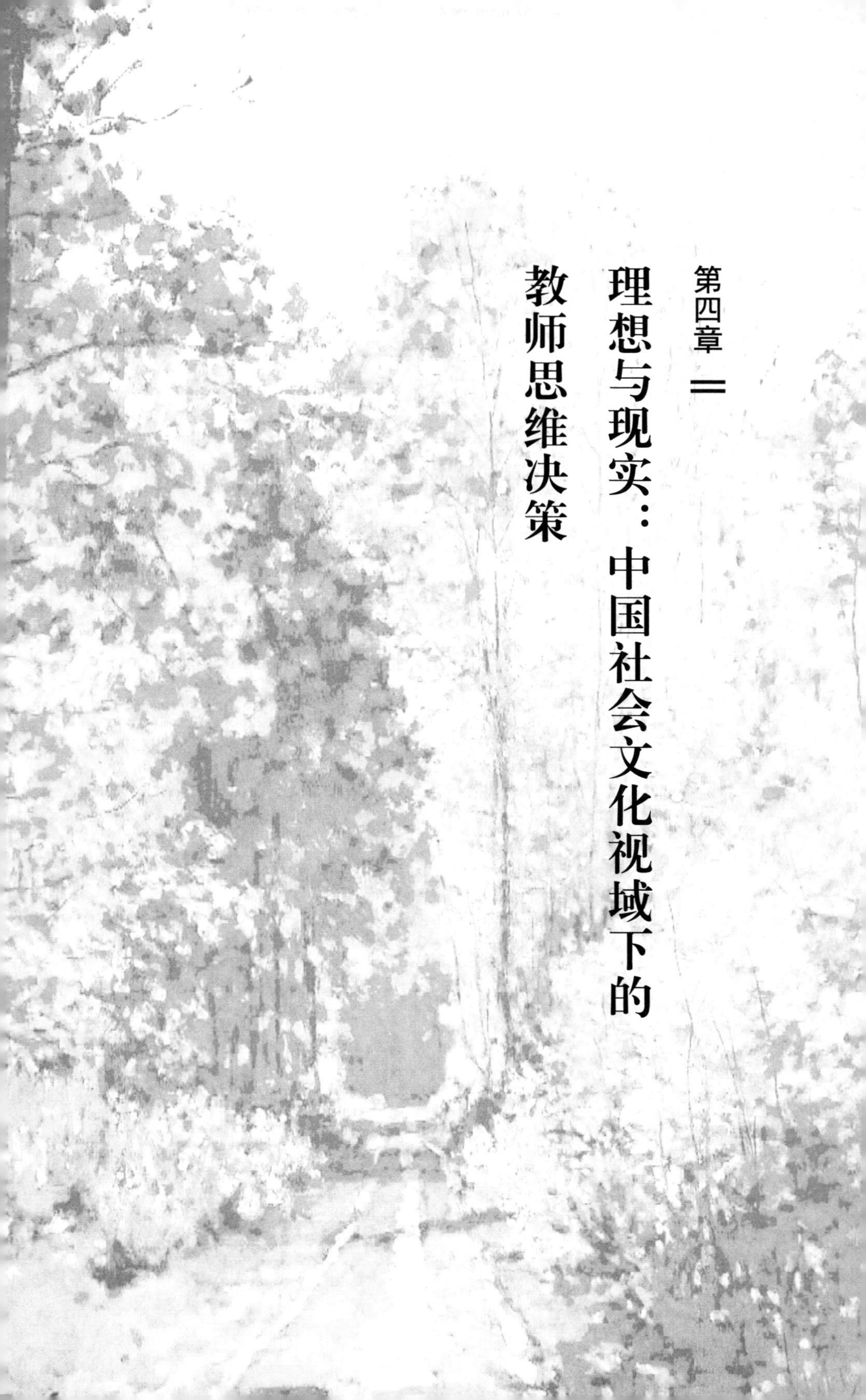

第四章

理想与现实：中国社会文化视域下的教师思维决策

教师的教学决策，是指教师为了实现教学目标与完成教学任务，根据自己的信念、知识和不断形成的实践智慧，通过对教学实践的预测、分析和反思，从而确定最有效的教学方案等一系列发挥教师主观能力的动态过程。教师教学决策是教师思维与实践的桥梁和纽带，是教师在教学过程中主观意志的表现，对教师行为起着组织和指导作用。在两难困境下，教师调动自己的实践性知识做出决策，选择一方并对另一方妥协。在这个过程中，教师会在真实的教育教学情境中检验自己处于缄默状态的实践性知识，并结合真实的情境完善、更新自己的实践性知识。

本章主要讨论教师面对人文关怀与工具价值、个体与结构、变革与传统等两难困境时，在决策中所体现出来的实践性知识，并试图在中国社会文化背景下探讨其成因。这三对困境分别与教育价值观、教师的能动性、教师应对变革的策略有关。

人文关怀与工具价值的两难困境涉及教育的价值观，而教育界历来有“本体论”（或理想主义）和“工具论”（或功利主义）之争（刘复兴，1991）。“本体论”强调教育促进人发展的价值；“工具论”则重视教育促进社会发展的价值。前者要求教师对学生有人文关怀；后者则要求教师把学生培养成能够适应社会发展的人才。这两种教育价值观让教师工作面临一个巨大的两难困境。

个体与结构的两难困境涉及教师作为学校这一社会组织中的成员，其主观能动性何以发挥的问题。关于个体能动性与社会结构的关系，学术界历来有不同的理论视角。然而，无论是洛克伍德（David Lockwood）的“结构–能动”理论、吉登斯的“结构–能动”二元性理论，还是阿彻（Margaret Archer）主张的“结构/能动”二元论，都有着相同的认识论基础，即都承认“结构制约或赋能”与“主体能动”均具有“能量”的特质，而且二者是互斥并存的，冲突永远存在（叶启政，2013）。这种矛盾冲突在中国当下教育情境中的具体体现之一，就是当教师个体的教育信念面对教育制度时所遭遇的困境。

变革与传统的两难困境涉及的问题是：当自上而下的教育改革来临时，教师基于自己的专业判断力和内部话语如何应对？近年来，各类时髦的“专家话语”占领了教育理论界和实践界。然而，长期在学校中工作的教师们有自己的教学传统，并形成了本土话语。这些话语一方面提高了教师之间的沟通效率，另一方面也反映了教师的思维定势。在面对改革时，这套本土话语可能对外来改革话语进行“去情境化”与“再情境化”，将其改造成适合学校情境的、能够被教师所理解的话语。

下面我们以三个案例具体呈现上述三种两难困境中教师的思维决策，凸显其中蕴含的实践性知识，并试图探讨其生成机制和中国社会文化意涵。

第一节 『忠』与『恕』的两难

根据马克思主义关于人的本质的理论，教育的基本价值在于实现人的全面发展，也就是我们常说的教育的发展功能。与教育的发展功能一致的是，教师对学生的发展要有人文关怀。但我国当下选拔性的考试制度，又要求教师不得不采取一些工具价值属性的教育手段，例如分数、奖励、补课等，来提高学生成绩。在具体的教育情境中，教师往往要面对人文关怀和工具价值的两难困境。

一、统一评价与个性差异的两难

由于每名学生的情况各异，教师每天都要面对各种突发情况，教室里每天都在发生着各种教育故事。

一天，同往常一样，李老师在四（1）班发数学卷子，并在班级宣布高分成绩的学生名单。李老师念前几个人名的时候，学生们的神情只是羡慕和佩服，可是当她念到“赵波，98 分”的时候，教室里却惊呼一片，继而是一阵热烈的掌声。她觉得这掌声里充满了善意，但也隐约感觉到了赵波从听到98分到听到鼓掌，脸上的表情却是由高兴到不怎么自在。

李老师并没有接着念下一个高分，而是马上问大家："你们为什么要鼓掌呢?""赵波考98分，赵波考98分呢!"这样的声音充斥在教室里。李老师说："我知道你们是好心鼓掌的，可是，赵波怎么就不能考98分呢？我的看法正好相反，我觉得你们的掌声带着偏见、带着轻视，带着对赵波的不了解。你们知道他有多聪明，有多爱动脑筋吗?很多次大家觉得困难的题目，他都能够去认真钻研。我不仅没有觉得他不如别人，反而一直觉得他是一个了不起的人，是个能成大器的孩子。"

这时孩子们表现出来的是另外一种惊讶，而李老师则感觉赵波的眼神变了，似乎充满了坚毅。

事后，李老师回忆说：

真的是眼神变了，我太了解了，他特别需要你把他跟其他同学同等对待，你不要把他当成弱者，他特别需要这个（肯定)。因为赵波语文很弱，在班上属于最后几名，一开始数学差不多也是这个水准。后来，经过很长一段时间，他数学成绩上去了。

在"应试教育"情境下，分数是衡量学生学业成就的最重要的工具。所谓"考，考，考，老师的法宝；分，分，分，学生的命根"，非常生动地反映了考试和分数在教师和学生的学校生活中的重要性。按常理，赵波同学考了高分，他本人应该很高兴，其他同学也应该感到羡慕和佩服，可是为什么同学们会"惊呼一片，继而是一阵热烈的掌声"呢？为什么赵波因为这阵掌声而变得"不怎么自在"呢？李老师面对其他学生的掌声和赵波的不自在，她又应该怎么做呢？她不可能置之不理。如果只是肯定其他学生的善意，而忽略赵波的感受，就会伤害赵波的自尊心；如果只是考虑赵波的自尊心，而否定其他学生鼓掌的行为，就会伤害其他学生的善意。李老师面临着因为一个“差生”考了高分而出现的两难困境。

面对这种两难，李老师先肯定其他学生的善意，同时强调了赵波“爱动脑筋”和“钻研”的精神，从而保护了赵波的自尊心。在这个过程中，李老师首先感受到了学生的“羡慕”“善意”“好心”“惊讶”“不自在”“坚毅”，然后才综合考虑不同学生的感受而采取恰当的决策。

二、教师的同情心践履及其实践性知识

我们看到，李老师能够快速捕捉同一个场域中不同学生的情感表达，这些情感有的比较明显，有的较难发现且转瞬即逝。这种捕捉能力体现出李老师的实践性知识，即高度的同情能力，并能依据情境做出合适的反应。具备同情能力就是能够分辨学生声音、眼神、动作和神态的细微差异表征。带着同情心，我们会感受到学生的体验是什么样的，他又是处在一种什么样的情绪之中。

同情（sympathy）指“与……有同感”，用于表示旁观者对他人任何一种感情状态的同感，并不限于怜悯这一类特殊情感（石中英，2010）。同情不同于移情（transference），弗洛伊德（Sigmund Freud）认为，移情指在精神分析时，被分析者的情绪会回到童年时代，他们会将分析师当作幼年经历中某个客体的替身，成为他们爱或恨的对象。同情也不同于共情（empathy），但与共情的联系非常密切。共情一词有多种中文译法，其他译法有投情、神入、同感心、同理心、通情达理、设身处地等等。按罗杰斯（Carl Rogers）的观点，共情是指体验别人内心世界的能力。共情侧重分担和分享他人的感情而不注重表达自我情感，而同情则需要关心、担忧，甚至怜悯他人。

同情心是基于对他人负性情绪状态或情境的理解而产生的他人取向的情绪反应（辛晓莲，2004）。教师的同情心是指教师所具有的易于、愿意并能够产生同情现象，进而引导自己行为方向的心理状态或态度倾向。教师作为普通个体所具有的同情心与社会中其他人的同情心没有什么不同，即对熟悉的或陌生当事人的喜怒哀乐产生同感。作为教师针对教育对象——学生——所具有的同情心，则反映了教师职业的特殊要求，构成了教师同情心的核心（石中英，2010）。

富有教学经验的李老师正是因为具有这样的同情心和同情能力，才能做出恰当的决策，很好地处理了这一课堂突发事件。李老师将自己的做法表述为“用心灵关注心灵”。在她的教育实践中，她一直是这样做的。例如，一到期末，学校就设立各项奖励，其中有一项是“进步生”奖。和其他班主任一样，李老师一般从最高级别的奖项依次往下评，学生们都争着抢着要前面的奖项，兴致特别高。可是，评到最后的“进步生”奖时，学生的热情突然没了，谁都不想要。

李老师一开始以为学生是客气，就劝了一下，将奖励“安”在了三名学生的头上。下课后却有一名学生来找她，说：“老师，我不想要这个奖状。”“为什么呢？”“丢人！”“怎么丢人呢？”“觉得我比别人差呀！原先差一点，现在好一点，老师就觉得我是进步，说明我和别人不一样好。”李老师诧异了，她一直以为，对于学生来说，有奖状就是好的。但她突然意识到，进步奖暗含的一个意思是，学生原来做得比较差，现在可能比以前稍微好一点。从这个角度看，这名学生特别不能接受。李老师尊重了这名学生的意见，“不能让他（学生）拿着这个奖状觉得是一种羞辱”，就把他的奖给撤掉了。学生的话她至今难忘，“我宁可不要奖状，也不想要这个奖状”。李老师发现，“这个孩子代表了一股思想”。

在这种情况下，不同的教师可能有不同的做法：劝说——解释设置该奖项的原因，告诉学生获奖有好处；表示认同——尊重学生，理解其感受，撤掉奖项；批评一顿——“怎么这么不知好歹？给你奖项是看得起你，你还不要?”。显然，不同的反应体现了教师不同的教育信念，也体现了教师的实践性知识。劝说反映了教师的工具论观点，而认同则体现了教师的人文关怀。

类似地，虽然学校要求教师放学以后给“学困生”补课，但是李老师不赞成把“学困生”留下来补课。她认为，从效果来看，补课对学生不是什么好事，是给学生贴标签。

补课其实就是不断地告诉他，你跟别人不一样，你比别人差。开始学生进办公室补课，是羞答答地进来的，特别不自在；但是来过几回以后，他们根本就不把办公室当回事，已经无所谓了，甚至说呀、笑呀、打呀、闹呀的。

她感觉，学生已经“撕下脸”了，面子上已经不那么在乎了。而且，补课对办公室的其他教师也有影响。学校一般是以学科或年级安排教师办公室的，如果其中一位教师给学生补课，那么其他要备课的教师就会受到影响。更重要的是，李老师觉得有时候教师好心给学生补课，却伤了学生的自尊心。因为别人都走了，把某名学生留下来，或者单独叫到办公室，就是把他跟大多数学生分开。这种时候，学生可能心理上不接受，回家就哭，觉得特别丢人，有的家长还会找教师理论。

学校要求补课，出发点肯定与给学生补课的教师一样，希望帮助学生进步。而部分家长和学生反对补课，并不意味着他们不想进步或感到无所谓。如果李老师公然反对学校和同事显然不合适，所以李老师就把精力花在备课上，尽量让所有学生受益，包括“学困生”。然而，“学困生”的问题不是仅靠备课就可以解决的。李老师采取的做法有：课堂上分层次提问；同时指点所有学生；让学生之间互相说想法。

上课提问时，李老师会叫能力强一点的学生回答难一些的问题。夸学生的时候，李老师会说“说得真好”。对能力稍微低一点的学生，李老师就让他们回答容易一些的问题。学生可能也说得不错，李老师仍然用差不多的语言去表扬他。这样，“学困生”也受到了同样的称赞，他不觉得他比别人低一头，别人也不会看不起他，而且老师也已经关注他了。

李老师觉得，学生对教师如何看待自己是有感觉的。平常学生在自修课上写作业时，教师需要巡视。

对好孩子，一句两句，看一眼，不错，就过去了；对于“学困生”，可能要多指导三句五句了。基本上大多数孩子都在接受指导，这样孩子就不会觉得自己被特别对待了。作为老师，心里要明白，关注这个孩子应该关注他哪些知识点的掌握，关注到什么程度。对于这个孩子，可能基本方法掌握就不错了；对于那个孩子，可能基本方法掌握了以后，还要看他有没有别的想法，还可以怎么思考。虽然老师全在指点，但是指点的内容可能不一样，谁也不觉得自己受歧视了。

学校提倡学生教学生，李老师也这么做。当全班统一改错题时，教师需要给学生逐一修改与讲解。有时候实在改不过来，李老师会找一些学习特别好、能力又强的学生当“小老师”。但李老师担心无形当中把学生分为不同层次，便改造了学生教学生的做法，让学生互相说想法，就是让学生把自己对这一道题的理解和解法在小组内互相说一说。李老师会事先安排，通常让弱一点的学生先说错题，判断其学习程度，再让学习好的学生把想法说出来，其实就是让好学生去当“小老师”。但从教师的角度不刻意安排“小老师”，尽量保护弱一点学生的自尊心。

老师的功夫，是善于观察、总结。同样的事，用不同的方式去处理，可能效果就不一样。

如果我们聚焦李老师与学生的关系来考察其同情心的实践推理，李老师所言的“用心灵关注心灵”的理念，可以用图 4.1 表示。

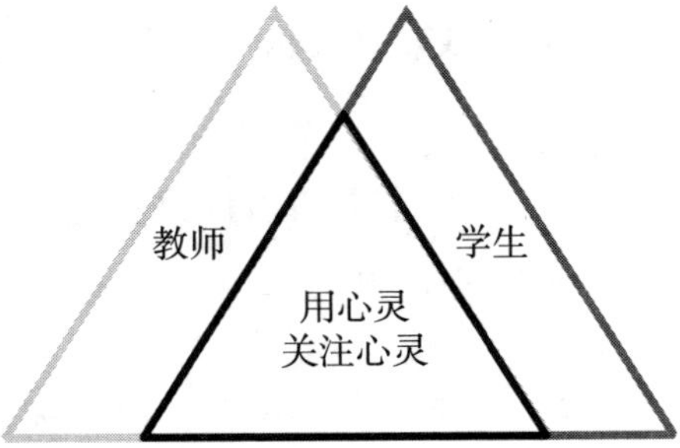

图 4.1　李老师同情心的实践推理

图中两个浅灰色的三角形分别代表教师与学生，教师的同情心践履要指向教师与学生的关系。当教师用心灵去关注学生的时候，学生也需敞开心扉接受教师的影响。他们相互影响得越多，重合部分的三角形面积也就越大；反之，重合部分的面积越小，则意味着师生之间产生的同情行为就越少，师生关系趋于疏离或者冷淡的状态。案例分析表明，教师在同情心的实践推理过程中，一个明显的特征是，经常在各种困境中求得平衡。

从案例看，李老师经常面临的两难困境有：其一，照顾学生个体与整体的矛盾，比如，宣布分数时，李老师既要照顾赵波个人的面子，又要照顾全班同学的“好心”，既要帮助推进“学困生”的学习进度，又要照顾全班学习进度；其二，关心学生与批评学生的矛盾，比如，学生犯了错误，批评是必要的，但是要关心犯错误的学生，就不能一味地批评；其三，尊重学生和将学生分层的矛盾，尊重学生要求尊重学生差异，可是考试测评又不得不将学生分等级或分层次，两者之间存在张力；其四，个体与制度要求的矛盾，比如，李老师要面对不要奖状的孩子和设立奖状动机的矛盾，学校要求补课和自己观念的矛盾，同时还要考虑同事的感受、学生及其家长的要求等。

这些困境需要教师即刻做出决策和行动。比如宣布分数时，李老师感受到了赵波的自尊心受挫和大多数学生鼓掌之间的矛盾。她“得替赵波挽回这个面子”，同时，既要肯定其他学生的好心，又要让他们受到教育，所以就有了案例中开始的情形。她对赵波和其他学生的赞赏和引导不偏不倚，无过与不及。如果采取和稀泥的态度，李老师的“言传身教”则不能对学生产生良好的影响。

对待犯错的学生，李老师有自己的是非观，而且理解学生对一般是非观的看法。

学生犯了错误，如果是无意犯的，他也不会太紧张，因为他知道老师不会批评他。学生无意中犯的错误，无论多大的错误我都不会批评他，我会告诉他这件事该怎么做。如果他明明知道这件事是错的，但他非要这样做，我会稍微严厉地说几句，后面还会告诉他应该怎么做。

李老师的行为透露出一个基本原则，即学生的犯错是有不同类型的，要基于对学生的理解去指导自己的行为。她在自己的是非观和学生的是非观之间权衡，找出合适的解决之道，对学生“因材施教”。

教师同情心的践履，不是一味地表达和展示自己的同情，而是在真正共情和理解的基础上，焕发自己对学生的同情心，然后把自己对学生的同情心用巧妙的策略整合在具体的行为中，走出两难困境。

（一）教师同情心中渗透着教育理念

上述讨论尚不能完全揭示一位教师同情心践履的复杂性和深刻性。通过进一步挖掘，我们发现在教师的同情行为背后，隐含着教师实践教育理念及实现深层自我的需求。教师无时无刻不处于文化和制度环境的塑造以及与之抗衡之中。我们用图 4.2 来简略呈现这种关系。学科理念、自我实现与文化制度看似隐含在教师的同情心践履之中，但它们各自也都需要被放在教师与学生的“关系”中来思考。

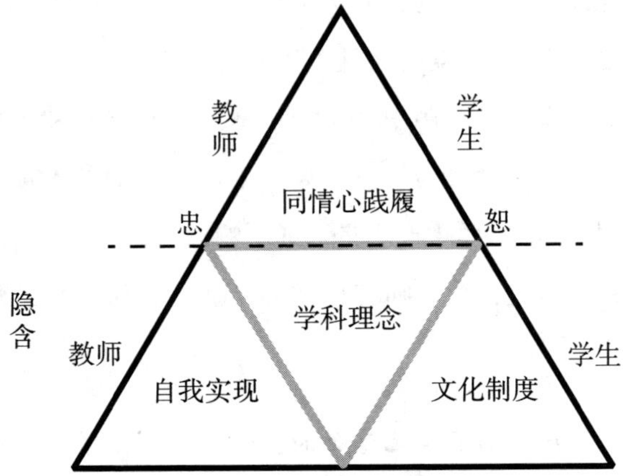

图 4.2　教师同情心践履的深层机制

作为学科教师，李老师的同情心践履时常与她的学科教学理念相关联。李老师把数学当作一种载体，重在培养学生的思维并发展学生的能力。

从数学学科角度看，我一直关注的是我的学科思想与理念。……教学的落脚点不该在考试上，而是把这个知识作为载体，在课堂中训练学生的思维，培养他们的学习能力。

她把学生一生的发展也考虑进来，认为自己虽然是小学教师，“但是眼光不能只放在小学六年，必须放到学生一辈子的成长上去”。

李老师虽然不是这个班的班主任，但已跟班三年多，对于班级氛围有整体的把握。

他们班孩子有一个习惯，见到难题就躲，不愿意挑战和自己解决困难。……我发现赵波确确实实肯钻研，我在班里用他这种钻研精神，或者说他特别上进的那种骨气，鼓励这一个班的孩子。而赵波就是需要这种鼓励，你用什么哄小孩的方式，他根本不吃这一套。

根据埃里克森（Erik Erikson）的人格发展理论，四年级的学生正处于勤奋对自卑的冲突的学龄期，如果他们能顺利地完成学习课程，就会获得勤奋感，进而在今后的独立生活和工作中充满信心。反之，就会产生自卑心理。当儿童的勤奋感大于自卑感时，他们就会获得有“能力”的品质。所以，赵波和其他学生在数学学习上，都需要通过自己的努力来获得勤奋感。李老师的做法不仅能够帮助学生度过学龄期，而且有利于他们今后的个人发展。

李老师认为，要把学科与学生的思维及其长远发展紧密相连。当面对赵波的时候，李老师考虑到，“学生的资质不是教师可以改变的，而赵波的思维能力并不差，只是需要别人帮他、扶他”。对一名学生表示理解与同情时，李老师把她对学科的理解甚至整个班级的发展都考虑进来。这种权衡并不仅是当下的思维，而是一个长期了解的过程。可见，学科理念涉及学生的发展、对学生的理解，这些都影响着李老师的同情心践履。

（二）教师同情心在制度夹缝中萌发

随着时代变迁，李老师面临很多社会文化与校园文化的改变。比如家长的变化，“过去在我们小时候，教师要是给学生补课，家长都认为这样的教师特别负责任，现在家长可不这么认为”。李老师敏锐地感觉到学生及其家长的感受也是需要考虑的，如果强制学生补课，看似是教师在责任和道德、“为学生好”等光环下尽义务，实际上学生及其家长并不买账。通过对补课学生的观察，李老师理解了学生的心理特点，她转换了自己的策略，用分层提问、互助等学生乐于接受的方式帮助学生学习，这也算是在家校文化改变下践履同情心的一些妙招。

考试制度是我国教师必须面对的事实。前面提到，考试的要求和对学生的关爱之间形成了教师实践的一个两难困境。教师宣布成绩有功利方面的考虑。

成绩是学生的隐私，但绝大多数的学生和家长可能都认可，知己知彼才能百战百胜，才能知道目标在哪儿。你要让学生了解“我们班上大概有多少人比我强，我应该怎么样去努力”。……如果老师连学生考一百分都不提的话，学生就没有感觉了，也没有这个竞争目标了。

但对成绩不好、又想学好的学生，宣布成绩会产生压力。所以李老师与大多数教师一样，只公布高分的成绩。一般我们能理解，分数没有公布就暗示着需要更多努力。那么，李老师如何看待成绩将学生分等级与自己平等看待学生之间的冲突呢？李老师的做法是转变角度。

成绩评价是上面这么制定出来的，是把人分等级了。但是我平时一般给谁加星，给谁发奖，不是称赞谁的智力，而是鼓励谁努力了。我一般跟学生都这么说：智力，我没法表扬，这是天生父母给的；但是你的学习态度是每个人都可以控制的。我在学生面前基本上就灌输这个理念：只要你努力，你就能够成功，你就能够达到你自己最好的状态，你就是最棒的。

李老师说，自己不是所有时候都能够把握得那么好，也需要基于学生的具体情况不断调整。同时，她也表达了自己的无奈。

这个东西也不是咱们可以改变、控制的，只能适应，你不能说考试没有分数。按理说，尊重学生的能力，出卷子的人就不应该出一样的卷子，对不对？可是全中国人都这么做，我一名小学教师也没能力改变这些。

李老师的做法让我们看到，在文化环境与制度的缝隙中，在应对考试与关爱学生的矛盾中，教师依然可以积极寻求办法为学生的发展考虑。当意识到这一点时，教师不仅要关注考试，更要关注学生。看着学生受苦（遭遇困境），教师虽然无法代替学生承受磨难，但教师应和学生在一起，陪伴学生走出困境，选择用真心对待学生而不是推卸责任。所以李老师的“用心灵关注心灵”在一定程度上说明，无论社会环境如何，及时回应学生的呼唤，真正关心学生，在任何时候都是必要的。

（三）教师同情心的践履是深层自我实现的需求

所谓自我实现，是指个人在实践中不断提高自身生存和发展所需要的能力，发展自己的能力、才干与个性，实现自己的人生理想等价值追求的过程。自我实现与人的社会责任是辩证统一的。自我实现本质上是人的客观社会发展要求的主观能动形式，履行社会责任是自我实现的基本实现形式。作为一名教师，李老师的社会责任之一理应是关爱学生与关注学生发展，这些也在她的同情心践履中得以展现。

首先，李老师的言行中渗透了自己的信念，是对自我价值的肯定。即使自己的理念与大环境有矛盾，又无力对考试制度、同事的做法进行驳斥，她也不想违背自己的信念。虽然她不要求别人，但要求自己做到理解与同情学生，这算是在“知行合一”中践履同情心。

其次，学校的要求与教师的理解是不对应的，比如学校举行以“疼孩子的故事”为主题的集体交流，是期待教师在学校日常生活中像长辈一样心疼学生。而李老师认为，“疼孩子就是爱学生，爱学生有大爱和琐碎的爱，真正的疼，应该放在大爱当中去理解”。她觉得教师的爱与父母的爱有一个共同点，都是“为了学生将来更好、更自由地成长、奋斗，尽量让他能够离开你”。所以，面对赵波时，李老师觉得自己是深入赵波心里去培养他，把他自己那种奋发努力的劲头激发出来，让他自觉自愿努力去做，这是教师对学生的一种爱。

如果非要挖掘“疼”，我当时觉得我不能让这名学生受委屈，当时一闪而过的可能就是这个念头。因为别人对他的掌声、对他的言语好像是出于好心，实际上已经刺激到他了，让他感到是一种羞辱，我得为学生争回这个。

对于这样一闪而过的情绪，李老师说自己“指不定今天对谁，明天对谁，应该是经常有的”。可见，即使学校的要求与李老师的理解有出入，也并不妨碍李老师常态化的同情心践履。

总之，通过对李老师的个案分析，我们可以看到她通过同情心践履走出各种两难困境的过程。我们也看到了在文化与制度环境的背景下，教师如何带着本人的教育理念及自我实现的需求，通过自身经验的连续性，与学生产生经验的交互，达成教师对学生的真正的理解与同情。如果尝试从传统文化视角来解读，我们可以找到教师同情心践履的一些根本特征，这也为理解教师同情心践履的复杂性和可行性提供一种参照。

三、教师实践性知识的社会文化意涵

《中庸》有言：“喜怒哀乐之未发，谓之中；发而皆中节，谓之和。”喜怒哀乐的情感还没有表现出来的时候，心是平静的、无所偏倚的，这就叫中；如果情感表现出来以后都能合乎节度，没有过与不及，这就叫和。

（一）“中节”与“和”

在鼓掌事件中，李老师准确地理解到不同学生的反应所透露的观念有冲突，她向着任何一方都可能伤害另一方，而且鼓掌的学生也可能是出于不同目的而鼓掌。如何在两难中找到平衡，以表达自己的同情心？进一步分析，我们发现，可以用中国传统文化思想里的“中节”与“和”来解释。“中者，不偏不倚、无过不及之名。庸，平常也。子程子曰：‘不偏之谓中，不易之谓庸。中者，天下之正道，庸者，天下之定理。’”（《四书章句集注·中庸章句》）“庸”一般被解释为日常的行为，“中”指日常实践中做到不偏不倚、适度合节。

回看李老师的行为，当理解有些鼓掌的学生所持有的“偏见”和“轻视”时，按常理，她可以指责学生或者表现出生气，但是她说：

不能为了鼓励一个而打击一大片，我必须让所有孩子都受到教育。我先认可那些孩子，我相信大部分孩子的想法是善意的，真的是看到同学进步感到高兴。于是我先让孩子认识到，他们的好心老师是知道的，赵波也是知道的，但是这种方式可能不适合他，如此顺势把话锋一转。

可见，李老师的情感发生了变化，但她控制得恰到好处，兼顾了很多方面，既肯定了鼓掌的学生，又照顾了赵波的情绪，营造了和谐的课堂氛围。“中节”的努力是为了达到“和”，“和也者，天下之达道也”，即“和”是人们共同遵守的道。而“和”并没有明确而固定的标准，它在李老师的心中是一个模糊的感觉。但这种“和”的意向与李老师的教育信念是一致的，即“用心灵关注心灵”。

（二）“以己度人”

李老师之所以能做到“中节”，从其叙述看，至少有十几年的积累。她起初采用的策略是“以己度人”。“以己度人”在现代汉语中被解释为“用自己的心思来衡量或揣度别人”，含贬义。这个成语出自汉代韩婴的《韩诗外传》。“然则圣人何以不可欺也？曰：圣人以己度人者也，以心度心，以情度情，以类度类，古今一也。”意思是，圣人为什么不易被人蒙骗呢？圣人能从自己的角度推断他人，能从自己的心理考虑他人的心理，能从自己的情感中感受别人的情感，能从已知的一类事物推知其他的事物，自古至今都是这样的。这里的“以己度人”显然是褒义的。在此不是要将教师比作“圣人”，而是说李老师的行为具有传统文化中所提倡的圣人之道的意涵。

在学生拒绝进步奖的案例中，其“羞辱”的感受是由奖状引起的，这对教师来说是新奇之事，但丢人的感受谁也不陌生。李老师理解了孩子的感受，同意他不要奖状。这件事带给李老师一个启发：“用心灵关注心灵”。这是她从一位不要奖状的孩子身上学到的。正所谓“三人行，必有我师焉”，教师是孩子学习提升同情能力的榜样，而孩子也是教师提升同情能力的宝贵资源。从那以后，在李老师教育教学中的每一次经验，都丰富了她“以己度人”的“己”所具有的“心”“情”“类”，从而使她能够更智慧地面对更多的学生。

（三）“忠恕之道”

在不给学生补课的案例中，李老师通过观察孩子的变化，思考家长的反应，感觉到补差的做法反而不利于“学困生”的成长。虽然学校一直倡导补课，但除非孩子生病而导致缺课，李老师很少补课。李老师的做法契合了《论语》里“忠恕之道”的“恕”道。

“子曰：‘参乎！吾道一以贯之。’曾子曰：‘唯。’子出，门人问曰：‘何谓也？’曾子曰：‘夫子之道，忠恕而已矣。’”（《论语·里仁》）孔子说：“参呀！我的学说贯穿着一个基本观念。”曾子说：“是。”孔子走出去以后，别的学生便问曾子道：“这是什么意思？”曾子道：“他老人家的学说，只是忠和恕罢了。”（杨伯峻，2006：42）可见，忠恕之道是孔子仁学伦理原则中一以贯之的原则。朱熹认为，“尽己之谓忠，推己之谓恕”。所谓尽己，就是人的社会伦理意识符合“自己所以为人的内心之情”；所谓推己及人，就是一个人意识到自己所以为人的内心之情的同时，还要以己之情，推及于别人之心，从而体别人之情（邹化政，1990）。“子贡问曰：‘有一言可以终身行之者乎?’子曰：‘其恕乎！己所不欲，勿施于人。’”（《论语·卫灵公》）子贡问道：“有没有一句可以终身奉行的话呢?”孔子道：“大概是‘恕’吧！自己所不想要的任何事物，就不要加给别人。”（杨伯峻，2006：188）

谁都不愿意被贴上“差”的标签，这是人之常情，不仅是孩子、家长，教师本人也是这样。李老师通过自己的观察，看到了教师有时是出于“好心”给孩子补课，却达不到好的效果。李老师对于同事、家长和孩子的心情都有很好的理解。“恕”，从如从心，是“如心”，即如同自己之心，用自己之心理、心情去体会他人之心理、心情（毕宝魁，2009）。通常情况下，人们对“恕”的前半部分——“己所不欲”把握得比较好，往往忽略其后半部分——“勿施于人”。“勿施于人”才是“恕”的重要部分，因为这发生在人与人的交往之中。李老师的同情心之所以比较到位，是因为她不仅知道“己所不欲”，更会控制自己，做到“勿施于人”。

“勿施于人”很难把握，在《礼记·大学》中有“絜矩之道”可为借鉴。“所恶于上，毋以使下；所恶于下，毋以事上；所恶于前，毋以先后；所恶于后，毋以从前；所恶于右，毋以交于左；所恶于左，毋以交于右。此之谓絜矩之道。”大意是，如果厌恶上司对你的某种行为，就不要用这种行为去对待你的下属；如果厌恶下属对你的某种行为，就不要用这种行为去对待你的上司；如果厌恶在你前面的人对你的某种行为，就不要用这种行为去对待在你后面的人；如果厌恶在你后面的人对你的某种行为，就不要用这种行为去对待在你前面的人；如果厌恶在你右边的人对你的某种行为，就不要用这种行为去对待在你左边的人；如果厌恶在你左边的人对你的某种行为，就不要用这种行为去对待在你右边的人。这就叫作“絜矩之道”。那面对学校、同事、家长和孩子对于补课的看法有冲突的事实，李老师如何实行“絜矩之道”？

在李老师关注“学困生”的一些做法中，我们还可以觅到“忠”的意涵。如果说“恕”是忠恕之道消极的一面，那么“忠”则是“有积极意义的道德”。在已有考证中，对“忠”字有忠诚、正心等方面的阐释。我们选取《论语》中具有道德意义的解释——“己欲立而立人，己欲达而达人”，即自己要站得住，同时也使别人站得住；自己要事事行得通，同时也使别人事事行得通。李老师在积极关注“学困生”的学习方面，就采取了一些符合自己理念的、行得通的、学生也能接受的方法。

对李老师的这些做法，我们可以尝试从“己欲立”“立人”“己欲达”“达人”这几个角度看其与“忠”道的呼应，如表 4. 1 所示。

表 4. 1　李老师的做法与“己欲立而立人，己欲达而达人”的对应关系

方法	己欲立	立人	己欲达	达人
方法 1	表扬能激励所有学生	学生需要表扬	强弱学生都得到表扬	学生都得到平等的表扬
方法 2	关注所有学生	差生需要被平等关注	学生被指导时不要产生被歧视之感	学生被指导时都不感到被歧视
方法 3	认可学生教学生的做法	学生需要相互学习	相互说想法意味平等	学生自尊心没有受到伤害

我们可以看到，“忠”道被实施于教师与学生的关系之中。李老师认为，“只能是笼统地说，对所有的孩子大概是这样”，以上方法是一个笼统的方法，当面对具体情境、具体孩子的时候，可能又会变。不变的是实施“忠”道时教师所遵循的教育信念，以及对师生关系的权衡。

在此，我们可以从文化传统的角度对李老师同情心的实践推理示意图进行深化，如图 4. 3 所示，作为本节的小结。

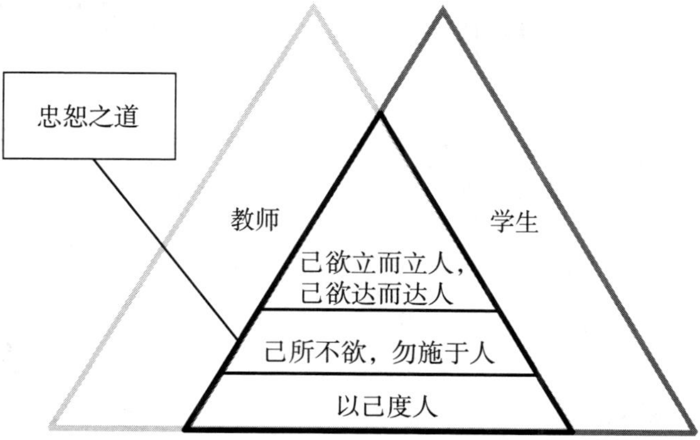

图 4. 3　中国文化传统视域下李老师的同情心践履

李老师所言的“用心灵关注心灵”的理念，主要体现为忠恕之道。教师对学生的影响，以及师生的相互影响，可以分为“以己度人”“己所不欲，勿施于人”“己欲立而立人，己欲达而达人”三个层次。“以己度人”是同情心的基础；“己所不欲，勿施于人”是“以己度人”的外化，也是同情心的实践形式；“己欲立而立人，己欲达而达人”则是同情心的价值目标。

第二节 『中』与『和』的两难

作为个体的教师有自己的教育理念和教学风格，作为个体的学生有自己的学习特点和学习风格。然而，在中国的现行教育制度下，教师和学生最终都要接受高考的检验。考试制度这一社会结构对个体风格产生规约作用，并且其往往与个体的个性化发展形成矛盾。面对这种两难，教师是如何做的？其做法之中又展现了什么实践性知识呢？

一、考试制度与学生个性的两难

何老师是南渡市育人中学的一位语文教师，四十一岁，教龄十八年，高中语文教研组组长。这学期她带该校高二两个文科班的语文课，并兼任其中一个班的班主任。期中考试后的第一次语文课上，何老师准备进行试卷讲评。她先请默写得满分的同学起立，全班只有六名同学站了起来，何老师道：

同学们，今天我们班里应该是绝大多数人站起来才对，而不应该是现在这样，只有这几人。这次我们班语文平均分仅仅高出理科班一分。作为一个文科实验班，我们的分数应该是这样吗？

一阵沉默过后，何老师突然提高音量，对其中一名学生说："林微，默写的全部分值是13分，你得了多少分？"一个个子不高、扎着马尾、模样清秀的女孩站起身，满不在乎地说："3分。""你在写作文这方面很有才华，发挥很突出，但在默写这方面真的很差！"何老师看着女孩，态度突然严肃起来："你还无所谓是吧？你现在想的是什么？从现在开始到期末考试，你应该想什么？默写这方面一分也不能丢！"何老师重读了每一个"现在"，声音一下变得很严厉：

你们心宽，那是一个自以为是的想法。13分只得了3分。这正常吗？这对吗？今天得满分站起来的应该是大多数！高中的时间不多了，需要你拼尽全力。仅仅嘴上说不行，你行动上做到了吗？就拿默写这道题来说，你现在面对每一次考试，都应该暗暗地给自己下定决心说，一分都不能丢。

教室里接下来是一段长时间的沉默，整个班级的气氛变得凝重起来。过了好一阵，何老师非常严肃地继续说：

这次咱们班默写的平均分是9.9分。如果高考这道题是8分的话，平均分应该是多少？知道吗？高考模拟，全区的平均分都能达到7.5或7.6分！

我今天着重要说这件事，还不是简单背诵的事。你们看《原毁》，不是要求背诵的课文，但这次在作文中，《原毁》中的句子被很多同学引用，甚至用作作文中的骨架。我要求人家背了吗？没有。为什么人家能用得上？因为人家记住了，对不对！没背的文章人家都能够有所引用、有所发挥，更何况要求背诵的内容呢！如果我们肚子里能积累这么多东西，在高考阅读写作当中，能延展多少个层次呢？

这种尴尬的课堂气氛，在面临升学考试的班级十分常见。为什么何老师对学生的默写得分如此锱铢必较？为什么她会这么生气？原因很简单，要在高考中胜出，就必须让学生抓住每一个得分点。而默写一般会被认为是最容易得分的，它只需要花时间背诵就行。选入语文教材的名篇名段、经典美文，本来是可以给人带来美的享受的艺术品，可一旦进入考试试卷，就变成了区分记忆准确性、投入时间、努力程度的利器。教师在教这些作品时，可以和学生一起欣赏；但在面对考试这一衡量尺度时，这些作品立刻就变得索然无味，教学行为也往往被异化。

这是一种困境，即教师个体面对社会结构（如高考制度）的困境。何老师对“语文”和“语文教学”的区分让我们印象深刻。

语文学科本身是很让人享受的。可语文教学，说实话，还是伴随着问题和困难的。

这一区分显示了教师所面临的两难困境。

二、教师的教学决策及其实践性知识

在这堂课上，何老师用了整整十五分钟的时间，严肃批评了班级里不重视默写的思想和做法。何老师这么做是为了让学生们弄清楚并牢固掌握知识点。作为一位有着近二十年教龄的“老教师”，何老师有着自己对于“好教学”的理解。

我们觉得还是中规中矩的教学比较好。比如课前要求学生预习，课后按照记忆规律让学生及时复习，上课时也多次重复巩固。我们还是觉得教学应该是让学生稳定地学习，不搞那些花里胡哨的东西，教给学生一些“根本性”的东西。

当我们追问“‘根本性’的东西”具体指什么时，何老师说：

嗯，就是要教到“根”。达到什么程度算是教到“根”呢？嗯，比如说语文课上学过了这部分内容，那下次历史课上学到相应内容的时候，学生能不能回答出老师的问题？应该能回答出来才行。

我们曾经做过一个何老师的课堂实录，从中可以看出，有着比较丰富教学经验的何老师，在课堂上以提问、追问、不断再现等方式提醒学生要记住、背诵将来考试中可能要考到的知识点。

结合访谈记录，细加分析可以看出，何老师心目中好的教学不是“花里胡哨”的，而是“中规中矩”的教学。“中规中矩”的语文教学指向考试，目标是获取高分，所以知识点的掌握是关键；学生的学习主要是通过反复记忆，达到记住、背诵的程度；教学方式主要是讲授法。

何老师认为，教师在备课环节，自己首先要“弄懂吃透”知识点，之后在课堂上将其呈现给学生。学生通过反复记忆所学内容，达到掌握甚至背诵的程度，以便在考试时可以再认或重现。与考试相关的知识点正是何老师所说的要教给学生的“‘根本性’的东西”，学生在需要的时候能够用这些知识点回答问题——这样才算是教到“根”。也是在这个意义上，何老师采用了“中规中矩”的教学，如课前预习、课后按照记忆规律让学生复习等，以便学生最大限度地“记住知识点”。

“规”和“矩”最早指校正圆形和正方形的两种工具，后逐步演变为礼法、规则之意。如朱熹《白鹿洞书院揭示》：“苟知其理之当然，而责其身以必然，则夫规矩禁防之具，岂待他人设之而后有所持循哉?”如果知道这是自然之理，必须以此约束自己，那就何必要等他人立下规矩，才依此去做呢？那么，是哪些因素促成何老师采用“中规中矩”的教学呢?

（一）教师个人经历的影响

何老师参加高考之时（1991 年），中国高校扩招尚未开始，当时大学的录取率不高，何老师至今还清楚地记得自己拿到大学录取通知书时的狂喜。就读于市属重点师范大学中文专业时，她“对诸子百家可没少下功夫”，思想受传统文化浸染很深。她所在的师范大学成立于 1954 年，学校“学高为师，身正为范”的师范氛围十分浓郁，这进一步使何老师养成了对“道德”“规矩”的认可与尊重。

1995 年毕业后，按照当时国家关于大学生毕业分配的相关规定，她顺利进入一所中学教书，丈夫则进入当地一家电视台做编辑。买房也按照政策享受了优惠。何老师有了自己比较满意的工作、房子、家庭。在单位里，何老师踏实认真工作，重视与领导、同事处好关系，工作认真负责，做人低调、热情，得到了同事和校领导的认可。因此，何老师在遇到困难时，经常能够得到帮助。

几年前，何老师的儿子“小升初”，当时她正带着高三毕业班的语文，同时母亲突然病危住院。焦头烂额之际，她得到了校领导的支持和帮助，谈起这段经历，何老师至今充满感激。

我们校长给我发信息，有什么困难她尽量都帮我解决。为了我儿子上 S 中学（该市的一所重点中学）的事情，我们校长亲自三次去 S 中学找校长谈。我的儿子现在在 S 中学实验班，成绩还不错。校长对我很好，我很感谢人家。我就想说，我真的很感谢她，让我工作无后顾之忧。受人滴水之恩当涌泉相报，校长让我干什么我就干什么，干得好就好好干，干不好就尽力干。

从读书、工作、生活的经历来看，何老师大学期间熟读中国文化典籍。中国传统文化一向重视“规矩”，有“不以规矩，不能成方圆”

（《孟子·离娄章句上》），“矩不正，不可为方；规不正，不可为圆”（《淮南子·诠言训》）之说。而工作后，从事语文教学近二十年的教育教学经历，让何老师受中国儒家文化浸淫益深。从个人生活经历来看，何老师人生中重要的关键事件，如工作、房子、孩子教育等基本都是依“规矩”而行的，而这也确实给了何老师较为顺利、平稳的生活。对此，何老师说她很“知足”。

普通人嘛，过普通人的日子就够了。陶渊明都能“采菊东篱下，悠然见南山”，对吧？知足就好。

（二）环境的影响

何老师任教的班级与年级教研组的环境氛围，给我们留下了深刻的印象。我们还记得第一次走进何老师任班主任的高二（5）班时所看到的场景：与走廊里名言、字画的装饰形成对比的是，教室里几乎没有做任何装点。狭窄的窗台上无法放下花盆，除了教室左侧靠近门口的墙壁上有一块小黑板，上面写着“通知”等内容，教室前后各有一块大黑板外，教室墙壁上一片空白。教室的桌子是一人坐的单桌，纵向排列成五列，每列有六名学生，共三十名学生。桌子是铁制的，统一用蓝色的桌布包着桌面，大约长有四十厘米，宽有二十厘米，桌屉无法放下书包，多数学生把书包挂在桌子旁边的一个铁挂钩上，有八名学生直接把书包放在自己脚边的地上。

这是一个普通中学的普通班级。进入班级后，我们感觉，这像是一个目的明确的培训场所——教室里没有任何体现这个年龄学生个性的痕迹，也没有一丁点熏陶、培育学生美感的装饰和布置。整个教室给人冰冷、单调和压抑的感觉。学生们会喜欢这个班级吗？这个班级会成为学生们的精神力量之源吗？也可能大家觉得无所谓——高二有明确的目的——这里只是进军高校的一个预热的战场而已。战场是无所谓环境好坏的，能活着胜出才是王道。

除了教室，何老师在学校里最重要的场域就该是办公室了。她与高二年级其他二十余位教师一起，共用一个大约三十平方米的大单间。办公室里每位教师有一张备课桌，两两相对。教师们的备课桌有一米多宽，每位教师桌上都有一台液晶屏的电脑。电脑边上堆满了考卷、作业本、教师的教参书、茶叶、十余支笔。桌子下面也是满满当当的，其中有四位教师的桌子下面有十袋装的卫生纸。办公室里最引人注目的，除了教师的备课桌外，就是五个置物架，每个高约一米五，上面层层叠叠放满了试卷之类的东西。办公室靠门的桌子上放了四个暖水壶，桌子右边有一个引人注目的超大废纸篓，里面几乎被一个个纸团填满了。

整间办公室是灰白色调的，它的氛围和教室的风格很接近，没有任何“多余”的东西。这里给我们的感觉和学生的班级氛围极其相似——实用、单调，没有审美、个性和想象的空间。

我们起身出门，在走廊里站了一会儿，看旁边另一个年级组的办公室。办公室里的布局和高二年级组的极其相似，灰白色调，实用的摆设，没有一件“多余”之物。考试看起来的确是冷冰冰的，但作为人的教师和学生，他们的成长和生活难道也不需要个性、趣味、美感吗？年复一年，日复一日，此种工作场域又会对居于其间的教师产生何种影响？那无声的教室以及何老师备课、评改作业、会见学生、和同事交流的年级组办公室是否也在对生活于其中的人诉说和表达着什么？这些诉说是否对何老师“中规中矩”的教学产生了影响呢？

三、教师实践性知识的社会文化意涵

在此，我们把何老师“中规中矩”的教学称为她的“教学意象”。

埃尔巴兹（Elbaz，1983），康奈利、克兰迪宁与何敏芳等（康内利 等，1996）对实践性知识的表征形式进行了分类，其中都包含“意象”这一概念，如表 4.2 所示。我们提出教师实践性知识有三类表征形式：图式类、行动类和语言类（陈向明 等，2011）。每一类别下又有不同的表征形式，分别为：意象和隐喻、行动公式和身体语言、叙事和案例。意象将教师情感、价值观、需求以及信念融合起来，形成教师个人的教学形态，以直觉的形式指引行动。意象、隐喻都属于图式，即一个有组织、可重复的行为模式或心理结构，是一种认知结构的单元，能过滤、筛选、整理外界刺激，在认识过程中发挥着不可替代的重要作用。

表 4.2　三种实践性知识表征形式分类

提出者	提出时间	实践性知识表征形式
埃尔巴兹	1983	意象、实践原则、实践规则
康奈利、克兰迪宁、何敏芳 等	1996	意象、规则、原则、个人哲学、隐喻、周期和节奏、叙述整体
陈向明 等	2011	图式类（意象和隐喻）、行动类（行动公式和身体语言）和语言类（叙事和案例）

在借鉴上述研究者对意象理解的基础上，我们将“教学意象”界定为：教师个人基于自身（受）教育教学记忆、体验而形成的有关教学的想象性表象，是想象力对实际教育教学生活中的经验材料进行加工后，在头脑中形成的形象或图式。教学意象在众多表征教师实践性知识的形式中最具包容性，通常浸透着个体的价值判断。教学意象的视觉效果可以抓住教师关于自己、学生、教学和学科的直觉，并有助于将教师实践中运用的原则与规则联系在一起。

“中规中矩”是何老师认为好的教学的意象，但这一意象所蕴含之深刻含义有待细品。“中规中矩”是何老师教育教学中推崇之意象，是何老师所崇尚之价值观的表达，也是其为人处事方式乃至自我存在方式的自白。从这个意义上说，完整的表达应该是："中规中矩"的何老师极其认真地进行着"中规中矩"的教学。

"中规中矩"意象下有着对"花里胡哨"教学的拒斥，有对"授受教学范式"的捍卫，有对"知识点—分数—高考成绩—学生前途"这一逻辑链条的认可，也有对当下权力结构无奈的接受，还有"受人滴水之恩当涌泉相报"的行事逻辑与"知足就好"的生活态度。事实上，意象不断地在教师的教育教学及生活之间进行着对话与互构。

克兰迪宁（Clandinin，1986）提出教师意象的四个源头：专业经历、专业训练、自己的学校体验、个人生活经历。意象连接了教师过往的个体生活经验和教育专业经验。从何老师的案例中，可以看出"中规中矩"这一教学意象的形成既有中国文化传统之河水的注入，又有那些带着何老师喜怒哀乐情感的生活经验和教育专业经验之海的汇聚。

中国传统思维主张和谐为美，避免极端偏执。朱熹对《诗经》中的《周南》《召南》篇非常称道，赞之曰"其发于言者，乐而不过于淫，哀而不及于伤，是以二篇独为《风诗》之正经"（周振甫，2002：引言2）。《周易》在卦象形态的基础上，借助阴阳（进而引申为刚柔、强弱、成败）的存在和转化说明自然界和人世间事物转化的道理。我们可以看出，中国传统思维方式强调对立面之间的相互包含与转化。在中国悠久的历史发展进程中，《周易》的阴阳和谐思维逐步发展，被系统化、理论化为"尚中求和"的思维模式，作为一种精神日渐渗入中华民族基因，深远而持久地影响着中国人的思维。何老师在面对教育实践中个体与结构的两难困境时，体现出的正是这样一种"尚中求和"的思维。一方面，她认为"语文学科本身是很让人享受的"；另一方面，为了让学生在高考中得到高分，她又特别强调知识点的落实，甚至因为学生在默写题上丢分而大做文章。这是教师对高考制度的妥协，体现了一种"求和"的思维。同时，何老师提出"中规中矩"的教学意象并身体力行，体现了"尚中"的思维。

第三节 “变”与“常”的两难

传统的力量是非常强大的，教育变革经常面临的问题之一是变革的意义会在学校层面“衰变”和“扭曲”。那么，面对强大的传统力量，教师是如何利用实践性知识来应对的呢？这种实践性知识的背后又有着怎样的中国社会文化意涵呢？我们通过跟踪北京市某小学引入主题教学的课例研究，对教师的对话进行分析，以考察主题教学这一“变革性实践”的意义在学校层面是如何发生变化的。研究发现，教师们在日常研讨中使用的描述和解释体系构成了一套为新旧教学方法赋予意义的学校话语。这套话语作为学校的本土解释模式，通过“去情境化”和“再情境化”（“旧瓶装新酒”）等机制，对外来的变革性实践的意义进行重构，使教师能够以本土的话语理解变革。这种做法体现了中国文化传统中的“变通”和“中庸”的思想。

一、教学变革与教学传统的两难

主题教学是近年来在我国中小学迅速得到推广的一种课堂教学方

式。随着新课程改革后中小学课本广泛采用“主题单元”的形式进行编排，语文主题教学成为中小学课堂变革的一个重要方向。国内语文教学界在主题教学方面最有影响力的倡导者之一窦桂梅对主题教学的解释是，从生命的层次出发，用动态生成的观念，重新全面认识课堂教学，整体建构课堂教学。简单地说，它是围绕一定的主题，充分重视个人经验，通过与多个文本的碰撞交融，在生成理解中，实现课程主题意义建构的一种开放性教学（窦桂梅，2004）。主题教学的特征被她界定为：学好教材、超越教材，立足课堂、超越课堂，尊重教师、超越教师（窦桂梅，2010）。这些定义和解释虽显模糊，但在一定程度上反映了主题教学的倡导者对于传统语文课堂教学方式的一些有针对性的看法。概言之，传统的语文课堂过于注重知识的传递，过于强调读写生字词、概括段落大意等语文工具性的作用，而忽视了语文的人文性。主题教学则意在突破教师中心和学科中心的教学模式，充分发挥教师的文学涵养，以学生兴趣为基础，灵活设计课程，鼓励探究，拓展学生的阅读范围，培养学生的整体语文素养。正是在这一点上，主题教学具有变革的意义。

S 小学的教导主任李堇和语文教师田甜（年龄均是三十多岁）到外校观摩了一名优秀教师王军的主题教学示范课。课文节选自萧红的自传体小说《呼兰河传》，在五年级教材下册中名为《祖父的园子》。这两位年轻教师观课之后，兴奋不已。田甜老师希望能从模仿这一节课开始尝试主题教学的方法，而李堇老师向她建议请其他有经验的语文教师和她一起组成备课小组，将这一活动做成一个一课多轮式的课例研究。

在教研组活动时，田甜首先跟其他教师分享了她观课过程中印象最深刻的片段。

他（王军老师）只是把《祖父的园子》作为一个引子，后来大部分时间都是在拓展《呼兰河传》。他说以前的经验是，好多学生课后都读了这部长篇小说。我们一直想这样，这次要试试。

学生读得很多，老师其实讲得很少。他就是选文特别好，特别是（小说）最后那一段回忆的文字，（学生）读了之后，再来读《祖父的园子》，童真的味道一下就丰富了。

当田甜和李堇向其他教师陈述她们在示范课上看到的教法，并说她们希望展开主题教学课例研究时，其他教师表现出疑惑不解，并提出了疑问。

刘婧：之前研究过这个吗？

田甜：没有。

刘婧：那为什么要（把本来的课程内容）改成这个，这风险多大啊！

李堇：没事，不是探索嘛！我们觉得最主要的就是高年段的研讨项目、高年段的课怎么上。

刘婧：上“定篇”啊！

“定篇”是教师对话过程中出现的第一个本土概念。所谓“定篇”，是语文教材选文的一种类型。依据教材编写的目的，它的功能在于使学生透彻地领会选文本身，理解和欣赏经典名篇的思想和艺术（王荣生，2007）。这些篇目往往长期留存于语文教材中，数十年来被教师和学生不断地钻研和分析。大多数教师在自己做学生时就学过这些课文，他们成为教师之后也往往会教这些课文。因此，对“定篇”的钻研几乎是成为“合格教师”的必由之路。长期以来，对于这些“定篇”的教学已经累积了大量经典的教案和课例，教师模仿这些课例的风险相对较小，而且确实能起到锻炼教学基本功的作用。教师对于这些“定篇”了熟于心、经验丰富，要建构出一堂围绕“定篇”的

“好课”自然不难。因此，以往的教研活动往往采用教材中的“定篇”。

于是，变革性实践遇到了第一个直接障碍——学校传统的教研文化。当个别教师试图通过引入主题教学对课堂做出改变时，这种教学方式一时无法与现有的教研话语对接。主题教学要求教师灵活组织课程内容，“注重个人经验”，“超越教材”，“多个文本碰撞交融”。而当有教师意图引入这种新的教学形式时，其他教师的第一反应却是质疑她“为什么不上（教）定篇”。“定篇话语”涵盖了“教授经典篇目”“磨炼传统教学基本功”“强化重要的知识点”等意义，而引入变革性实践则意味着这些凝结着教师惯常教学方式的观念被撼动，这就有了阻碍变革的一个强有力的理由。

除了“定篇”，其他的一些本土概念也出现在教师们对主题教学的怀疑声中。

什么叫“以本为本”？（质疑田甜的教学脱离了教材。）

这叫找“根”。你不能不理“根”，我们另起“枝”。（质疑田甜的教学方式脱离了基本知识点的传授。）

经典课文都是“大餐”，得一口一口地吃。（质疑田甜所选的课程内容不能像“定篇”那样提供重要、丰富的知识点，且不能循序渐进地被学生吸收。）

他（学生）脑子里都不能把一篇课文分几个环节弄清楚，找不到“文眼”。（质疑田甜的教学太“活”，学生不能通过关键词句寻找中心思想。）

这里的本土概念有的代表传统的教学原则，如“以本为本”；也有的是教师共同持有的对传统教学方法的习惯性比喻，如“大餐”“根”“枝”；还有的是与学科特性有关的实践隐喻，如“文眼”。它们都是教师描述和评判课堂教学的常用语言。在日常的使用中，它们几乎获得了“法则”性的地位，没有人会挑战它们。而这些原则和隐喻的确有存在的合理性，它们以特殊的形式表征着教师的实践性知识，体现了教师难以言传的教学艺术。

为了实现主题教学这一变革，田甜从观摩其他优秀教师的课堂中看到了重新选文的重要性，但是，学校传统的教研文化要求她上“定篇”。面对这种两难，田甜该怎么办呢？

二、边破边立的行动及其实践性知识

在与其他教师分享观课感受时，田甜已经不自觉地对“主题教学”做了一次简化，即将本身意涵丰富的主题教学简化为个人理解的一些“亮点”式的内容。她直接将这些“亮点”与主题教学这种教学方式联系起来，但她所领悟的只是主题教学思想的一部分，如自主选择课程内容。她所领悟的部分是以非常具体的形式表现出来的，而主题教学所倡导的注重语文的人文性、鼓励探究、超越课堂、培养学生的整体语文素养等方面的内容被或多或少地忽略了。因此，当她尝试将校外的一堂好课“搬”到自己的课堂中时，她所理解的这堂课所代表的变革性实践实际上与原先上课的优秀教师所理解的意义已经存在了一定的差异。

这一简化过程几乎是必然的，原因有两个方面。

首先，教师无法通过观察一堂“好课”就全面把握授课教师在课堂背后所持有的有关变革性实践的知识。正如富兰（Fullan，1999）在解释改革为什么难以传播和复制时所说的，改革最根本的东西往往是由一些亚层次的成果组成的，而这些东西往往是肉眼所看不到的。田甜所注意到的，更多是被王军老师在课堂上有意凸显的“特色”。可见，当改革的内容与优秀教师的个人风格纠缠在一起呈现出来的时候，其核心意义对田甜这样的旁观者而言是有些晦暗不明的。

其次，教师在观课时对一堂好课的领悟更多是经验式、身体化的，他们往往缺乏将自己所理解的知识完整表述给学校中其他人的能力。因此，田甜和李董只能根据观课后的感受总结出这节示范课的一些“亮点”。从我们的观察看，田甜对这些“亮点”的介绍抓住了主题教学的自主选择课程内容这样一些关键特征。例如，她注意到王军老师课上更多讨论的并非《祖父的园子》这篇课文，而是《呼兰河传》的内容。但当她将这些亮点表述给其他教师时，并没有使他们感同身受。相反，他们对这样的课堂将会是何种面貌表示疑惑，认为这样的教学无法体现课堂的层次感，没法把握重点，教学时间安排起来也会问题重重。这种理解上的障碍很大程度上是田甜的介绍简化了原本的内容，脱离了原先情境之故。虽说人们在转述事件时遗漏信息很普遍，但我们在这里所强调的是，教师在对话中常常无法将他们已经“领会”的东西完整地传达给其他人。我们称这一过程为“去情境化”。

这里我们借用了利特尔（Little，2003）的“去情境化”和“再情境化”这两个概念。她用这一框架来观察和概括教师理解和分享实践意义的过程。“去情境化”是指，当教师对别人描述自己的课堂教学情形时，首先要去掉那些课堂上他们认为不重要的具体细节，使得该教学过程可以被听者简单理解。“再情境化”则是指，教师用各自的经验来丰富对中心议题的理解，从而使得讨论的内容不会沦为脱离实际的抽象推演。

我们虽然借用了这两个概念，但对它们的意义进行了改造，以符合当前的研究主题，并用更加具体清晰的方式展开分析。首先，利特尔的研究是以常规的教研为背景的，而我们着重考察的是变革的过程。其次，利特尔的“去情境化”概念是指教师在讨论中对自己课堂上具体细节的主动忽略，而我们用它指涉个体教师在引入外部变革性实践时不得不面临的认知和表达机制。最后，利特尔的“再情境化”是指不同教师对讨论的主题所做的具体化的贡献，而我们主要用它指代使用学校层面的本土话语重建变革性实践的过程。

“去情境化”和“再情境化”的机制体现了学校本土话语对变革性实践的表征能力。所谓“表征”，意指凭借话语将对象带入主体视域的过程。对教师而言，表征变革意味着变革的意义在他们面前以可理解、可接受的话语显现出来。

“去情境化”着重指出，无论是优秀教师的示范性教学还是观课教师向其他教师转述的观点，被“看到”的内容背后实际上都有一系列“看不到”的话语作为其“意义资源”支撑。这些意义资源或是教师个人的实践性知识，或是由变革性实践而生成的集体文化。当变革性实践被教师从校外引入校内时，原先作为意义资源的话语因为处于“缄默”的状态，或多或少地流失了。

同时，我们也看到变革性实践之意义的“去情境化”反映了教师主动引进变革的实际需要。主题教学本身有着复杂的理念系统和亚层次知识网络，但田甜等人之所以主动学习和践行这种教学方法，是因为他们看到这一方法能弥补自己以往课堂经验的缺陷（如只能按部就班地讲解生字词、分析段落大意等）。这里反映了教师（也许特别是中国教师）所普遍持有的实用主义倾向。教师在面对变革时，所关注的并非“吸收新知识”，而是从个人化的问题情境出发寻找解决之道。

其实，即便同样站在实用主义的立场上，不同发展阶段和专业水平的教师对主题教学的理解也是不同的，其“焦点觉知”的指向和“附带觉知”的范围与结构会有很大差异。因此，“去情境化”意味着教师在对话中会将重点放在“焦点觉知”的视域融合之上，而有意无意地减少不同的“附带觉知”对于讨论过程的干扰。

我们将“去情境化”视为变革过程中学校话语表征的机制。话语作为特定人群谈论事物的特定方式，本身就代表了人们对认识对象的选择与遮蔽过程。当教师试图表述对主题教学这类变革性实践的理解时，他们已经自觉或不自觉地对其意义进行了删减。我们并不试图对这一简化过程给出价值评判，而是希望指出，变革意义不容易被完整认识和呈现，当变革性实践需要通过具体的教师话语这一媒介得以传达时，其意义的内涵会随着表征方式的局限而缩小或变形。

由于教师实践性知识的缄默特性，教师们更倾向于选择和使用他们已经习以为常的话语来描述和评判实践。教研中出现的一系列本土话语也是一套“专业”话语——它们与特定的教学决策和行动紧密联系。对既有教学方式的维护使得教师们直觉性地抵抗变革性实践。

同时，由于变革性实践的引入过程受“去情境化”机制的影响，新的实践方式进入学校之后难以在话语层面承载足够的意义，以充分证明其合理性。为了让变革性实践获得学校中其他教师的认同，一方面，需要像李堇这样的学校领导主动利用权力推动变革；另一方面，变革性实践也需要借助本土话语来重塑自身的合理性。我们将后者称为学校本土话语表征过程的“再情境化”机制。

田甜最初向其他教师陈述她所看到的主题教学示范课的“亮点”时，并不能引起其他教师的共鸣。他们从“定篇”“以本为本”“文眼”等本土概念出发，“拷问”田甜教学设计的合理性。田甜在回应这些怀疑时，逐渐将解释的重点从“我们所看到的主题教学的亮点是什么”转移到了一些与主题教学不直接相关的具体细节上。从田甜随后的解释中，我们可以看到这些解释与本校教师群体的本土话语之间的联系。表4.3所示内容来自课例研究过程中对田甜话语的录音以及她在研讨之后写的反思笔记，揭示了她为推动改革、获得本校教师群体理解所付出的努力。

表 4.3　田甜的解释与本校教师群体的本土话语之间的对应关系

田甜的解释	本土话语
“虽然我们北京版的教材里没有这篇课文（《祖父的园子》），但在人教版里，这是很重要的一篇课文。”	“以本为本” “定篇”
“王军老师板书用得非常好。‘人’‘物’‘事’，‘人’是什么（写下来），然后后面所有（讲课的）内容都和板书是有关系的。”	“根”和“枝”
“其实那天，王军老师实际上就抓住了一个‘自由’的那个段落，一切都是活的。……还有一个就是‘祖父的三次笑’。他整篇文章就抓住了这两个点。……但那个‘笑’，他还是没有很深入地去读。他只是点到而已。”	“文眼”
“梨子的滋味就要亲自品尝，名师的风采我们无法复制，但这一节课未必不能复制。我们能不能跟名师同上一节《祖父的园子》？在亲历课堂的过程中，也许自己就能找到那一串思考的答案。经过用心揣摩的复制、模仿，也许我们也能找到适合自己的教学风格？”	“大餐”

为了将变革性实践和本土话语联系起来，田甜根据本土的概念、比喻和隐喻对她所理解的主题教学进行了解释。从积极的方面看，这一过程使得本土话语与传统的教学决策过程之间习惯性的联系被打破，指向了一些新的教学决策和行为。如“以本为本”从原先所支持的“以正在使用的教材为本”，转到了“可以以其他的教材为本”；“根”和“枝”的比喻从原先所维护的“围绕基本知识点进行教学”，转到了支持“在课堂上有核心、有扩展”的内容结构；“文眼”隐喻的功能从指导学生“抓住中心词句”等，转到了帮助学生“抓住深入阅读的切入点”；“大餐”的含义则从原先指对学生而言具有丰富学习内容的课文，转到了用以评判课文对教师而言是否同样具有学习和发展的意义。这一系列的努力无疑拓展了教师对于教学决策可能性的理解。

这种有意迁就本土话语为教师们所划定的“思维地图”，使主题教学的意义在学校情境中被重新加工的过程，被我们称为“再情境化”。从中我们可以看到，学校本土话语的实质是一套强有力的解释系统。它与教师日常的课堂教学习惯紧密地结合在一起，以独特的方式帮助教师审视、理解和改造对他们而言陌生的变革性实践。

我们认为，这里的主题教学进入学校的过程如图 4.4 所示。同样的本土概念通过“再情境化”后被赋予了新的意义，我们用“＊”来表示这其中的变化。

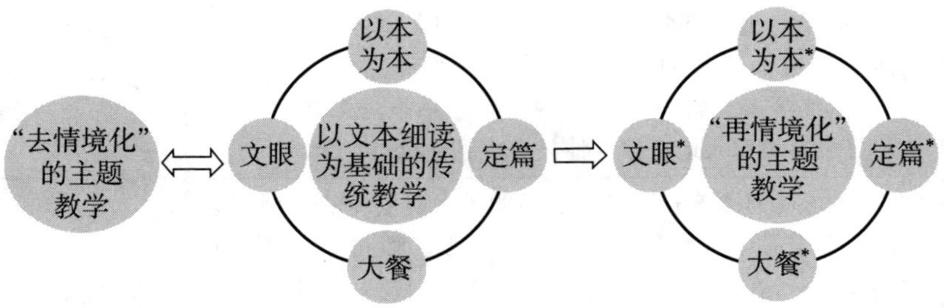

图 4.4　变革性实践在学校话语中的“再情境化”

“再情境化”的机制表示了来自学校外部的、新的实践方式在与来自内部的教师相遇时，在新的情境下被重新赋予意义的过程。它蕴含着几个有助于我们理解变革过程的重要观点。

第一，话语情境是学校情境（特别是学校文化情境）的重要组成部分，这是之前的研究较少注意到的。经典的理解教师文化的理论往往从教师关系的角度进行分析，如哈格里夫斯将教师文化分为个人主义文化、（自然和人为的）合作文化、派别主义文化和流动的马赛克文化（后现代文化）（邓涛 等，2005）。现在看来，这可能只是一种从外部观察而得到的认识。从学校自身出发，固然研究者也可以做出学校文化存在“个人主义”“合作”或“派别”特征等种种判断，但这些判断往往缺乏可靠的衡量标准。教师对外部引入的变革的接纳或拒斥常常发生在不经意之间。在很多情况下，教师高度认同自己的学校有很好的“合作文化”（如我们所研究的S小学），但是他们所共有的对于课堂实践的解释模式却时常排斥外部变革的进入。

第二，由于本土话语情境的存在，来自外部的变革性实践的意义对教师而言经常是晦暗的，而“再情境化”则是帮助外部变革性实践进入教师“视域”的一个必要机制。这里所谓“意义是晦暗的”，并不是说新的实践方式缺少示范、说明和解释，而是指其呈现意义的方式因为依托对教师而言陌生的“语言”，导致教师无法完全领会其内涵。因此，“再情境化”是一种转化和显化机制，将变革的意义转化为本土话语。这一观点也可以解释有关理论和实践之间的冲突现象。

第三，“再情境化”既是变革性实践在学校情境中被重新建构的过程，也是学校话语拓展其自身意义范围的过程。在本案例中，田甜为了使主题教学的合理性受到其他教师的认可，借用本土话语对其进行解释，而这一过程实则也伴随着田甜自己对主题教学意义的重新理解。在她随后的教学尝试中，她并没有像王军老师那样引导学生自主阅读《祖父的园子》这篇课文之外的《呼兰河传》的内容，而是把教学内容限定在人教版教材的课文范畴内。这使得田甜的主题教学课更加接近传统的课堂形态，而并未实现主题教学的倡导者所提出的“超越教材”的主张。此外，许多教师也借由这一合作研讨的过程，改变了之前附着于本土话语上的一些看法，使这些话语的意义拓展到了更加普遍的范围，如教师不再执着于在“以本校当下使用的教材为本”的意义上使用“以本为本”这一概念，而是开始能接纳“以其他的教材为本”。

但总体而言，从田甜迁就本土话语结构对主题教学进行重新解释的情况来看，学校本土话语自身改变的程度要低于它对变革性实践意义的改变程度。这可能是因为教师日常工作的话语是反思的中介，要利用话语来反思话语本身对大多数人而言是非常困难的，而要通过改变话语面貌来实现实践层面的改变也非一朝一夕所能实现的。

三、教师实践性知识的社会文化意涵

现在，让我们再回看S小学这次主题教学变革的实践过程。田甜观课回来，想尝试主题教学，但是遭到了其他教师的怀疑。在这一过程中，这些教师使用了一套本土话语。为了实现变革，田甜采用了“变通”的做法，同样使用这套本土话语来解释她要进行变革的内容。用一句俗语说，就是“旧瓶装新酒”。“旧瓶”是指本土话语，“新酒”是指变革的内容。

在本案例中，田甜在面对变革和传统的两难时，启用的实践性知识是“变通”。“变通”一词来自《周易》：“穷则变，变则通，通则久。”（《周易·系辞下》）事物发展到了极点，就要发生变化，发生变化，才会使事物的发展不受阻塞，事物才能不断发展。这说明在面临不能发展的局面时，必须改变现状，进行变革和革命。“变通”体现了一种实用主义，意指人们遇事不死钻牛角尖，懂得通融、屈伸。这种思想目前仍然极具通用性。

进一步探寻，我们发现“变通”的思维与“中庸”之道非常契合。“中庸”是儒家称道的至德。“子曰：‘中庸之为德也，甚至矣乎！民鲜久矣。’”（《论语·雍也》）孔子说：“中庸作为一种道德，该是最高的了吧！人们缺少这种道德已经很久了。”中庸之道大致可理解为，为人做事当恰如其分，既不能“不足”，也不能“过分”。中庸之道，绝不是世俗观念所说的折中、妥协和无原则。它既不走极端，又不搞折中主义，不是取“中间路线”，而是以原则为主导，兼顾对立面。“和为贵”，讲的不是“同”。如果搞折中主义，对立的双方等同了，就是无差别的，是静止的，事物就不能发展了，那就意味着毁灭。所以，“中庸”之“中”，不是“折中主义”之“中”（“同”），而是“和”，是“正好”与“恰到好处”。中庸是在运动中把握平衡，是不平衡的平衡，即坚持原则，但不死守原则，要兼顾对立面。在坚持这一原则的前提下，可以根据现实情况进行若干变通，这是一种包含积极辩证法思想的实用主义处事策略。

田甜正是采用了这样一种策略，才使得她主题教学的实践变革为其他教师所接受。当她试图说服其他教师尝试新的教学方式时，其他教师认为那样做很冒险，认为在高年级应该教“定篇”。于是田甜解释说，虽然北京版的教材里没有这篇课文（《祖父的园子》），但在人教版里，这是很重要的一篇课文。这就是一种变通——用“定篇”这个旧瓶来装主题教学的“新酒”，既兼顾了对立面，又巧妙地把自己的主张融入其中，恰到好处，符合中庸之道。在面临传统压力时，中国教师常常采用这种“变通”和“中庸”的做法。

本章小结

本章主要通过三个案例，探讨教师面对人文关怀与工具价值、个体与结构、变革与传统等两难困境时，教师决策所体现出来的实践性知识。面对教育工具价值的考量，教师通过自身同情心的践履，实现了真正的人文关怀；面对高考的压力，教师用“中规中矩”的教学意象，寄托了自己的教育信念与理想；面对强大的传统力量，教师运用学校本土话语，通过“旧瓶装新酒”实现了变革。这些践履、意象、话语的背后，都有着中国传统思维的影响，并且集中在“忠恕”“中和”“中庸”这些基本概念之上。我们的归纳如表 4.4 所示。

表 4.4　教师决策中的实践性知识及其社会文化意涵

两难困境	教师的做法	教师的实践性知识	社会文化意涵
人文关怀与工具价值	对“学困生”高度同情	用心灵关注心灵	忠恕之道

续表

两难困境	教师的做法	教师的实践性知识	社会文化意涵
个体与结构	注重知识点的落实	中规中矩	中和之尚
变革与传统	用本土话语表达改革内容	旧瓶装新酒	中庸之道

第一个案例中，两难困境是人文关怀与工具价值的选择，教师的实践性知识是“用心灵关注心灵”，体现的是忠恕之道。第二个案例中，两难困境是教师个体与社会结构的价值取向存在差异，教师的实践性知识是“中规中矩”的教学，体现的是中和之尚。第三个案例中，两难困境是外来变革与学校传统的冲突，教师的实践性知识是“旧瓶装新酒”，体现的是中庸之道。

第一个案例的人物关系是师生关系，造成两难的外部力量是教育的选拔功能。第二个案例的人物关系还是师生关系，但此时教师和学生是利益共同体，造成两难的外部力量是考试制度。第三个案例的人物关系是教师个体与其他教师群体之间的关系，当教师面对外部自上而下的改革时，造成两难的外部力量是教师的本土话语及其思维定势，以及外部改革话语与教育行政的强势干预。

总体来说，本章讨论的根本问题可以归结为，当面对理想追求与社会结构的现实、制度规约产生冲突而造成的两难困境时，中国教师的立身之本是“仁爱”与“忠恕”，决策时的思维表现为“中和”与“中庸”。

第五章

规则与自由：中国社会文化视域下的教师专业行动

教师实践性知识是教师在行动中“做出来”的知识。它是教师在特定的教育情境中，借助反省思维成功解决两难困境后，在证据基础之上形成的信念，也是教师基于实践证据而不断深化的，对教育教学的新认识。既然是“做出来”的知识，它自然可以被观察。不过在日常的教学情境下，由于实践性知识具有缄默性、情境性、个人化等特点，捕捉、呈现教师实践性知识有相当大的困难。当教师面对两难困境时，使用之前已有的实践性知识在新的情境下无法奏效，教师必须借助已有知识，尝试对情境进行重新框定，并在实践中检验这种框定的适切性和有效性。在借助反省思维应对两难困境的过程中，教师会有所创造，形成新知。因此，观察身处两难困境下教师的行动，并将之作为研究中国教师实践性知识的一个切入点，不失为明智之选。

在教师的诸多行动中，教学是教师专业行动的核心所在，最能反映教师行动的特点，可谓是教师的典型行动。在中国当前的社会文化背景下，教师的教学行动可被比作“戴着镣铐跳舞”。这里的“镣铐”可能来自文化传统、社会结构或是行动者自身的“前见”。在教学过程中，教师往往根据自己的已有经验，对新的问题进行框定，并在行动中不断进行检验，反思并生成新的实践性知识。这种知识不是单纯的“命题性知识”，而是能够被付诸行动的、身体化的、有价值导向的、能够承载情感的知识。它能够与学术界认可的理论性知识交相辉映，拓展人类的认识限度和行动边界。我们发现，教师在探究应对两难困境的策略时，其教学行动往往体现出知行合一的特点，展现出教师独特的对教育教学的“体悟”，具有超越性和创造性。

本章对三位教师在教学过程中应对两难困境的案例进行分析，探究他们的行动策略、行动策略背后的实践逻辑，以及实践逻辑背后的中国社会文化意涵。三个案例在行动的范围上有所不同：案例一中，教师面对的是严酷的“应试教育”现实与自己在教学行动中探求生命意义的两难；案例二中，教师处理的是学科教学规律与学生自主创造学习经验的问题，实质是教育中自由与控制的两难；案例三中，教师面对的是更加微观的一个教学环节，即如何在具体的、事先难以预料的学习情境中不断调整自己预设的教学行动，直至其恰切、有效。虽然三位教师面对不同层次的两难困境，在不同的两难空间中斡旋，以不同的方式采取行动，但他们行动的意图很相似，都是为了在艰难的环境中获得教学的教育意义，促进学生的发展和自身的专业成长。

第一节 『破』与『立』的两难

在中国传统文化中，教师并非仅仅是一个满足谋生需求的职业，这一职业一直有“传道”的内在担当。尤其是对深受传统文化浸染的语文教师来说，教师是经师，亦是人师。在“应试教育”的背景下，提高学生应试能力，让学生获得好分数，是来自社会、学校、家长、学生多方共同的现实需求，是教师无法回避的。但同时，作为身心正在成长中的学生之培育者，教师很难无视“人师”的传道之责，不能对构建学生精神世界无所作为而将自身工作价值降低为“追分者”。教师如何在工作强度大、专业自主权有限、自由支配时间少的现实环境下，破解应试与自身职业意义实现的两难困境？如何在帮助学生实现高分目标的同时，不做“屠宰”学生才智和自身工作热情的“屠夫”？如何在日复一日的琐碎工作中成就自身的意义诉求，从而与学生共同生长？我们以一位中学语文教师遭遇的两难困境为例，来探究教师是如何在行动中应对这些问题的。

一、理想与现实的冲突

郑老师今年五十七岁，是一名语文特级教师，是我国恢复高考后的第一批大学生。1980年，郑老师从师范中专毕业后，被分配到一所乡村中学任教。工作之初，他并未把教师当成自己的理想职业。在他看来，当时的教育领域是一个"应试能力训练场"，"各种时髦的教育理论你方唱罢我登场"，教师不断被要求掌握各种新理论、新模式、新方法，要听命于教研员、教育专家、学校领导等人，缺乏专业自主与自信。教师日常的教学工作单调而琐碎，备课、作业、考试、讲评、晨会、班会、晚自修、补课、开学、毕业等各项事务纷繁复杂。教师的生活艰辛而清贫，烦琐又平淡。这样的现实状况与郑老师所向往的理想生活相差甚远。于是他加入了考研队伍，希望借此机会离开教师岗位。然而，由于英语考试不及格，考研失利对郑老师造成了很大打击。他开始反思自己以往的行动，探寻实现自己理想生活的可能途径。这种反思并不仅仅是一种单纯的内心反省，而是对实践合理性的一种现实思考。

我是一名中学语文教师，我曾经想脱离这个行业，不想做下去了。但由于种种机缘，最后还是做了。做，我就想把它做得愉快，更有价值一点。尤其是长期做这个事情，我就想把它做得更好，得到别人更多的尊重。

反思后的郑老师开始琢磨教学，钻研经典，抓住一切机会学习和充实自己。变化似乎自然而然地发生在行动之后：他的工作单位从一所普通中学换到县城中学，然后到某市育才中学（国家级示范性高中）；其专业身份从新手教师到特级教师；其工作职责从课堂授课到参与国家初中语文教科书的编写，再到成为高中语文教科书编写组核心成员，并担任了"国培计划"的主讲教师。从一心想要离开教师岗位，到今天醉心于语文教育，郑老师的变化究竟是如何发生的？他又是如何应对曾经困扰他的两难困境的呢？

二、教师的行动及其实践性知识

阿伦特（Hannah Arendt）在其《人的境况》一书中提出了著名的“行动理论”，即人只有在与他人分享这个世界、共同拥有这个世界并在这个世界中积极行动时，才能获得意义（阿伦特，2009）。阿伦特认为，“行动”（action）是在公共领域中展开的，“行动”的一个重要方面是“言谈”。人们在言谈中敞开自己，阐释和展现自己。言谈本身具有巨大的政治意义：如果不是想要直接动用暴力，那么言谈所具有的措辞和劝说便是政治方式本身。总之，在一个亮起来的公共舞台上勇于发言、挑战和接招，是一个人表达其尊严的方式。本研究发现，正是经由行动，郑老师显现了自身的存在和个人价值。

（一）下农夫般的功夫

郑老师年轻时曾下放插队，在农村体验了农夫劳作的辛苦和收获的欢欣。这样的经历使得他深信，虽然现实的教育土壤是贫瘠的，但只要自己像农夫一样扎实劳作，到秋天就一样会有丰硕的收获。教师的日常教学工作辛苦、琐碎，教学之艰辛恰如农夫种庄稼——天天下地耕作，头顶烈日，挥洒汗水，播种希望，等待秋天的收获。在他的博客里，他写道：

> 我把教育理想深埋在现实贫瘠的土壤中，用汗水和心血浇灌我的田地里的禾苗和花朵，用智慧和信念擦亮每一个生命的细节，让黯淡平凡的生活闪耀神性的光芒。

郑老师在备课和教案设计上投入了很多精力，从每一节课入手，精心研磨每个教学环节，设计教案，重组文本。他把自己读书的路子、步骤、资料、体验揉进教学设计之中，提出了“以读定教”的教学方法。这种教法首先要求教师自己探索阅读，待自己尝到个中甘苦后，把自己的学习过程和个人体悟清晰化，随后外化并提取自己的缄默性知识，作为拟定教法的重要参考。可以看出，在此过程中，教师是先行学习体验者、思考者，和学生的关系亦师生、亦同学。据此拟定的教法中有读法，读法中有学法，“读教学”合一。“备课”成为教师“研究性学习”的一个过程，教学最终表达出教师的个人信仰和寄托，有强烈的个人情感。正如郑老师所说：“好的教学设计就是将自己揉碎了，把生命投入进去，只有这样，才有课堂上有生命力的表达。”郑老师认为，课堂教学设计是一个“从拙到巧”的过程。“拙中方可求巧”，天下之至“巧”皆由天下之至“拙”而来，教师要做好“拙”功，备课不能回避重点难点，要追求常规课“一个萝卜一个坑”的踏实感。教师只有先下深功夫，经过了这种结实教学的历练，最后才能达到语文教学的精巧之境。所谓“教学处处用心而又浑然天成”的高妙境界，必须以结实的教学为前提。

此外，郑老师认为，教师这一身份并不能自然赋予教师以教育学生的合法性，教师必须自己首先在读书上下功夫，“读书”的教师才有资格去教学生。郑老师不但自己手不释卷，而且特别用心引导学生一起读书，希望学生学会读书，有自己的读书生活。他为学生制作了一份五十本图书的阅读推荐书单，分年级推荐阅读；他带着年轻教师分批采购图书，让学生设计读书季海报，撰写书目简介，并将它们张贴在校园中；他指导学生阅读，分年级、班级组织读书活动，让学校弥漫读书的氛围；他带领同事把“图书馆”搬进教室，在全校开展“在大树下读书”活动。郑老师告诉学生，这些书中有文学、有历史、有哲学、有美学……，读书，可以培养融汇中西、打通古今的眼光，可以开阔视野、拓展心胸，养成一种由内到外的精神气质。与学生、同事一起下功夫读书，让郑老师始终处于学习、思考、成长的生命状态，使他得以在不同的时空视野下多视角打量和思考教育教学工作。

郑老师常写课堂观察札记，捕捉并记录自己的所见所闻，给自己提供反思的机会。他请听课的青年教师帮助拍摄了四十多节课的课堂录像，这些录像成为他反思教育教学的素材，成为他与学生、同行讨论教育教学工作的媒介。下功夫反思帮助郑老师不断研磨自己的教学，提升自己的教学水准和教育素养。精心研磨教学、下苦功进行大量的课外阅读、保持持续深入的反思——郑老师在这些方面扎实用功，像农夫一样不吝汗水。

（二）负爝火般的担当

在谈及教师究竟在今日之教育实践中可以有何作为时，郑老师用“爝火”来比喻他教育教学行动的超越一面。

我改变不了世界，但是我可以看看能不能改变教育；我改变不了教育，但我可以看看能不能改变我的学校；我改变不了学校，但我要看看能不能改变我的学生。其实你做好了，改变你的学生就是改变你的学校，就是改变中国的教育。《庄子·逍遥游》中讲到爝火，爝火在夜晚发出非常微弱的光，日头一出，它自然熄灭，被埋没在白昼灿烂的阳光之中。可是，爝火仍然是了不起的。

郑老师以爝火自比，认为教师身上应该有爝火般的担当。在这里，郑老师所强调的是教师在混沌黑暗中能够带来思想光明的启蒙者形象。郑老师认为，诗歌和戏剧是语文素养培育中比较核心的要素，有助于学生语文智慧的开发和人格的塑造。在教学中，他留心创设情境，力图让美好的语文学习点亮学生的生命，照亮学生的精神世界。按育才中学以往的做法，每年九月开学之初，学校会在大礼堂召开诗歌朗诵会，即“青春诗会”。郑老师所在学校离玄武湖很近，这一年，他突然有了新想法。

为什么要在大礼堂？活动能不能拉到操场？在月光下。我后来又想，为什么要在操场？去玄武湖啊！一想到那个场景，我眼泪就流下来了，我很激动。一方面，我自己是学中文的，我的学术“内存”里有大量的“明月几时有”那样美妙的诗篇，有明月情怀。另一方面，我想可以用自己的力量为孩子们创造一个终生难忘的学习机会，我就觉得自己很了不起，我被自己感动了。

第二天，郑老师迫不及待地告诉备课组的全体教师，说自己有一个“伟大的想法”。他把自己的设想讲给其他教师后，大家都非常激动，都赞同在玄武湖边开“青春诗会”。最终，在学校领导和备课组全体教师的支持下，这个想法被付诸行动。在这次诗会上，郑老师切身感受到，“语文与学生生命成长中终生难忘的美好体验联系在了一起”。可以说，他用湖边月下的诗歌之夜诗化了学生的精神世界。

此外，郑老师也很乐意将自己对于语文的思考以讲学、博客、文章、著作等形式来和同行及专家进行切磋交流。

每次外出讲学，讲完一个东西，总有很多老师围着我。有一位老师说：“郑老师，你那本书我看了，我现在在我的班级中也这样做，学校领导刚开始还有点意见，但我的班级这两次考试都考得很好，学校领导也没话说了。”我问她一年做下来最大的收获是什么，她讲了很多。我说：“我认为最大的收获是你在这样的环境和条件下，发自内心地想让学生获得一种更加美好的语文学习体验，最后克服困难获得成功。这是了不起的事情。你的教育教学一旦觉醒，别人想挡你也挡不住了，你会像一匹脱缰的野马奔跑起来。”

同行、专家的认同大大激励了郑老师。当发现自己的言说对于同行而言，如爝火般发挥着“照亮”作用时，郑老师开始尝试将自己对于语文、语文教育教学工作的思考进行梳理。近年来，他先后在《中学语文教学》《语文教学通讯》《语文学习》等刊物发表论文约百篇，出版论著十余部。他对于语文的言说和行动影响带动了很多同行、教育研究者、学生以及家长。他的言说也正像打破黑暗的爝火，在“应试教育”中给大家带来希望和光亮。

（三）教师行动中的实践性知识

年轻时的郑老师，希望自己可以过一种诗意的生活。但现实的教育情境却极为严酷——“应试教育”盛行，教学工作重复、单调，教师缺乏专业自主权。这样的教育现实与他理想中的工作生活形成了两难困境。如何应对这一两难困境？与过于简单的二元对立理念相比较，郑老师倾向于采取积极的人生态度，利用手边已有的条件，从改变当下现实入手，寻找可能的空间，在体制中寻找教育理想的栖息地。在此过程中，郑老师实现了自己一直孜孜以求的诗意生活和教育理想。最终在行动中，并经由在行动中反思，郑老师找到了应对理想与现实两难困境的策略，生成了新的实践性知识——下农夫般的功夫，负爝火般的担当，通过行动进行创造，不极端偏执，在体制内同样可以有所作为、实现理想。郑老师在试图突破教育实践中的两难困境时，其行动体现出对于“协调”“融通”的追求和对“在体制内博弈”的认可，如表 5.1 所示。

表 5.1　郑老师面对的两难困境及其体现的实践性知识

两难困境	行动	实践性知识
理想的工作生活与严酷的教育现实	下农夫般的功夫，负爝火般的担当	虽然“应试教育”盛行，教师缺乏专业自主权，工作琐碎单调，但只要下得了功夫，心中始终有教育理想，不偏执极端，在体制内博弈，同样可以有所作为、实现理想

三、教师实践性知识的社会文化意涵

中国传统文化历来强调个体的深造自得与积极有为。《周易》讲“天行健，君子以自强不息”，儒家文化强调“积极有为”，甚至是“知其不可为而为之”。深受传统文化滋养的郑老师用“爝火”来比喻自己所应承担的社会担当，这背后是传统文化中对教师作为传道者角色的重申。作为专业行动者，郑老师的教学行动体现出了他的个人理想，承载了他对于自己教育理想的寄托，体现出以身体道、知行合一的典型特点。他的“知”是一种行动中的识知（knowing-in-action），即面对两难困境时，首先行动起来，在行动中才能体悟到自己的“知”。

从思维方式来看，郑老师行动中的识知还体现出“和谐”与“融通”的特质。中国传统的审美观一向以和谐、融通为美，避免极端偏执。中国传统文化思想强调对立面之间的相互包含与转化。《周易》在卦象形态的基础上，借助阴阳（进而引申为刚柔、强弱、成败）的存在和转化，说明了世间事物相互转化的道理。在中国悠久的历史发展进程中，《周易》的阴阳和谐思想逐步发展，被系统化、理论化为“尚中”“求和”的思维模式，深远而持久地影响着中国人的思维。郑老师“在体制内博弈”的观点及其做法可谓对此传统文化的继承与阐发。

郑老师最初对教师职业充满怀疑，但他逐步将自己的生命投入了这个行当中。在长年的实践中，在与自我、学科知识、同行、学生的互动中，他从做中学，在做中思。他对教师专业的理解越深入，情感越深厚，就越深刻地体会到职业的价值与意义。他在现实中，借助教学行动逐步过上了自己最初希望的“诗意的生活”。

第二节 “收”与“放”的两难

缺乏自由的教育无法培养出有创造精神和独立人格的人，而没有控制和要求的教育又几近于放任自流。教育，究竟应该将个体培养成为更加自由、富有个性和创造力的个体，还是应按照特定的社会历史现状，将个体打造为符合社会和时代需要的公民？自由与控制这一两难困境，与教育目的的个人本位和社会本位之间有着密切联系。

在具体的教学实践中，教师每天都会面对自由与控制的分寸把握问题，需要持续揣摩，体味践行。对这一分寸的把握，在中国传统教育中有很多精彩的论述。《礼记·学记》中“道而弗牵，强而弗抑，开而弗达”的主张是对此问题的精确表述。在教学中，能否找到这一恰当的“度”，以自己欣赏、学生喜爱的方式促进学生有效学习，是衡量教师教学水准的重要标志。在教学中，作为专业实践者的教师，基于自身的专业素养和教育理念，对于教学、学生、学习都是有预期的。对于“好”的教学、“好”的课堂气氛、“好”的师生互动等等，他们不一定能够用语言表达得很清楚，但一定有一个他们欣赏并能直觉感受到的“意象”。不过，在错综复杂的实践中，教师常常遇到实践情境与他们所认可的“好”的教育意象相冲突的情形。此时，教师会如何在把握自由与控制分寸的同时，促使情境向他们所认可的意象转化呢？下面我们通过一位小学教师的案例，来看教师处理这一两难困境所体现出的实践性知识，及其所蕴含的中国社会文化意涵。

一、学生放任与教师规训的两难

沈老师是北京市某小学的一位资深语文教师。她在教学中遇到了一个困境：一次语文课前，沈老师走到教室门口发现，学生虽然坐在教室里，但有的衣服半敞，有的趴在课桌上，有的拿书本当扇子扇风——“看这班上的学生，什么样子都有，真是彩蝶纷飞！”经过询问，沈老师得知，学生们刚下体育课，有的精神比较亢奋，有的身体比较疲乏，因此表现出一种自由涣散的状态。

在沈老师的观念中，预备铃响后，理想的学生课前状态是安静地等待上课，所以学生这种“彩蝶纷飞”的状态在她看来是不正常的。作为一个马上要上课的教师，沈老师希望学生保持安静的课前状态，以利于即将到来的语文课。她需要采取措施来改变学生自由涣散的状态，并将之导向她所认可的“好”的上课状态——一种安静的，对即将到来的语文课充满向往的积极的状态。沈老师会怎么做呢？

这个两难困境反映的是一个教师经常遇到的、永恒而普遍的主题：自由与控制的两难。与哲学家和教育理论研究者不同，对于身处教育一线的沈老师来说，自由与控制的问题并非一个思辨意义上的玄而又玄的问题。这一问题经常出现在她的日常教学当中——一方面，学生年纪还小，缺乏足够的自持能力，他们的表现非常自然，顺乎人性；另一方面，作为教师，她对教学秩序有自己的期待，而且对学生的行为习惯养成义不容辞。这样的两难困境不仅发生在课堂教学中，也发生在教育教学的所有环节中，随时引发教师们的慎思和即兴决策。现在面对这个具体的两难困境，沈老师作为一位资深的语文教师，又会如何应对呢？

二、教师的“手法儿”及其实践性知识

沈老师走进教室后先不说话。

老师上课不说话，学生会觉得新鲜，所以就安静下来了。

我并没有直接讲课，而是带着学生做了一个游戏。

我在黑板上写了五个字：“心静自然凉。”然后我说：“刚才上体育课特别热，特别累吧？现在我教你们做个游戏。身体坐直，胸脯挺起来，两腿并拢，膝盖放平，手放在膝盖上，要慢。”我给他们做好样子，说：“大家都跟我学，然后，闭上眼睛，轻轻地闭上，轻轻地默念：‘心——静——自——然——凉。’咱们都要慢慢地默念，越——慢——越——好。”这么来个三回五回，然后让学生睁开眼睛，问他们：“现在凉快点儿了吗？心里痛快了吗？”学生说：“凉快啦！”“好，咱们该上课了。”学生也高兴，好玩儿啊！这会儿你再上课就容易了，学生精力也回来了，他歇过来了，这样课就上得非常好。

可以看出，沈老师对于较好的课堂氛围有自己的界定——她认为预备铃响过之后，学生就应该安静地等待上课，这种“彩蝶纷飞”的情形显然并非她所期待的。同时，沈老师也认为“上课的气氛很重要，一定要和谐，别上得跟吵架、打机关枪似的”。如果她直接训斥学生，要学生“赶快坐好”，其效果可能比较直接。但有的学生可能产生抵触情绪，导致课堂氛围紧张，反而影响他们学习语文的效果。而如果教师不规训学生，则可能导致学生“为所欲为”“无法无天”，以为课堂上没有严格的规则要求，自己想干什么就干什么，结果不仅自己不

好好上语文课，而且影响其他同学的学习。

正是这样的两难困境，促使沈老师使用了一个“静心游戏”。她称这类游戏为“手法儿”，这样的“手法儿”在她的教学“锦囊袋”（repertoire）里还有很多（如“识字游戏”和“拍手游戏”），可以随时供她拿来应对困境。由于沈老师从教多年，积累了丰富的教学经验，她在不同情境中对各种“手法儿”信手拈来。这次通过“静心游戏”，她改变了学生自由涣散的状态，对学生的行为与心理状态有所控制，引导学生回到平静专注的、适合上课的课前状态。这个游戏所产生的结果不仅使得课堂气氛恢复到沈老师所认同的状态，而且使得学生与教师的心贴得更近了。

教学的方式方法有很多，教师通常倾向于按照自己喜爱的方式来教学。对于好的课前状态，沈老师心中有一个基于其自身经历和专业素养所形成的“意象”。在实践中，当她发现情境与其所认可的意象和信念不一致时，便采取了一些“手法儿”来破解困境。沈老师十分看重氛围的意义，认为这是一种内在力量、文明素质的表现。

到图书馆，就没有人像在商场那么嚷嚷：“哎，这儿有本好书！”如果那样，人家会拿你当“疯子”。这是一个文明程度的标志。它是修养，是气氛，也是一种内在的力量。学生不懂那么多，但是你要培养他们。

激发、保护学生的学习积极性，在沈老师看来同样非常重要，这体现在她带领学生做游戏的教学实践中。当学生不能安静地上课时，她既不喝止，也不认为只要表面安静就可以，而是要让学生静心的同时“爱他们”——她把这个做游戏的过程看成是帮助学生从涣散状态走出来的过程，而且是很开心地走出来的过程。

在做游戏的例子中，一方面，学生需要静下心来上语文课，但他们还处在体育课带来的状态中，很难自然而然地做到安静、专心；另一方面，教师不愿意简单地制止学生“彩蝶纷飞”式的举动，认为那样做没有意义。她认为，需要一个真正让学生专注于语文课、愿意并乐于学习语文的办法——“心静自然凉”的游戏便由此而生。沈老师的“手法儿”令学生主动参与自主调控练习，并使学生状态向教师所期待的方向转化，从而较好地兼顾了教学规律要求（控制）和学生学习主动性（自由）。

我们的研究发现，教师一旦形成自己认可的“教学意象”，就会努力在自己的教学实践中不断调整，力图实现自己头脑中的理想图景。“手法儿”就是沈老师在实践情境与其教学意象发生冲突时，借助其专业素养、个人经验，在与社会文化以及情境对话中，不断尝试所找到的个人欣赏的、有效的方法策略，是教师个性化语言对实践性知识的一种表征。卢梭（Jean-Jacgues Rousseau）曾在《爱弥儿》中感慨，必须在教育成一个人还是教育成一个公民之间加以选择，因为我们不能同时教育成这两种人（卢梭，1978）。而事实上，教育实践情境中的教师必须要在二者之间找到他们认可的分寸。对每一位教师而言，这都是一个必须亲自探索的过程。“手法儿”这一策略反映出的正是沈老师应对这一两难困境所体现出的实践性知识，如表 5.2 所示。

表 5.2 沈老师的两难困境及其体现的实践性知识

两难困境	行动	实践性知识
体育课后学生精神状态涣散，没有做好上语文课的准备	静心游戏	好的“手法儿”应兼顾教学规律要求（控制）和学生学习主动性（自由），以营造乐学的教学氛围

三、教师实践性知识的社会文化意涵

“心静自然凉”的“手法儿”用游戏的形式包装了默坐静心的修心方法。中国传统的学习活动是以修养道德人格为核心任务的，它包括言行的修炼，也包括心性的修养。孟子要求学习要有“专心致志”的态度；荀子从另一个角度提出“虚壹而静”的原则，即不仅要专心，还要排除成见的干扰。魏晋后，在吸收了佛、道经验的基础上，儒家对“专心致志”做了进一步的建构和充实，形成了默坐这样的修养方法，来锻炼排除内心杂念和外界干扰的意志力。可以说，沈老师的“手法儿”就是借鉴了这个方法。

此外，与其他学科的教师相比较，语文教师所教的学科内容有很大一部分是对中国传统文化的传承与发展。因此，语文教师这一群体受中国传统文化的深刻影响也是非常自然之事。在本案例中，沈老师的“手法儿”体现出了融情于境、读书、乐学等典型的中国语文教育传统。

沈老师很重视教学氛围和意境的营造，这体现出语文传统对其产生的深刻影响。“意境”是中国传统美学的基本范畴，集中体现在传统文学和艺术中，是中国传统美学理想的重要标志。它与教学活动的相似之处在于，教学中形成的情境同样具有虚实相生、思与境偕的特点，实践者同样需要具备“澄怀味象”的虚静状态，其追求的同样是妙造自然的效果，从而让师生们感受到精神生命的本真状态，体悟生活的理想价值，找到能够令灵魂诗意栖居的家园。沈老师带学生做游戏的目的，就是为了建构语文学习应有的情境。所以，面对学生的浮躁状态，她没有用简单的手段制止，而是用做游戏这样一种学生喜欢的方式，帮助他们走出来。学生在其中尽情释放自己的想象力和创造力，并从中获得比现实生活丰富得多的体验，这与中国传统语文教学中重视氛围和意境的营造是相通的。

面对课前嘈杂混乱的情景，沈老师用游戏的方式建构了一个乐学的和谐氛围。“乐学”既是沈老师所认可的教育原则，也与中国传统文化相契合。按照孔子的观点，“乐学”是读书求学的最高境界，即“知之者不如好之者，好之者不如乐之者”（《论语·雍也》），这个境界可以使人达到“发愤忘食，乐以忘忧，不知老之将至”（《论语·述而》）的状态。“乐学”是指学习者在读书为学的实践活动中体味意义和妙处，从而超越现实的功利性。这样的积累，为实践者打造了精神家园，成为其生命实践的源头活水。这也可以说明，沈老师为什么不采用呵斥、制止的方式快速强制学生进入她想要的安静有序的课前准备状态，而要采用游戏的方式。这个“手法儿”的使用体现出沈老师对于“乐学”的认同。

第三节 “预”与“兴”的两难

预设教学目标是教师教学的首要环节，通常是指教师在备课时，基于自身教育理念、课程内容及学生身心发展基础而对课堂教学所要达到的情感、态度、认知、技能等方面设定的预期目标。预设教学目标有助于推动教师加深对课程内容、学生学习及教学的认识。但在教学过程中，教师常常发现，教学现场的复杂性和状况的突发性常常是备课时无法完全预设的。在教学实践中，教师时常需要在与情境的互动中调整原有预设，生成新的教学目标。

研究教学目标的预设与生成问题，对于研究对象有着较高的要求，要求他兼有一定的实践经验和较好的理论素养与反思能力。缺乏反思意识和能力的教师可能无法对自己这一教学环节有所反思，或者反思极为表浅。因此，我们以一位有过工作经历的博士研究生所做的一个自我研究为案例，剖析教师在应对这一两难困境而采取的教学行动中所体现的实践性知识及其形成过程。

一、提问教学的两难困境

肖梅是博士三年级研究生，系统学习了质性研究方法初级课与高级课。有一次，她得到了一个教授质性研究方法的机会——对来自某省的五十六位高职英语教师进行二十四课时的质性研究方法培训。从质性研究的学习者转变为教学者，肖梅深刻体会到质性研究“可以被学习，但是不能被教会”的特点。质性研究不是（或者说不仅仅是）一种理论的沉思，而是一种“实践”的活动（陈向明，2003）。

“提出研究问题”是质性研究中的首要环节。较为明确的研究问题有助于限定研究范围，探索研究的可能路径，便于研究相对聚焦和深入地展开。在质性研究中，研究问题会逐步聚焦，但这并不意味着研究者可以没有研究问题。如果那样，研究会漫无头绪、无的放矢，研究的有效性也无从判断。如果研究问题不恰当，则会让整个研究从一开始就陷入混乱之中。在学习和进行质性研究的过程中，肖梅对此深有体会。

肖梅依据个人以往的研究经历，认为在质性研究教学中，“提出研究问题”这一环节极其重要，而这一环节对学生而言，掌握起来很有难度。质性研究方法最好的教学形式是小班分组教学，结合课堂学习、课后阅读经典研究、小组讨论、实地操作等多种形式才能有效进行。但肖梅遇到的情况是：短期培训时间有限（二十四课时），要求每天上四节课，六天结束课程。这意味着，学员既没有实地练习的可能性，也没有阅读经典研究和拓展理论的时间，更没有小组讨论对话的机会。同时，肖梅的班级有五十六人，对质性研究方法课而言，这实在是个庞大的班级。肖梅认为质性研究方法课程中“提出研究问题”这一环节不适合采用纯讲授的教学方法。如果能够让大部分人的观点都得以表达和交流，那么课堂教学效果会更好。面对这种情况，肖梅会怎样进行这一环节的教学呢？

二、教学生成中的实践性知识

肖梅曾经做过一个有关教研员的研究。由于事先没有确定一个合适的研究问题，第一次进入现场收集资料时，她感觉摸不着门路，观察和访谈的时候"逮"着什么就是什么，结果因为头绪太多，收集的资料繁杂而缺乏针对性。后来，在支持小组的帮助下，她逐渐聚焦了研究问题：某学科教研员是如何指导一线教师开展公开课的？教研员这样指导背后的实践性知识是什么？这个实践性知识又是如何形成的？有了这类具体的问题之后，她的观察和访谈开始聚焦，研究也进展得很顺利。这一经历让肖梅更加确定提出一个恰切的研究问题对于质性研究的重要性。

肖梅原定的教学计划，是把"提出研究问题"的教学安排成两个课时，放在第五、第六次课。在教学开始之前，肖梅了解到学员对质性研究方法感到很陌生。根据自己的经验，肖梅认为这一环节的教学最重要，要想办法让学员了解什么样的问题适合采用质性研究方法来做研究，这样的研究问题又是如何逐步聚焦的，否则后续的教学就无法正常进行。于是在备课时，她准备采用典型个案教学——为学员示范，她自己是如何一步步从现象中提出适合采用质性研究方法来做研究的问题的，然后和学员一起讨论"提出研究问题"这一环节的教学目的、可行步骤。但基于现在的课时安排、学员规模、学员知识背景等实际情况，肖梅决定先直接给他们讲解"提出研究问题"这一环节对于质性研究的重要性以及"提出研究问题"的基本环节，以便节省时间。当然，肖梅同时也考虑到，学员都是高职院校的教师，接受、理解课程内容应该不成问题。基于这些判断，肖梅决定先讲授规律性的内容，再用例子辅助解释。

然而，在教学中，她发现，情况和她所预想的很不同。

讲完之后，我问大家是否清楚了“提出研究问题”这一环节的基本步骤，学员表现出一片茫然。于是，我采用了导师上课时常用的，大家很容易理解的“后进生”的例子，对应着要点，又过了一遍。大部分人仍是摇头。

学员的反应提醒了肖梅。她决定采用现场演示的方式，让大家边做边学，在做中体会如何提出一个适合质性研究方法的问题。第二节课，她改变了教学方式。她请学员尝试提出自己感兴趣的研究问题，之后，请学员到黑板上展示自己的问题。

一位教师走上讲台。她说自己找到了一个适合用质性研究方法来研究的问题：“高校英语教师是怎样帮助学生提高语法运用能力的?”她解释，选择该问题是因为她所教的公共英语班学生语法基础比较差，她很想改善此种状况，并想通过质性研究方法研究教学，使自己在研究和工作上都能有所收获。

该如何引导学员把这个问题变得更加可行呢？肖梅和学员展开了对话。

肖梅：高校有很多类型，您想研究哪一类学校？

学员：我们学校是高职院校，我就研究高职院校吧。

肖梅：英语课分为公共课和专业课，您这里的英语课指的是哪一类呢？

学员：是公共英语课。

在与学员的问答中，研究问题被初步聚焦为“高职院校英语教师如何在公共课教学中提高学生的语法能力?”。肖梅继续追问：“在大家的努力下，我们这个问题看起来是缩小了。如果让大家去收集资料，你们会收集哪些方面的资料呢?”有学员发现，这个问题虽然看起来很小，但是仍有不确定之处，依旧无从下手。比如，课堂教学的课型很多，语法也是渗透在各课型的教学中的。学员觉得选择如何提高学生写作中的语法能力比较便于研究，因为在收集资料的过程中，不但可以当场看见课堂上学生的练习，而且课后的资料也易于取得。肖梅继续问道：“我们怎么判断学生在基本句法结构方面的能力提高了?”教师们经过一阵议论，认为可以设计一些前测和后测问题，按一定的标准，比较水平变化的程度。

最终，研究问题被表述为“一位高职院校的公共英语课教师是如何在写作课教学中帮助学生掌握英语基本句法结构的?”。肖梅请学员比较现在这个问题和最初提出的问题有何不同。学员提出，现在的研究问题具体可行、易于操作。于是，肖梅将提出此研究问题的过程与她最开始所介绍的原则、目的和步骤进行对应，以此帮助学员进一步理解一个好的质性研究的问题是如何被“提出”的。

肖梅接着问学员：“是否需要再做一次这样的练习?”课堂气氛变得活跃起来，大家跃跃欲试。学员李老师自告奋勇，在黑板上写了一个题目：“某地区旅游文化景点翻译的研究”。李老师解释说，这是她们学院准备申请的一个课题，旨在对该地区文化景点解说词进行重新翻译，并对翻译文本进行新旧对比研究。肖梅和其他学员按照提出研究问题的标准、原则等进行分析，最后认为，这个问题采用文本分析法比较恰当，并不适合采用质性研究方法。此时，上课时间已经超出原定计划一个课时，肖梅开始思考：应该教下一环节“抽样”，还是继续讲解“提出研究问题”?

再上课时，肖梅询问了学员的意见，学员觉得需要继续练习一下，以便能够加深对已学内容的理解。于是肖梅调整了原先的上课计划，决定在已经超出原定计划一课时的情况下，再增加一次课。课上，肖梅组织大家六人一组进行分组讨论，要求每个人在组内讨论，逐步确定自己的研究问题，使之适合用质性研究方法进行研究。

小组讨论开始后，我准备到每个组都看一看。可是，刚到一个组，我就被那个组的学生“困”住了，和他们一起讨论问题。结果，我们只讨论了两个组的四位学员的问题。汇报的两位学员，有一位较好地掌握了这个环节，提出了一个适合进行质性研究的问题，另外一位还是不能很好把握这个环节。我告诉学员，不要对此太焦虑，研究问题的确定是一个长期的过程，在接下来的课程中，我们会不时回到对研究问题的讨论上。

后来，在抽样、设计观察提纲和设计访谈提纲的教学中，肖梅不断和学员一起讨论如何确定合适的研究问题。最终，根据学员上交的研究设计，肖梅发现大部分学员对研究问题的把握都比较到位。

三、即兴教学中的社会文化意涵

在整个教学过程中，肖梅依据教学情境不断与学生互动，在行动中反思。她调整了原有预设，逐步生成了关于教学的恰切目标、有效方式、课堂效果等方面的新认识，生成了新的实践性知识，如表 5.3 所示。

表 5.3 实践性知识的生成过程

环节	预设	行动-情境	生成
1	必须小班上课，在做中学，结合个案演示、小组讨论及课后阅读经典研究	大班额上课，课时有限，学员有较好的基础	为了让大多数人快速掌握，讲授教学法可能很有用

续表

环节	预设	行动-情境	生成
2	讲解可以节约时间，学员是高校教师，理解力强，也许效果不错	单纯讲解效果差，学员仍旧无从下手	讲解显然不适合此教学，可以辅之以一个案例加以说明
3	讲解后再呈现教师准备的案例，学员应该能知道提出研究问题的目的、原则和步骤	学员对这个案例缺乏反应，期待的效果没有实现	提供现成案例因和学员经验距离太远而无效。需要让学员介绍自己的研究，与他们一起生成适合质性研究的问题
4	与学员现场生成研究问题，可能效果会比较理想	根据学员关注的现象逐步聚焦、提炼问题，同时与之前讲述的原则进行对照	要学游泳必须“下水”
5	部分学员掌握了，部分学员依然困惑，需要让他们继续操练	让学员在小组中相互讨论，选择两位学员汇报	虽然自己做了很多努力和尝试，但学员的理解仍旧不能一步到位

通过表 5.3 可以看到，随着教学的推进，教师最初的预设不断受到挑战，教师在行动中不断反思，打破原有预设，调整自己的教学行动。对于提炼教学过程中的实践性知识，教师的反思起了很大作用。经过分析我们发现，此案例中体现出的教师实践性知识有四类。

第一类，关于教师自我的实践性知识。教师有“提出研究问题”的研究经历和体验，能够对学员的困惑有较好的理解——这好比篮球教练不一定是最好的球员，但一定曾在球场上摸爬滚打过，否则连投球的手感都不能示范给球员。案例中的教师曾有四年英语教学经历，硕士所学专业是英语课程与教学论，这些经历有利于加深她对同样具有英语教学背景的学员的理解，对他们在“提出研究问题”环节所遭遇的困境感同身受，可以共情。

第二类，关于教学方法的实践性知识。“提出研究问题”的原则和步骤等不能直接教给学员，需要学员在思考和操练的过程中不断对照给出的原则，形成个人化的理解和体悟，并最终转化为自己的行动。

第三类，关于教学情境的实践性知识。教师的理解和尊重可以促使学员大胆探索、勇于表达。当教学遇到困难时，教师可以适当示弱。比如在解释学员提出的关于翻译的问题时，肖梅明确表示，她对翻译的理解很表浅，这时班级里一位学员——翻译专业的副教授——给大家解释了翻译的文本研究，这就很好地创造了平等交流的机会和氛围，也使问题得到了更好的解答。

第四类，关于教学本质的实践性知识。教学行为隐含了教师对教学与学生的责任感。学生有了收获，会认为这是通过自身努力完成的，而非教师直接告知的结果，这样的教学才是“好”的教学。

在教学开始之前，肖梅有自己的实践性知识。这些知识来自以前的教学和观察学习，在此基础上，肖梅对教学过程做了很多预设。

比如，通过以前对课堂的观察，我认定用“原则+例子”的方式给学生示范如何提出研究问题是有效的。但当我遇到问题情境时，我发现预设的目标和方法需要调整，面对时间有限、班额超大的新情况时，我发现自己必须调整原来的设想。我在教学过程中不断探索有效的方式方法，和情境不断对话，对问题情境不断重新建构。通过反思，我在教学时尝试采用“给学员讲解原则+展示通用的例子+改进两个以上学员的研究问题”方式，发现这样的教学方法适合这些学生。

舍恩曾认为，在专业实践的不同地形中，有块干爽坚实的高地，实践者可在那里有效使用研究产生的理论与技术；不过，同时也存在着一片湿软的低地，那里的情境是令人困扰的“混乱”，在那里科技的解决之道是行不通的（Schön，1983）。在真实的教育实践情境中，教师常常需要根据情境来不断调整自己的预设，生成适宜恰切的教学目标，找到有效的教学方法。

肖梅的教学行动体现了“行动中反思”这一特点。她最初根据自己作为一名学生学习质性研究方法课的经验，将该课预设为小班教学，让学员在做中学，采用案例示范和小组讨论的方式。当她发现自己面对的情境是大班额、时间有限的情况时，肖梅调整了自己之前对该课程的预设，决定采用讲授的方法以应对时间有限的困难。但当她采用此方法上课后却发现，缺乏质性研究实践经历的学员很难理解她所讲的原则和步骤。于是，她拿出自己之前精心选择的关于“后进生”的案例讲给学员听，但发现讲解案例的方式仍然很难让学员有切身体会。这时，肖梅发现，让学员根据自己的生活经验提出自己认为有价值的研究问题是必要的，即使这样做可能要多花时间。最终，肖梅在预设与生成的两难困境中选择了她认为适切而有效的教学方法。

可以看出，在具体的实践情境中，教师的教学行动与反思相互交织、相互推动，并生发出更适切的行动，生成新的实践性知识。反思对于教师的有效行动起着特别重要的作用。作为专业工作者的教师在行动中借助“行动中反思”，不断提高实践品质，并在实践中推进其对实践中行动的认识。教师的行动是一种在反思指导下指向实践的行动，在行动过程中，教师的反思并非为了理论建构，而是以有效适切的行动为旨归。而有趣的是，恰恰是在对有效适切的行动的探究中，教师对于教学有了更加深入的认识。正如团体动力学之父勒温（Kurt Lewin）所言：“了解这个世界的最好的办法就是去改变它。”（阿吉里斯等，2012：前言 3）

本章小结

教师的教学行动呈现出了一些典型的共同特征。无论是郑老师寻找突破考试竞争与意义追寻两难困境的方法，或是沈老师在教学过程中把握自由与控制分寸的“手法儿”，还是肖梅在预设与生成之间的不断调整，这些案例都展现了教师个人主动性的发挥，他们在教学中带来了“独一无二”的东西——新的实践性知识。教师在这些情境中，始终面对着一种即时生成的教学情境，这些情境是原来书本上没有的，也是教育者本人之前从未遇到过的。因此，对于情境中的每一位教师来说，这些情境都是“新的”且“独一无二的”。独一无二的情境使教师无法从已有的案例库中直接提取资源来应对，这时候就特别需要教师发挥自己的能动性和创造性，对情境进行框定，对框定进行检验，借助反思，最终找到适切有效的突破困境的方法策略。而在此过程中，教师形成了新的实践性知识，如表 5.4 所示。

表 5.4　教师专业行动中的实践性知识及其社会文化意涵

两难困境	教师的行动	教师的实践性知识	社会文化意涵
应试与追梦	下农夫般的功夫，负爝火般的担当	需要在体制内博弈	有为、中庸、传道
自由与控制	通过做游戏的方式引导学生，创设适合上课的氛围	好的“手法儿”应兼顾教学规律要求（控制）和学生学习主动性（自由），以营造乐学的教学氛围	虚壹而静、静坐、乐学
预设与生成	不断根据具体的实践情境调整教学行动	适切的教学行动需要在与情境的不断对话中生成	变通

在第一个案例中，郑老师所面对的困境是应试与追梦的两难，教师的实践性知识是“在体制内博弈”，体现了“有为”与“中庸”等中国文化传统对郑老师产生的深远影响。郑老师积极有为，同时又能够在教育实践中注意拿捏尺度，持守中道，在体制内博弈，进而实现了自己“诗意的生活”的个人理想。第二个案例的困境是自由与控制的两难，教师的实践性知识是“教学行动应兼顾教学规律要求（控

制）和学生学习主动性（自由），在乐学的教学氛围中进行”，体现了中国传统文化对于“乐学”与“虚壹而静”的重视，使一个本来可能对教学不利的情境，自然而然地过渡到有利于教学的情境。在这“自然而然”当中，还体现了教师的爱心和智慧。第三个案例中的困境，来自教师行动的预设与生成的两难，教师的实践性知识是“教学行动需在与实践不断对话中生成适切的行动”，体现的是教师的“教学机智”和“变通”之道。

从这三个案例可以看出中国社会文化对教师的深刻影响。在郑老师那里，他不因严酷的教育现实而选择无所作为，而是从手边可为处入手，在体制内下功夫，有担当，积极有为地为学生成长营造难忘的审美体验。他与学生一起博览群书，用经典照亮自己和学生的精神世界。他将对于职业意义的探寻与对个人诗意生活的追求之间的行动合二为一，体现出“有为”与“中庸”等传统文化的影响。沈老师对于自由与控制的分寸的把握基于自身实践经历和传统语文教育的浸染，体现了一种注重熏染、以身体道的实践观。她把传统文化中对于“静”与“意境”的追求，以巧妙的方式融入教学前的引导中。而肖梅在教学中不断尝试，寻找适合情境的有效教学方式，其教学行动体现出中国教师典型的“中庸”的实践理性的思维逻辑和具体运作方式。

在中国传统哲学中，做人与做事无法分开。从哲学的层面看，做人、为人并不仅仅指日常生活中的待人接物，其更深层的含义在于成就人自身。所谓做人、为人，也就是通过“做”与“为”——广义的实践活动——使人成为真正的人。在本章中，我们可以清楚地看到教师在专业行动中应对两难困境（做事）与成就自身（为人）的统一。

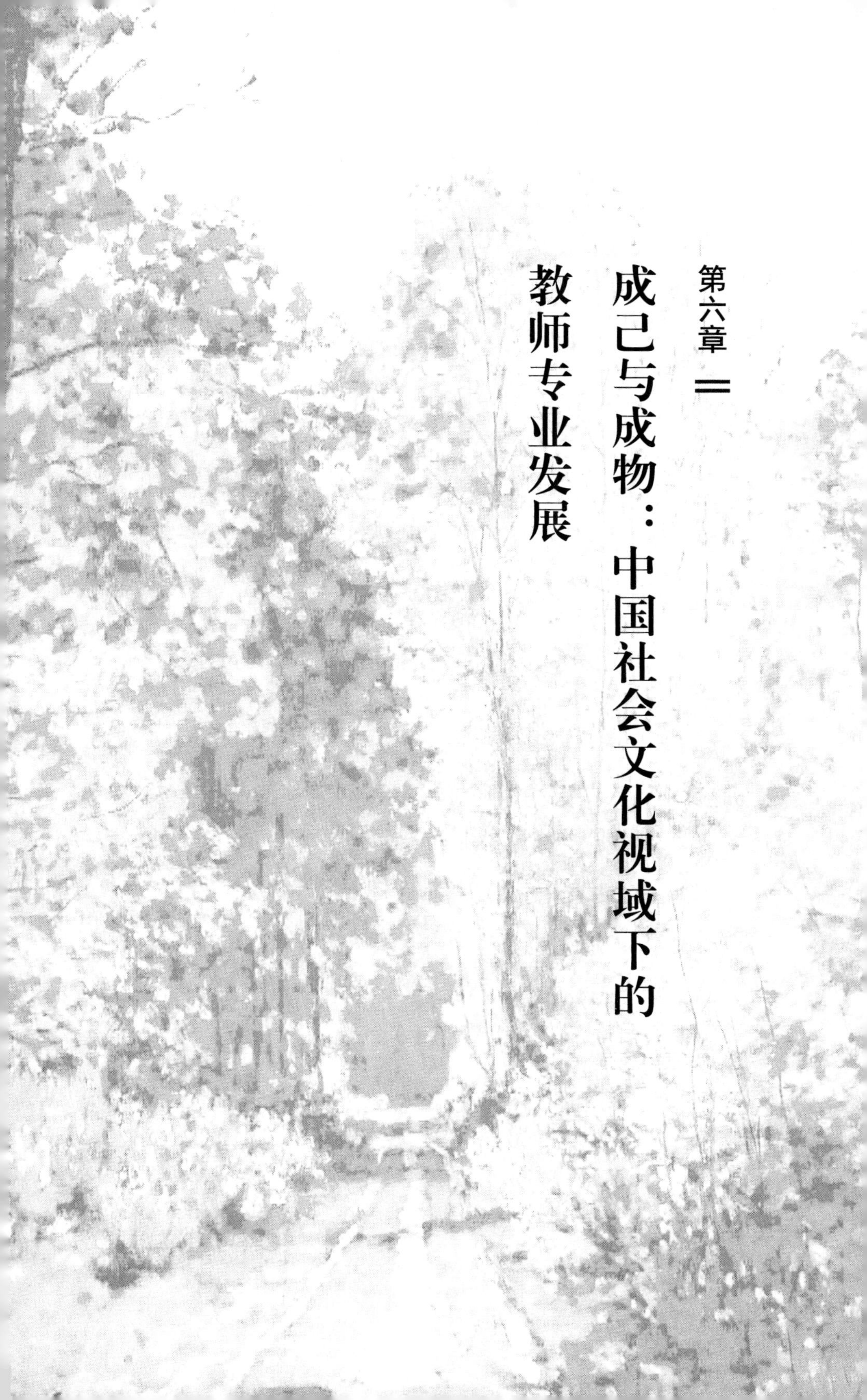

第六章 成己与成物：中国社会文化视域下的教师专业发展

教师的实践性知识是教师在对自己的教育教学经验进行反思和提炼后形成的，并通过行动做出来的对教育教学的认识，是教师专业发展的重要组成部分。从中国文化传统和社会场域的交接处提炼教师实践性知识之于教师专业发展的作用，具有本土适切性。为了研究教师实践性知识之于教师发展的重要意涵，本章依然从两难空间入手，探究教师如何在两难困境中不断反思、被激活、重构自己的实践性知识，以推动自己的专业发展。

我们在2006—2009年的研究中，提出了实践性知识在结构上具有的四个构成要素，即主体、问题情境、行动中反思和信念（陈向明等，2011：148），四个要素结合构成一个整体。在行动开始之前，教师已有的实践性知识是缄默的。当教师遇到问题情境时，便形成了意识上的冲突和困惑，于是实践性知识被激活，由隐变显。一旦教师发现自己的实践性知识在此时不好用，就会在行动中做出反思，对其进行调整和更新（陈向明 等，2011：150）。在本章中，我们摆脱了抽象的理论概括，进入中国社会文化背景下的真实案例，观察中国教师如何在两难困境中激活自己有关专业发展的实践性知识。更为重要的是，我们想探究他们如何运用这种实践性知识指导自己的专业发展。

本章所说的“教师发展”，主要指的是教师的专业发展或职业发展，其中包括能力的提升，也包括对工作环境的适应。本章包括三个案例，既有个体大学教师的案例，又有团体教师教育者的案例，分别涉及师范生初入职场时面临的教学与管理的冲突，大学教师面临的教学与科研的冲突，以及教育者面临教育他人的习惯和教育自我的需要的冲突。教师处理上述两难困境的过程，体现了当前社会发展的要求和文化传统的映射。

第一节 “教”与“育”的两难

师范生是教师队伍的后备军，师范生实践性知识的形成与发展对其未来教育教学工作至关重要。在整个师范生教育培养环节中，“教育实习”对师范生来说是其实践性知识发展与演变的关键时期。通过实习，师范生有机会体验真实的教师工作，在教育教学环境中对理论知识进行运用和反思，并逐步深化对教师职业的认同。在行动和反思之间形成的实践认识论，可以帮助师范生在实习期间获取实践性知识，缓解现实冲击（reality shock），并与理论性知识相得益彰。国内外有关师范生实践性知识的研究主要围绕“如何培养师范生的实践性知识”这一问题展开。例如，国内研究者主张重视理论性知识的意义，以理论涵养实践，或是通过实习期间的师徒制，以人际互动作为师范生实践性知识发展的重要途径。国外学者则主张通过多种中介工具（如视频录像、口语报告、日志等）促进师范生对教学实践的反思，进而帮助其习得实践性知识。然而，在探讨师范生实践性知识的具体发展策略之前，我们更应对师范生实践性知识的本体特征进行深入研究。换言之，我们有必要通过实征研究回答“师范生的实践性知识有何特点”这一前置性问题，以更好地提出有针对性的发展策略。

小蕾与小燕（化名）均为四年制师范教育、专攻小学教育（中文方向）的本科生。在师范大学的培养方案下，她们在大学四年级被分配到同一所小学的同一年级进行为期六周的教育实习。可以说，二人实习的外部环境因素基本相同。

一、教学与管理的两难

教师在授课过程中，同时承担着课堂教学和课堂管理的双重任务。与成熟教师相比，师范生的实践性知识没有形成认知上的结构化，不能很好地协调这两种任务，会遭遇普遍存在的两难困境——作为一节课的执教者，完成教学任务的同时如何兼顾班级管理，在进行班级管理的同时又如何保证教学任务达成。

小蕾和小燕虽被分配到不同班级实习，但都面临同一个问题，即在有限的课堂时间内难以完成规定的教学任务。我们对两位师范生的教学实习进行了参与式观察，做了详细的田野札记。有一次，小蕾在讲授新课时，发现几名学生在窃窃私语，不认真听讲。小蕾提醒了几名学生，但发现课堂教学时间所剩不多，教学任务最终没能完成。而下次课时，又出现了类似情况。这次小蕾先将教学内容完成，不去理会扰乱课堂的学生。可随之而来的问题是，因这几名学生的举动，班级其他学生的注意力大多不在课堂上。教学任务看似完成，但没有达到实质性效果。同样，小燕在实习期间也面临类似情况。

面对上述两难，两位师范生采用了不同的解决办法。

（一）强调对教材的分析、对内容的把握

小蕾对问题的分析始于重新观看自己的教学录像。通过反思，她发现即使不捣乱的学生也会不同程度地做小动作。原因在于自己讲授

的内容没有引起学生的兴趣，问题应主要归因于教师。正如小蕾在教学笔记中写道：

小部分人上课不听讲，另有原因；大部分人不听讲，则是教师的原因。

与此同时，小蕾在指导教师的建议下，发现自己对文本内容的呈现过于简单，导致学生在课堂上失去了探究的兴趣。据此，小蕾决定从教学内容和呈现策略两方面寻找解决途径。

在教学内容方面，首先，小蕾对教材进行了详细的文本解读，她发现自己在讲授课文《大自然的秘密》时没有紧紧地抓住本课的“主要矛盾”，忽视了基于文本所要培养的阅读技能。其次，在探讨教学方式时，指导教师希望她可以采用小组合作学习的方式，利用“学习单”进行教学。小蕾虽听过指导教师的示范课，但她并无多少亲身体验。鉴于之前采取传统教学方式引发的一系列问题，小蕾比较了传统教学和小组合作学习的优劣，决定尝试新的教学组织形式，寻求新的突破。

通过对教材的详细分析，小蕾确定了主要内容和次要内容，依据内容选择合适的教学方式。小蕾在接下来的教学中，引导学生在小组合作中形成观点，并就此展开辩论，从而引出课程主题。从第三次课堂录像看，学生的课堂参与度很高，小蕾没有过多管理班级秩序，她的教学任务也顺利完成。

在这个过程中，小蕾同时完成了两大课堂任务，分析教材，把握教学内容，以此在无形中解决了由课堂秩序混乱引起的管理问题，在有限的时间内化解了教学和管理上的冲突。换言之，小蕾将管理与教学的问题在特殊的情境下整合成一个问题，即通过对教材内容和教学组织形式的再设计，解决学生课堂参与度不高的问题。

（二）强调对学生的认识、对习惯的培养

面对教学与管理的困境，小燕也开始积极寻找解决策略。课后，小燕与日常表现优秀的学生进行交谈，由此了解到，名叫强强的学生经常在课堂上吸引周围同学的注意，从而引发混乱。小燕的指导教师讲到，强强是一名“随班就读生”，常不听教师的话，对教师和同学会有某些不礼貌的行为。据此，小燕将学生课堂起哄的部分原因归于强强的行为。

一次，指导教师在管理课间秩序时，批评了强强的不当行为。随后强强不屑地走出教室，而指导教师当众说：“他是一个没法管教的调皮孩子。”见此情形，小燕猜想强强这样做的原因，主要是想通过特殊的行为展现自身的独特性，引起教师的关注。通过一段时间的观察，小燕发现强强比其他学生表现出更高的理解力，在课上能够发现其他学生回答的缺漏，因此常常以“喊”和“争论”的方式反驳其他同学。有的教师将他这种行为定性为一种“捣乱”，并不肯定其优点。小燕认为，强强的行为实际上是在抵制指导教师的教导，不服从教师的管理。

通过对强强行为的观察和分析，小燕从四个方面制定了解决措施：一是在合适时机与强强进行谈话；二是在谈话中肯定强强的回答，表示教师非常欣赏他；三是指出他的缺点，让他了解到错误的回答方式会被人误解为在课堂上捣乱；四是与强强进行特别的约定，引导他承诺上课先举手再回答问题。

几天后，强强虽然还是偶尔不遵守规定，但经过小燕的多次提醒，基本能够管住自己。从小燕后期的教学录像中可以观察到，强强在课堂上举手的次数逐渐增加，课后还主动问小燕有关课程学习的问题。之前在强强周围跟着他捣乱的学生也开始逐渐改变，小燕也顺利地完成教学任务，在课堂秩序管理上并未花费太多的时间。

小燕通过对学生群体的了解，着重对“有影响力”的学生进行分析，了解学生课堂捣乱行为的原因，采取相应的解决措施，重视其习惯的培养，从而树立自身的威信。简言之，小燕在处理“教与不教”“管与不管”的两难时，聚焦影响教学实施的障碍性因素，通过改变学生的行为习惯，确保教学任务顺利完成。

二、师范生的实践性知识

在关于教学研究的文献中，“课堂教学”与“班级管理”构成了长久以来的两难。如果着重管理学生，很有可能影响教学计划的实施；若对课堂不加以管理，教学活动虽可以完成，但学生学习任务的实质效果难以充分体现。于是，课堂上“教与不教”和“管与不管”共同构成了师范生面临的两难空间。

值得庆幸的是，两位师范生都将实习中的挑战看作一个提升专业能力的契机，通过反思寻找适合自己的问题解决策略，促使其在教学和管理上有所突破。对教师实践性知识的内容结构进行剖析发现，教学取向的实践性知识侧重有关学科的知识，关注学科内容、课程知识、教学知识、教学化内容知识（pedagogical content knowledge）等。小蕾正是通过剪裁教学内容、优化教学活动，以内容吸引学生，化解了教学与管理的两难。相较而言，管理取向的实践性知识侧重有关学生的知识，主要指的是教师对学生的基本看法和认识，包括了解学生的学习能力、学习表现、学习动机、学习风格等方面的知识。小燕正是通过了解和理解“问题学生”的行为来“给学生一个理由”，通过处理与学生的关系来提高自身的教学效能。

在共同面对如何实现有效教学的问题时，两位师范生采取了不同的实践策略，其背后透露出她们不同取向的实践性知识，一个是“以内容吸引学生”，另一个是“以共情转化学生”。在两难空间中，师范生展露了自己的实践性知识，并形成了自己对理论性知识的反思。从这个角度看，我们不仅论证了职前教师具备相应的实践性知识，而且探讨了其多样化的知识取向。进一步讨论师范生实践性知识取向的形成原因，将有助于我们优化师范教育与实习实践的效果。

基于教学取向或管理取向的实践性知识，教师在两难空间中展现出了不同的解决路径。

（一）以教师为中心的解决路径

回顾小蕾解决问题的过程，她在访谈中说：

通过实习（我）发现，作为教师，在教学上必须下硬功夫、狠功夫，尤其是作为一名语文教师，必须在专业能力上体现应有的高水平，这也是我今后发展的方向。

小蕾以教学录像作为解决问题的出发点，观察学生表现，结合指导教师的分析，不断对问题进行归因。随后她回到教材文本中，结合学生阅读能力培养的层级制定了新的教学方式。这一过程围绕教师自身进行解释，对教师应该形成哪些专业能力展开分析。对小蕾而言，教学取向的实践性知识是其重点习得的方面。通过案例来看，她也不断地在情境中获取自己所需的知识，不断建构并强化自身对教师身份的理解。换言之，小蕾是在有意识地完善自身教学能力的不足，不断通过真实教学情境中的实践反思，构建出以教学为主导的实践性知识，形成以教师为中心的问题解决路径。

（二）以学生为中心的解决路径

小燕在面对同样问题时表现出和小蕾不一样的思考方式与行动策略。小燕在访谈中说：

教学是由两个主体——学生和教师构建的，教学中教师应该围绕学生开展行动。教学任务进行不下去，其中的部分原因是教师对学生学情不了解。课上出现失误，学生会认为教师没有水平，教导不了他们，一定程度降低了教师的“威信力”。回顾解决这件事的方法，就如一句古语所言：“擒贼先擒王。”虽然这个比喻用在学生的身上不太合适，但是可以形象地表达我的管理思想。

对小燕而言，了解学生被放在第一位。她在管理整个班级时，先从正式群体入手，进而解决非正式群体的行为问题，抓住“有影响力”的学生对其问题进行详细分析。在这个过程中，小燕通过观察、谈话等方式实现对学生的了解，在课上和课下对学生的习惯予以培养。实质上，小燕突破两难空间的方式始终围绕着班级管理，最终构建了以管理为主导的实践性知识，形成了以学生为中心的问题解决路径。

三、师范生实践性知识的社会文化意涵

古人有云：经师易求，人师难得。有关“教”与“育”的两难古已有之，现代教学将“育”聚焦在班级管理及其中对学生的行为规范上。在我们调研的案例中，小蕾和小燕初次面对真实的小学课堂时，选择了不同的教学决策，采取了不同的教学行动。我们在实习前对小蕾和小燕进行访谈发现，二人对实习的期待各有不同：小蕾希望通过实习初步提升教学能力，在教学方法的应用上体现出一定的灵活性；小燕则希望在实习阶段多习得教师应对人际关系的技巧，并进一步积累课堂管理层面的经验。基于个人专业学习的经验、个性特点和专业发展需求，小蕾主要以习得教学取向的实践性知识为目标；小燕主要以习得管理取向的实践性知识为目标。这两种典型的取向形成了师范生对教师专业工作认知的连续体：教学取向以提升教学能力为目的，

管理取向则以调节群己关系为目的，二者分别对应着狭义上的“教学”和“管理”的概念。

值得注意的是，此两种取向的实践性知识并不是二元对立的关系。师范生的反馈和实践行为表明，两位师范生在实习期间都习得了教学和管理两方面的经验。但通过两难空间的分析路径，我们发现师范生在知识的获得上各有侧重，因此相对地划分出“以教学为取向”和“以管理为取向”的不同实践性知识取向。面对两位师范生在同一两难空间中不同的实践性知识取向，我们对背后的原因进行如下解释。

第一，实践性知识的不同取向源于个体经验的先前建构。实习之初的目标定位构成师范生在实习过程中对知识形态的潜在指向，是形成实践性知识取向的重要影响因素。实质上，实习教师亦可以被理解为学习者，他们要不断地适应“做中学”和“学中做”之间的反复转化。师范生基于以往的经验积累、知识基础、认知风格，逐渐形成在实践场所中开展专业学习的目标规划，并以此为据，调整其实践性知识的内容侧重。在实习过程中，随着实践情境的动态变化，师范生的目标定位也会有所调整。当师范生发现在现实和预期设定的标准之间存在一定差距时，便会拉长实现目标的时间，并且会再次设立具有可操作性的短期目标。师范生在化解两难困境的过程中，经过活动的体验，最终会明确自我的知识形态取向。换言之，师范生在两难空间里进一步明确了自身所需要的实践性知识内容，以此满足自身的专业发展需求。

第二，实践性知识的不同取向源于个体对外部环境的内化。外部环境的影响对师范生的实践性知识取向构建有着多重作用。其一是学校的理念和现实的矛盾会促使师范生寻求一种新的平衡，在不断调节的过程中，师范生会习得相应的实践性知识。其二是师范生的“重要他人”会影响其实践性知识的构建，例如小蕾的指导教师建议其重构课堂组织形式，以小组合作学习的方式实现有效教学，由此引导小蕾将实践性知识的关注点放在自身教学能力的提升上。其三是社会文化观念也会影响师范生的实践性知识取向，例如小燕对专业“威信力”的认同，反映了中国传统文化中师生关系的典型形象。这些社会文化的元素潜在地影响着师范生实践性知识的发展方向。

对小蕾和小燕两位师范生的个案比较研究，呈现了她们在遇到两难困境时的思维方式与行动策略，并提炼出了她们实习期间的实践性知识的不同取向，即教学取向或管理取向。不同取向的实践性知识并无高下之分，它们对师范生的专业发展起着不同的作用，共同构成教师实践性知识的连续体（见图 6.1）。

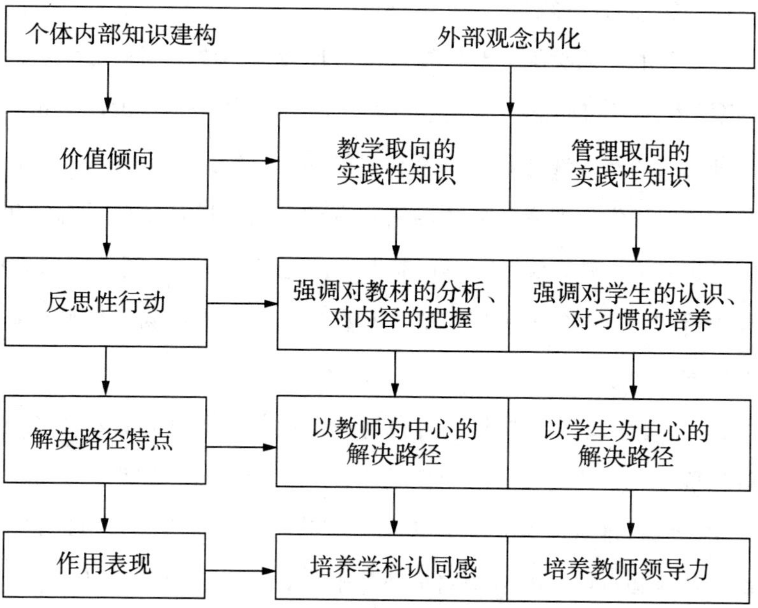

图 6.1　两种师范生实践性知识取向的比较

教学取向的实践性知识有利于培养师范生对学科的认同感。师范生在大学里接触到的理论知识，只是在抽象层面，因此他们对专业学科的认识只能停留在“是什么”的泛泛描述上。而通过实习，师范生可以在解决真实问题的情境中，深度理解学科知识的形态，将专业知识上升到"应该怎么做"的操作层面，使实践性知识与理论性知识相互照应，从而提高师范生对于学科的认同感。

管理取向的实践性知识有利于培养师范生的教师领导力。从一般意义上讲，领导力（leadership）是在集体状况中把握人际关系的能力。为了达成集体的目标而促成彼此合作的关系，领导力能帮助行动者充当集体的中枢，并不断对成员的行为和态度产生影响。具体而言，教师领导力是帮助每一名学生发展丰富的个性并实现自我的能力。小燕并未对强强进行日常的说教和单方面的教导，而是深入理解学生，从而培养其习惯。小燕通过对学生的理解，拥有了一种无形的领导力，并且这种领导力的影响是长久深刻的。

对两种取向的教师实践性知识进行比较，形成了两种抽象层次的"理想类型"，它们构成了师范生实践性知识的两种主要取向，也暗含着两种主要的实践性知识发展路径。然而，它们并非彼此对立，两者都是为了保证学生课堂学习的顺利和有效，只不过是结合了师范生自身的经历、个性特点和专业发展需求后，它们形成了不同的知识建构。正如小蕾和小燕在实习前所设立的目标，它们后来成为贯穿她们整个实习过程的线索。

因此，教师教育者应该对师范生原生性的实践性知识给予充分的理解和尊重。不论是教学取向还是管理取向的实践性知识，都是师范生在实习期间自主选择、自主维系、自主发展的实践性知识形态，都应得到关注和重视。因为它们是师范生对教师职业最初的认识，也是师范生未来专业发展道路上不可抹去的底色，这便是中国传统文化中所谓"成己"与"成物"的辩证统一。新手教师在成就课堂、成就学生学习的过程中成就了自己，这反映了实践性知识在教师的专业发展中离不开物质环境的中介，也是社会文化视角的理论立场所在。

第二节 “教”与“研”的两难

目前教师实践性知识研究的对象多为中小学教师，对大学教师的研究非常少。究其原因，可能有二。其一，大学教师的教学内容具有很强的专业性，研究者不一定理解，研究的难度比较大；其二，大学教师面对的学生的学习能力和独立性比较强，相对中小学学生而言，不需要教师运用很多的教学方法和策略来调动他们的学习积极性，也不需要很多的课堂管理技巧，因此比较难收集到大学教师课堂教学管理相关的资料。但是我们认为，从大学教师群体的一般特征来看，他们具有教学、科研和社会服务的多重职责，与中小学教师相比，他们面临的工作情境的两难会更为复杂，也更能在化解冲突时体现他们的实践性知识。

我们在2012—2013年对中国某大学在职教师群体进行了实证研究，研究的主要问题聚焦于大学教师工作中的两难空间，并探索其中所透露的大学教师的“实践理性”与中国社会文化之关联。本节主要关注的是一名大学教师在面临教学与科研的两难时所表现出的实践性知识，及其对大学教师个人职业发展的影响。

一、教学与科研的两难

李老师现为中国某大学的副教授，硕士毕业之后曾留校做了三年的行政工作，之后赴美留学六年并取得博士学位，最终回到该大学担任教职。李老师在国内生活了近三十年，又在国外留学多年，受东西方文化的双重浸染。对比之下，她更能体会到中国文化和中国社会的独特性，也更可能面临深层次的文化冲突，而她的很多教学行动也反映了中国文化对她的影响。

本节采用夹叙夹议的方式，一边呈现李老师所面临的两难困境，一边提炼她的实践性知识，同时对呼应中国社会文化的部分加以解释。我们以大学教师普遍面对的教学和科研工作之间存在的冲突为例，是因为对于大学教师而言，教学和科研之间的冲突已成为不争的事实（范守信，2004；解飞厚，2004），也是他们专业发展中的一个瓶颈，具有现实代表性。研究发现，李老师在处理大学工作中的教学与科研冲突时，主要采用的是“整合”和“中道”的方法。

二、教师的行动及其实践性知识

李老师作为该校的中青年教师，承担了不少教学、科研与社会服务的责任，她日常工作的情况能够在一定程度上反映中国大学教师的群体现状。李老师在回国第三年晋升为副教授，在教学方面，她每年秋冬学期都要开设两门专业课，还要培养自己的研究生；在科研方面，她不仅需要达到学校年度论文发表的要求，还参与和承担了不少科研课题；在社会服务方面，李老师指导了不少校外培训项目，去年还兼任了一个校级研究中心的副主任。在各种不同性质的工作中，李老师难免会面临冲突。那么，李老师是如何处理这些冲突的呢？我们重点挖掘了李老师的冲突处理策略，并尝试追溯了她的实践理性背后的社会文化因素。

（一）整合

李老师在处理自己工作情境中的冲突时，首先采取的是“整合”的方法，简单地说，就是将性质相同或类似的工作集中在一起处理。

李老师主讲的两门课都集中在秋冬学期，这样一来，春夏学期的时间就可以集中用来做科研了。在访谈中李老师透露，这样的课程安排是她自己选择的，正是因为大学具有相当的学术自由，大学教师才能够自主决定开课的内容和时间，这样也更能够反映教师自己的处事策略。

我们将这样一种实践理性称为“整合”。整合的思维方法反对将事物看作碎片化的单子，是与还原论思维方式相对立的。这种整合的实践理性，如果用李老师的本土概念来进行描述，那就是“合并同类项”。

访谈者：您在处理工作中的冲突事情（前面访谈提到的教学与科研在时间、精力分配方面的冲突）的时候有什么策略?

李老师：合并同类项。比如说，我上的一门专业课，授课的内容与我自己正在做的课题研究相关，学生的课堂讨论和作业会给我很多启发，我能感觉到我们同学的很多想法都很有灵感和创意。……再比如，我以前就想过把学生作业的案例分析汇总起来，出一本案例集，教学的成果也可以作为科研的成果。……（总之）教学和科研是一种帮助，你做得好的话，这不是一个累赘。关键是教师自己能否把这两点结合起来。

李老师这种整合的思维方法，不是简单的时间管理策略，而是化解工作中的冲突并达到自己理想状态的思路。就教学和科研的冲突而言，不少西方学者认为大学教师的教学与科研在工作时间上是相互冲突的（Barnett，2005；Boyer，1990），但是李老师能通过整合，尽量在两者之间寻求平衡。

有趣的是，李老师还将这种“整合论”的实践理性迁移到了家庭生活中。我们在对李老师的一门专业课进行课堂观察的时候，李老师和她的学生谈到自己与孩子的日常相处之道，她说：

带孩子特别忙的时候没有时间锻炼身体，我就会把和他（孩子）游戏的时间与自己锻炼身体的时间结合在一起，我自己又锻炼了身体，又陪他玩了。真是一举两得！

（二）中道

“中道”是李老师在访谈中反复提到的一个概念。如果从词源学上进行考究，“中道”（doctrine of the mean）最早其实是古希腊哲学家亚里士多德提出的概念，但是“中道”二字也是结合了中国语用习惯翻译而来的，不免带有中国哲学的色彩。我们认为，李老师提到的这一概念其实与中国传统的“中庸”有相通之处，这也成为李老师作为一名中国教师的行为特色。

依然是在谈到大学教师的教学与科研工作孰重孰轻时，李老师说：

如果从理论上来说，大家都知道应教学、科研、社会服务并重，（但）很难说排个顺序，至少教学、科研是并重的。……我觉得（教学和科研）应该是并重的。应该走一个“中道”，偏哪一边都不行。看怎么把教学和科研有机地融合在一起。

“中道”是寻求一种平衡，“中”就是不偏不倚，十个指头弹钢琴。中国传统文化中特别讲究“中”，这是一种“贵和尚中”的和谐观。中国传统文化历来强调以“中”“和”为度的万事万物的和谐，视“中”为“大本”、“和”为“达道”，即所谓“中也者，天下之大本也；和也者，天下之达道也。致中和，天地位焉，万物育焉”。联系到“中庸”，可以从广义和狭义两方面来理解。广义的中庸就像以它为名的那本经书一样，基本涵盖了儒家的所有价值和德行；狭义的中庸则专指人与人交往时的一种模态，与亚里士多德提出的“中道”甚为相近。在中国传统文化中，“中和”既是万事万物存在和发展的条件，又是人们处理各种关系应把握的“度”。正是由于这种观念的影响和引导，中华民族才能够在历史上始终保持统一、繁荣，而这种观念至今仍是中国人处理各种关系时的基础。

我们在研究过程中不定期地去李老师的办公室进行非参与式观察，从李老师平日的工作状态中，我们看到她始终希望把不同性质的工作兼顾好，尽量避免尖锐的对立。在一次参访中，李老师让我们参阅了她上半学年的工作总结。我们发现，她在各种不同性质的工作中都取得了不错的成绩。正如她在自己的总结报告中写道：

教学、科研、社会服务等方面的均衡发展是自己一直努力追求的目标。

从本土心理学的角度来看，李老师的“中道”和中国人普遍具有的民族性有很大关系。诚如钱穆（2016）曾经指出的那样，中国人的“和合性”多于“分别性”，倾向于爱好和好、和顺、和睦、安和，崇尚和平。作为一名中国大学教师，李老师展露出了其所植长的社会文化和社会心理根基。在第二次访谈中，李老师再次强调了她心中的“中道论”，并认为寻求“中道”是一位优秀大学教师的特质之一。

访谈者：在您心目中，一名好的大学教师应该具备什么特质？

李老师：这个得看在什么样的学校里。在教学型的大学里，做好教学就是好老师。像在这所研究型大学里，你不能只是教书匠。你要有创新的东西，这就来自你的科研。真的能做到教学、科研相长的话，这可能就是一名好老师。你单是一直是搞科研，但是没有在人才培养上面有所付出，这就肯定是走偏了。我觉得教学跟科研应该有一个“中道”。其实你真的做好的话，教学不是一个负担。

李老师认为自己比较注意平衡。但是如果深究下去，可以发现这种“中道论”的背后有道德的因素。我们认为，追求平衡虽然是一种实践理性，但是理性的背后是对职业道德和操守的坚持，这也是李老师对其作为一名教师所具有的职业认同。李老师在访谈中的一句话让我们甚为感动，她说：

面临（工作）冲突的时候，在最基本的教育教学的底线上，（我）是不能让步的。

当前大学教师“重科研轻教学”的不良风气，不仅暴露出制度设计的失衡，也在随时拷问着大学教师的职业良心。与其说李老师在寻求“中道”，不如说这是对职业道德的敬畏。

三、教师实践性知识的社会文化意涵

李老师在面对教学与科研之间的两难时，首先运用了整合的实践性知识。有关本土心理学的研究表明，中国人的冲突化解模式中典型的一类就是“整合型”（Filley，1975）。现实工作情境中，原本的任务多以单子式呈现，甚至被分解为元素或者成分，事物之间潜在的联系被忽略。整合的思想强调在情境之下的任务协调，既能顾及相对独立的各个组成部分，又不会忽略组成部分之间的相互联系。李老师实践理性中的“整合论”与中国人的整体性思维与“和合”的文化心理契合。《易经》中的三大原理——阴阳平衡原理、五行生克原理、天人合一原理，无不透露着“整合论”的影子，深深影响了我们思维和行事的方式。

在教学与科研孰轻孰重的问题上，李老师择其“中道”。“中”在中国文化中具有深刻的道德意涵。据考证，在中国早期文献中，“中”只指方位，无道德含义。至《易经》出现，有了崇尚“中”的记载，并有道德内涵的阐释。《尚书》以“中”表示合宜，可以贯穿九德。故云：“宽而栗，柔而立，愿而恭，乱而敬，扰而毅，直而温，简而廉，刚而塞，强而义。”孔子也提到，在文与质之间须取得适当平衡，两者恰到好处，才算得上是君子。孔子所说的中庸，是指过犹不及、恰到好处的状态或达到此种状态的行动取向。这是“中庸”最核心的意义。此后儒家传统对此虽有所演绎和发挥，但基本的论调不变。这种恰到好处的状态或说是一种合理的状态，就是一种实践理性的反映。李老师所提倡的“中道”并不是一种折中主义、平均主义、不彻底主义（冯友兰，1940），而是在恰到好处与过犹不及之间对自己的教师身份保持敬畏和珍视的态度，更是对教师职业和学生学习的负责。

第三节 『人』与『我』的两难

作为一名教育工作者，永远都不可避免“教育他人”与“教育自我”之间的两难。几千年之前，在苏格拉底与普罗塔哥拉的对话中，苏格拉底就告诫古希腊的智术师们，在教授他人知识技艺的同时，首先应该进行自我教育。可见，教育工作者应该致力于促进自我与他人的成长，并担负起促进社会建设之责。他们是人类生命历程中富有影响力的人，是具有学习取向和实验心态的社会促建者。

可是，令我们疑惑的是：一个以教育研究和实践为业的人，难道不应该在教育自我和教育他人方面高出一筹吗？理论上应当如此，但实践中可能并非这样。那么，在人际互动的行为世界里，教育工作者是如何开启教育和自我教育的？合作探究群体对促进专业行动者提升批判反思能力、生成新的实践性知识能起到什么作用？教育者如何通过自我教育帮助自身发展？本节以教育工作者组成的探究群体为案例，尝试对以上问题做出回应。

一、教育者面临的两难困境

2012 年 9 月，某大学教育学院五位教师教育方向的博士生、一位硕士生及一位访问学者在指导教师刘老师的建议下成立了一个读书会。读书会成员概况如表 6.1 所示。

表 6.1　读书会成员概况

姓名	青扬	江月	天睿	小琳	雅婷	乘峰	志伟
年龄（岁）	40	45	30	32	26	23	41
性别	女	女	男	女	女	男	男
教龄（年）	17	20	3	5	无	无	18
身份	博士生	访问学者	博士生	博士生	博士生	硕士生	博士生
背景	西部某高校教师,教育学专业	某市某区教育研修学院研修员	曾为某大学教育学教师	有 5 年中学一线教学经历	某大学硕博连读学生	本科专业为教育学	18 年中学教学经历

刘老师是该大学的教育学教授，长期从事教师专业发展和教师实践性知识研究。她认为，要研究专业行动者（特别是教师），研究者自己首先必须成为“反映的实践者”（reflective practitioner），否则无法在实践场景中捕捉和描绘那些转瞬即逝的实践智慧。她提倡新手们在一个支持性的研究团队里，在与他人（特别是有经验的师父和有能力的同学）共同探究的过程中，提升自己的批判反思能力和沟通技巧，进而质疑和澄清自己及他人的价值观和研究立场，逐渐提高自己的敏感性、反思能力、鉴赏力和判断力。

2012 年 9 月至 2013 年 1 月，七位成员共同研读了舍恩和阿吉里斯的部分著作，其中《反映的实践者：专业工作者如何在行动中思考》

（舍恩，2007）和《培养反映的实践者：专业领域中关于教与学的一项全新设计》（舍恩，2008）是集体必读书目。根据学期初拟定的读书计划，各成员提前阅读规定章节，导读者于每周日前将下周二的导读纲要发送给所有成员。团队读书活动在每周二上午进行，每次活动时间为两小时。在阅读以上两本书的过程中，多数成员拓展阅读了《实践理论：提高专业效能》（阿吉里斯 等，2008）和《行动科学：探究与介入的概念、方法与技能》（阿吉里斯 等，2012）。

读书会开始后不久，成员们就深感建立一个合作探究的学习型组织绝非易事。首先，大家对读书方法理解各异：有的成员希望基于文本，做条分缕析的、扎实的阅读，重视对作者原意的把握；有的成员则认为最重要的是把阅读与自己的工作联系起来，如果发现有些观点对自己的工作有启发，拿来用就好，至于这些观点是否是作者的原意则无关大碍。其次，团队成员在互动交流时，也感到困难重重。有的成员过于敏感，常将围绕文本内容的讨论理解为对自己的"个人攻击"；有的成员习惯了独霸发言时间，发言的内容又常常"跑题"；而其他成员则因为顾及"面子"，没有坦诚地相互交流彼此的看法。随着阅读活动的逐步推进，成员们的交流逐渐加深。

到 2013 年 1 月，读书会已经完成了理论阅读部分，成员们对于"行动中反映"的实践认识论、行动探究以及"介入"的概念和方法等都有了初步的了解。但成员们心头依然疑问重重：作为教育工作者的我们，如何发现那些已被内化、看似"正当"，但实际未加慎思的理念？步入复杂的社会实践场域，面对独特的困难情境，我们有可能成为通过"行动中反映"生成实践性知识的"反映的实践者"吗？身陷多元价值观与复杂人际关系的包围之中，我们是否还能在实践中建立一个安全的、能够进行探究学习的实践共同体？这时，刘老师建议大家在做中学，通过一个真实的案例分析，深化大家对以上问题的思考和体悟。

案例活动分两次进行。第一次活动，所有成员写下自己生活和工作中的一个真实困惑，然后由一位成员自愿分享自己的案例。其他成员阅读该成员提供的案例文本后，采用“对话式探究”（dialogic inquiry）的方式，尽可能还原事件原貌，分享自己的感受，并尝试为当事人提出对策和建议。与此同时，小组对本次活动录音，逐字逐句将录音文件整理成文字资料，以用于第二次活动。第一次活动结束后，成员写出自己的思考，以便第二次活动交流时能够提供比较深入的个人观点。第二次活动，刘老师介入，与成员一起对上一次活动中大家的“反映”进行“反映回观”。

在建立了学习共同体和相应的规则之后，成员青扬提出，她有一个困扰已久的两难，希望作为“靶子”供大家“批判”。青扬是一名来自西部某高校教育学院的女教师，教龄 17 年，目前是某大学教育学院的在读博士生。她提供的案例如下。

小学四年级时，青扬被选入学校的长跑特长班，每天进行两小时运动训练，训练一直持续到初三。很自然地，青扬养成了体育锻炼的习惯。大学毕业后，她进入当地一所高校成为一名教师。不久，在晨练时，青扬结识了后来的丈夫，他同样在该校工作，酷爱羽毛球运动，曾获得过省级羽毛球比赛冠军。青扬的儿子今年 13 岁，上初中二年级。从孩子 6 岁开始，青扬和丈夫就希望儿子能够养成体育锻炼的习惯。为此，青扬曾经给孩子报过跆拳道班、乒乓球班、游泳班，也曾希望孩子能跟着有体育锻炼习惯的丈夫定期去打羽毛球进而喜欢上体育运动，养成规律的体育锻炼习惯。但 7 年过去了，孩子似乎依然没有体育锻炼的意识和习惯。青扬感到困惑、沮丧，她问：“为什么我们用心给孩子创造条件，可孩子至今意识不到运动的重要性，更谈不上养成运动的习惯？让孩子养成体育锻炼的习惯，为什么这么难?”

一开始，青扬向刘老师及成员们诉说了自己的困惑。应刘老师和成员们的要求，青扬重现了一段经常发生在她和孩子之间的对话场景。

青扬：儿子，你现在要注意保持体形了啊，再胖可就不好看了。女孩子喜欢的可都是身材健美的男生哦。(考虑到青春期的男孩会比较注意自己在异性心目中的形象，她这样说。）文明精神、野蛮体魄，很重要。一个完美的男性应该剑胆琴心、侠骨柔情、文武兼备啊。

孩子：妈，我身材挺好的，（举起两个胳膊）你看，你儿子我，多帅啊。现在社会要靠头脑，四肢发达、头脑简单有什么用？

青扬：四肢发达就一定会头脑简单吗？我身边就有很多四肢发达，又很有智慧的人啊。

青扬叙述了她（和丈夫）为孩子描绘的成长愿景：一个文武兼备，精神文明、体魄野蛮，剑胆琴心的男性，但是孩子却没有按照父母为他规划的愿景采取行动。青扬将自己的困惑呈现在成员们面前，成员们会如何帮助她走出困境呢？面对这一独特而具体的问题，成员们和刘老师一步一步探询，力图还原事件的原貌。在这个过程中，他们尝试运用自己的实践经验和理论积累，经由与现场活动情境的即兴互动，力图较为准确地对青扬提出的问题进行厘清、框定（frame）与再框定（reframe）。

二、两难困境中的思考与行动

“为什么自己和丈夫这么久的努力都没有让孩子养成体育锻炼的习惯？”——青扬不止一次想过这个问题。让孩子养成体育锻炼的习惯这个想法本身是无可指摘的，自己也坚持启发、引导孩子长达 7 年之久，却收效甚微。青扬最初在框定问题时，认为问题出在孩子身上——独生子女，怕吃苦，韧劲不足。成员们和刘老师会如何探询这一问题呢？

他们的探询与框定能帮助青扬走出迷思吗？作为一名教育者，她是否能够在团队的帮助下进行自我教育呢？

（一）成员的探询与框定

根据青扬所呈现的文本资料，成员进行了现场追问。

江月：能对你这里说的“一个完美的男性应该剑胆琴心、侠骨柔情、文武兼备啊”等再详细说明一下吗？

青扬：应该是跟我的阅读有关吧。我曾经很喜欢看金庸、梁羽生等人写的武侠小说，现在家里还有《笑傲江湖》《射雕英雄传》等多部武侠小说。国外的小说家当中，我很喜欢罗曼·罗兰的书，尤其是《约翰·克里斯朵夫》给我留下了特别深的印象，还有杰克·伦敦等人的作品。我认为比较理想的男性形象是文武兼备的，既有非常好的体魄，同时也有发达的头脑，这确实是我心目中理想的男性形象。

成员的追问，让青扬意识到，对儿子的期望——成为一个“完美的男性”——似乎折射出她心灵深处的某种期待。其中虽然有要求孩子成为她自己心目中理想男性的愿望，但更多地包含了青扬自己对孩子成为一个“完美的孩子”的期待。青扬说，她在回答大家提问的过程中，突然意识到这个可能性的存在。当时她既感到意外，同时也有些窘迫。难道自己如此坚持“要孩子养成体育锻炼的习惯”的念头竟然不全都是为了孩子？其中也包含着自己潜意识中的某种寄托？青扬清晰地记得那些如痴如醉看武侠小说的美好时光，那样的日子今天想起来依然闪闪发光。青扬好像又看到了那个坐在大树下，陶醉在《射雕英雄传》中的自己。或许也就是从那时起，青扬就坚定地认定自己喜欢爱运动、体魄强健的男性，她认为这样的男性大气、开朗、富有魅力。事实上，她与丈夫就相识在羽毛球场上。自己这么多年如此

“苛求”儿子，反复“较劲”，或许就是对自己少女时形成的理想男性形象的一种投射。

江月：你的儿子认可你的这个观点吗？

青扬：我不知道，但是我希望他认可。因为做父母的，到了我们这个年纪，会很希望把自己由人生经验得来的“好”东西和孩子分享。我觉得这是父母的责任吧，也许对自己来说也是一种需要。

刘老师这时注意到青扬的话语中一个十分有趣的点，于是追问。

刘老师：“需要”？你所说的“也许对自己来说也是一种需要”指的是什么？

青扬：嗯，在和大家交流的时候，我突然想起初中的时候，我曾有强烈的以后一定要做个“好妈妈”的念头。当时，我妈妈处于更年期，我正好在青春期，和母亲相处得不融洽。那时我就在心里默默对自己说：“我以后长大了，一定不要这样，我要做一个能给家庭和孩子带来幸福的、理性的好妈妈。”

起初，青扬将自己如此执着要孩子养成体育锻炼习惯的动机归结为“父母的责任”，并认为孩子无法养成这个习惯是孩子自己的原因。然而，随着小组对话探究的深入，青扬想起了自己在青春期形成的“要做一个理性的好妈妈”的执着念头。她认为，一个“好妈妈”就是应该尽己所能，给孩子施加好的影响。坚持不懈地要孩子养成体育锻炼的习惯的做法，让青扬弥补了自己成长期间缺少有益的、来自家庭的指导的遗憾，同时完成了自己想成为一个“好妈妈”的执念。

天睿：你是否问过孩子，为什么不喜欢运动？

青扬：我问过。他会说他也运动啊，学校要上体育课，老师也会安排课间跑步。

天睿：听到他这个回答时，你的反应是什么？

青扬：我觉得他在应付我，他回避了话题。我认为他在学校的运动不够，没有达到他这个年龄需要达到的运动量。但在和你说话的时候，就是现在，我突然想到，我所认为的合适的运动量标准从何而来？我立刻想到，这好像是在和我小时候运动强度的比较中得出的。拿我在体训队锻炼的标准要求他是合适的吗？在和你对话的过程中，我突然想到了这些。

可以看出，青扬的自身经历（体育锻炼、阅读、青春期与母亲关系不畅的苦恼）对她独特的个人实践性知识的形成产生了很大影响。过往的个人经历让她坚信，“完美的男性”应当是文明精神与野蛮体魄的结合、所谓“剑胆琴心”的人。她认为，在孩子的成长过程中，养成体育锻炼的习惯是促使孩子成为“完美的男性”的必要条件。对此，作为“好妈妈”的自己责无旁贷，务必要让孩子养成这个习惯。至此，小组内部的交流已经激发了她对自我心智模式的觉知，她开始尝试将自己内心的想法摊在桌面上，将其作为反思的对象，怀疑之前自己一些未曾言明但深信不疑的信念。

在框定问题的时候，成员并不确定框定新的问题的方式究竟能否解决青扬的“问题”。但显然他们对问题的框定，取自他们所信任的一种探究方法，即在与探究情境互动时，他们进行着舍恩所说的“探索性实验”（exploratory experiment）、“移动-探测实验”（move-testing experiment）和“假设检验”（hypothesis testing）①。

例如，当江月问“孩子是不是因为跟你们一起运动时总是被纠错，所以不爱跟你们去?”时，她在进行舍恩所说的“假设检验”。根据自

---

① 舍恩在回应“行动中反映在何种意义上是严谨的实验”这一问题时，提出了在实践情境中存在的三类实验：探索性实验、移动-探测实验及假设检验（舍恩，2008：65-66）。

己的经验和理论积累，江月认为自己也许找到了青扬问题的关键点。她认为青扬夫妇在和孩子一起运动时，可能氛围很压抑，让孩子感觉紧张局促，所以导致孩子不喜欢运动。如果青扬能意识到这一点，并在以后改变这样的做法，问题也许就会得到解决。但她不确定自己的假设是否成立，于是她向青扬抛出了这个问题，看青扬对这个假设有何反应。

青扬的回应似乎验证了江月的假设。

我觉得你提了一个特别关键的问题，我在想，可能因为孩子在跟我们一起活动时，找不到和同伴一起时无拘无束的快乐。我们跟他在一起时总要教他，比如说握拍的姿势、步法之类，也许他会觉得不自在、没意思。

成员努力将自己过去的经验运用于青扬独特的情境中，借助已有资料库（repertoire）中所储存的实践性知识（日常生活中一个更通俗的说法是"经验"）来相似地看着（seeing-as），对青扬的困境进行命名和框定，形成理解，同时相似地做着（doing-as），对情境进行反映。例如，当雅婷询问青扬"你认为你和孩子之间是平等的吗?"时，雅婷认为这个案例的症结正在于此。在高级知识分子家庭长大的雅婷，从小学到博士阶段，父母在她生活道路的选择上一直起着重要的"指导"作用。雅婷一直觉得来自父母的"指导"给她一种"不平等"的"压迫感"。在思考青扬所面临的困境时，雅婷根据自己以往和父母相处的经验，"相似地看着"青扬的困境，认为问题或许源于"父母没有和孩子平等相处，没有尊重孩子的意愿"。

对雅婷的提问，青扬回答道：

我原来觉得（相处）应该是平等的，但现在我想，不太可能实现真正的平等。如果把父母和孩子的关系撇去，就是一个成年人和一个幼小的孩子。我觉得在面对这个世界的时候，这个年长者应该尽自己最大的努力去把自己认为有益的经验和孩子分享。这个观念是没有问题的，比如说养成体育锻炼的习惯，我个人觉得这个观点没有问题，问题是我没有找到他易于接受的方式和方法。

这个回答让雅婷感到有些意外，她没有说话，脸上充满着迷惑不解。经由青扬的案例，雅婷开始重新思考自己与父母的关系。此时，志伟也结合自己的成长经历，尝试着对青扬的困境做“相似地看着”的探索。

对孩子有期待这个观念是对的，现在关键是要激发他的内在动机。比如，我从来没有想过有一天我会来大学读书。从小，我妈就和我说，你得努力，好好学习，知识可以改变命运。这是个大框架，努力学习的动机是我自己激发的。我上中学的时候是很调皮的，根本不爱学习，我妈就天天逼迫我，让我学习，我就不学。她陪着我，我就假装学习，等她睡了，我就翻墙出去玩，晚上十二点才回家。

这里，志伟拿他自己小时候与母亲互动的经验来思考并“相似地看着”青扬的困境，将其命名、框定为“母亲的教育方式”问题。进而，志伟建议青扬不要激起孩子的逆反心理。青扬该如何解决自己的困扰呢？志伟认为，青扬可以像曾经自己的母亲一样，“相似地做着”——激发孩子的内在动机。

其他成员也纷纷采用类似的方法，力图为青扬解围。第一次活动结束时，青扬与成员的一段对话清晰地表明了这一点。

青扬：我还是没有意识到问题出在了哪里，我希望听到大家的反馈。

志伟：我认为，对孩子有期待这个观念是对的，但是要激发他的内在动机。

江月：建议你跟儿子换个角色。假如你是儿子、他是妈妈，你会怎么办？我上次和女儿换角色，把一个月的生活费都给了女儿，让她管一个月的家。女儿管了一个月，说我再不当妈妈管家了，妈妈太难当了。

至此，虽然成员们的探询使青扬意识到了自己之前从未意识到的一些既有理念，并回忆起产生这些理念的个人成长经历，大家也努力借助自己的经验帮助青扬解析问题，但青扬依然觉得这些建议与自己的问题之间有一层隔膜，似乎还是没有点中要害。那么“问题”究竟出在哪里呢？

（二）教师的回应

第二次活动时，青扬和刘老师进行了这样的对话。

青扬：为什么孩子至今意识不到运动的重要性？要孩子养成体育锻炼的习惯为什么这么难？

刘老师：也许可以进一步追问，我为什么对孩子有这个期望？这个期望背后还有什么更深层次的期待？这个期待反映了我对人生的什么想法和情感感受？我的这些想法和感受是如何产生和发展的？这与自己的什么经历有关？

刘老师通过提出上述一连串问题，询问青扬所提问题背后深层次的信念和价值观。通过这些提问，她希望青扬能从对问题表面现象的陈述深入意识和观念层面，从她重构问题的方式推论出自己原来看待问题的方式存在盲点。然而，此时的青扬显然还没有意识到这一点。

青扬：为了让孩子养成体育锻炼的习惯，我应该怎么做？

刘老师：也许现在还不是调整行为的时候。你认同孩子是一个独立的个体吗？你对孩子的这些期待对你自己的生命意味着什么？

刘老师更加明确的提问终于让青扬意识到，如果她不对问题背后的深层价值观进行反思，就无法理解自己与儿子的僵持状态。刘老师的问题促使青扬在一个更大的脉络中思考自己的困惑，并寻找可理解的解释。此时，青扬开启了自我反思。

父母作为在人生阅历、社会经验方面体验在先的人，是否就因此获得了对孩子施加影响的合法性？这种影响的限度在哪里？人们是否有权把自己认为“对”的想法强加给他人（包括孩子）？我凭什么给孩子一个合适的运动量标准？

刘老师把对话当成推进青扬自我反思的工具，试着让青扬认识到，她是如何陷入这个自我建造的困境之中的。刘老师参照舍恩和阿吉里斯所提出的“单路径学习”和“双路径学习”① 的概念，认为青扬所面临的困境不是那类通过调整方式方法就可以解决的问题，因此“单路径学习”不适合青扬。要想解决这类复杂的结构性问题，青扬需要反思自己的价值观，做出实质性的调整。换言之，青扬需要的是“双路径学习”。刘老师将这对概念引入青扬的困境中，并通过不断追问的方式引发青扬的深层反思。这个探究的基本过程如图 6.2 所示。

如图 6.2 所示，青扬在家庭教育中遇到了问题，她借助自己已有的实践性知识，对问题情境进行了框定。她认为，作为母亲，自己有责任让孩子养成体育锻炼的习惯。如果自己“一心为了孩子”，持之以恒地创造条件，督促、引导孩子，最终应该是能让孩子养成锻炼习

① 阿吉里斯和舍恩认为，在“单路径学习”中，人们维持着现存的主导变量，即使行为世界中的后果显示出冲突，人们也只寻求行动策略的改变来维持价值域的恒定性。在“双路径学习”中，人们学习改变恒定性领域本身，即改变主导变量，也就是在相互竞争的多套标准（如价值观或理论范式）之间做选择。（李莉春，2010）

惯的。但青扬的框定在实践中却屡屡碰壁，陷入困境。这意味着之前的问题框定有误。这时，在小组学习的组织氛围中，刘老师及成员与青扬进行了共同探究。与他们的对话促使青扬开始反思自己行为的深层动机，重新审视自己的价值理念。最终青扬与其他参与者就问题情境达成了意义共识，并生成了新的实践性知识。她逐渐明白，自己之所以对这个问题紧抓不放，其中有对孩子健康成长的责任意识，也有自己深层的个人情感与信念寄托。

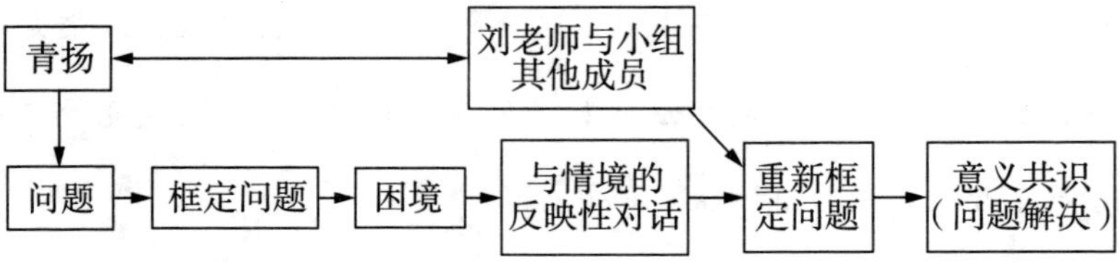

图 6.2　青扬通过“行动中反映”生成“实践性知识”

本案例中，七位成员中有五位有着丰富的教学经验。基于之前与学生打交道的经历，这五位教师一致自评是“有影响力”“善于沟通”“好学”的教师。耐人寻味的是，这些既不缺乏系统教育理论知识，也不缺少实践经验的教育工作者之间的交流并不顺畅，为什么会如此呢？成员们陷入了沉思。

（三）成员间的相互激发

当成员们力图结合自己的已有经验来帮助青扬摆脱困境、提出解决办法时，青扬却感到这些建议对自己帮助甚微。“那些没有孩子的成员们，怎能体会为人父母的责任？他们的建议多是纸上谈兵罢了。孩子间的个性差异很大，有孩子的几位成员所提出的建议也许适合他们自己的孩子，但怎能简单推论说这些方法对我的孩子就有用呢？难道有谁会比我更了解自己的孩子？”——青扬独自思忖着。

考虑到“大家都是出于一片好心在帮我，何必把别人置于那么尴尬的境地”，青扬当时并没有把这些想法说出来。就像她听到自己的孩子说“在学校里也会运动”，而她并不相信孩子，却一声不吭的做法一样。虽然青扬努力想让自己看起来理性、客观、心平气和，但江月的一个问题还是让她的情绪起了波澜。

江月：你认同孩子是一个独立的个体吗？如果认同，你对他的期待和要求是否考虑了他的需求？如果他没有这种需求，你期望的目标不是落空了吗？

青扬：（开始激动）你说到这，我想反问个问题。他倒是很有上网的要求，（其他人笑）那是不是应该尊重他，让他想上多少时间就上多少时间？！

江月：引导啊，合理的就……，不合理的就……。

青扬：那为什么上网这件事情不好呢？你凭什么认为上网就不好呢？

江月：不，我没有说上网这件事不好。

究竟是在何时，又是什么引起了青扬的愤怒？课后，青扬解释了她在与江月对话时情绪失控的原因。她说，孩子喜欢上网打游戏，而她自己现在外出学习，无法监督孩子，心里一直很担忧。在这段对话中，之前的经验对她产生了影响。当她听到江月“正义凛然”的提问时，她觉得江月并不清楚自己为了教育孩子所付出的艰辛努力。她觉得江月语气轻飘，充满指责的意味，自己突然生出了不被理解的愤怒。她几乎不假思索地就把自己内心对于上网这件事的看法投射到对话中，而当她和其他成员发现这一结果时，大家都觉得非常意外。

那么，江月的提问是否有什么不妥之处？从以上对话可以看出，江月的提问层层递进，像是一套组合拳，她采用了阿吉里斯等说的“溜入”（easing in）策略。她没有公开说出自己对青扬的批评，而是以提问的方式展示，她似乎认为青扬会在她提问的过程中明白她真正想说但未明说的意思。有趣的是，江月连珠炮式的提问不但没有达到自己的目的，反而激发了青扬的防御性行为。两人在互动中都采用了阿吉里斯和舍恩所说的“第一型使用理论”，即隐瞒自己的真实感受，努力克制自己的情绪，力图说服对方，进行“非赢即输”的角力。①青扬掉入了自己的陷阱——习惯性防御（defensive routine）。她觉得自己多年的努力不被成员认可，从而感到很委屈，而她似乎又不便直接表达自己的沮丧和恼怒。由于被这些负面情绪所缠绕，她无法审视自己的心智模式。

这时，小琳的一个问题在成员间引起了热议。

小琳：我想问，你有没有想过，为什么会变成这个样子？就是说我（你）是学教育的。

（众笑）

青扬：（笑）没有关系，继续问。

小琳：我（你）自问我（你）是学教育的，我（你）怎么会这样？我（你）让我（你）的孩子处于一个，这样一个很小的位置，我（你）为什么会变成这样呢？我觉得应该换位想一想你儿子的感受和想法。

乘峰：你理解的“教育”是什么样子的？

小琳：比如说要尊重主体，师生平等，等等。

（这时现场气氛热烈，至少有五六人同时在说话。）

---

① 阿吉里斯和舍恩将抑制“双路径学习”的使用理论称为“第一型使用理论”。这一理论的主要行为策略是单方面控制他人，有四个主导变量：（1）界定目标以及试着达成；（2）赢，不要输；（3）压抑负面感觉；（4）强调理性。第一型使用理论的结果包括防御性、选择不自由以及自我欺骗。有利于“双路径学习”的使用理论被称为“第二型使用理论”。其主导变量包括：（1）提供有效信息；（2）自由及信息充分的选择；（3）对自己的选择有内在的承诺。第二型使用理论的结果包括低防御性的人际与团体关系、高度自由的选择与高风险性。（阿吉里斯 等，2012：65-72）

小琳在提问时，也采取了一个策略——“留面子”。她用“我”替代了“你”，以避免这个问题对青扬产生过重的情感刺激。她希望自己既能把问题提出来，同时又可以适当保护青扬的面子。而这种单方面隐蔽地“保护”对方的做法，并不能有效地发挥帮助对方的作用，反而有可能引起对方更强的防御。虽然小琳使用的人称代词是“我”，但青扬是能够听出其中批评“你”的弦外之音。更为重要的是，也许小琳的主观意图是为青扬“好”，避免她当众下不来台，但是小琳这么做的很大一部分原因是她自己无法面对冲突，没有能力接受自己让对方“丢面子”的做法。因此，从更深层次的动机来看，小琳为青扬“留面子”的策略其实更多地是为自己“留面子”。

小琳的“留面子”策略、青扬隐瞒自己情绪的做法，以及江月的“溜入”策略均带有典型的“第一型使用理论”的色彩。事实上，成员在探究过程中，不断地在感受此类行为策略所造成的有碍彼此顺畅交流的无形壁垒，因此也在感慨建立一个“第二型使用理论”指导下的学习型组织绝非易事。

虽然小琳提出的问题让青扬心里感觉很不爽，但这像是按下了一个灵敏的按键，激起了成员们的热烈讨论。也许大家早就有此困惑，拥有系统的教育理论和丰富的实践经验，是否就能成为一名好的教育工作者？青扬本科、硕士阶段读的都是教育学，现在是教育学的博士生，且有着 17 年的教龄，看似既不缺理论，也不缺实践，可为什么依然会陷入教育的困惑？青扬的问题究竟症结何在？看起来，青扬的问题似乎仍旧没有得到解决，而成员们也陷入了困惑。那么，刘老师会从何入手来帮助青扬和同伴呢？

（四）教师作为介入者

作为一名行动科学的倡导者，刘老师在讨论新手如何提高研究能力时认为，在一个支持性的研究团队里，新手们在与别人（特别是有经验的师父和有能力的同学）交流中，能够逐渐提高自己的鉴赏力，了解并完善自己的研究风格。在这样一个“虚拟”世界里，新手们能够相对放心地练习自己的批判反思能力和沟通技巧，进而质疑和澄清自己以及别人的价值观和研究立场（陈向明，2013）。显然，在读书会这样一个支持性的团队中，引导新手们练习自己的批判反思能力和沟通技巧，是刘老师提议开展这次活动的主要目的。正如刘老师在课前回应学生对本次活动意义的怀疑时所说：

由于我们要研究专业行动者，我们自己必须成为一个反映的实践者，需要具备相应的素养和敏感性，否则就算我们看到了实践场景，也无法将它们捕捉和描绘出来。这也就是我之前曾说的“关系式认识论和方法论”。我们必须内居到该现象中，才有可能理解这个现象。而我们现在的这些练习都是为了提高我们自己的素养、敏感度和感悟力。

在活动进行时，刘老师不断观察着活动的进展，与青扬和成员们保持着积极的互动。有时候，为了激发成员的思考，她采取“示弱策略”，说：

大家是不是可以帮我一起思考一下，为什么会出现这个偏差？

当有人问她什么是最好的办法时，她主动“自曝其短”道：

我也不知道，也许还有别的可能性？

当看到有的成员始终没有发言时，她询问道：

×××，你对这个问题怎么看？

她不断提醒成员“悬置成见”，以便能听到多样的声音和看到多种可能性。在活动进行到两两互动的环节时，她询问青扬对自己的“行动中反映”有什么新的“反映”。在活动结束后一起吃午餐时，她和青扬交流上一次案例课的感受以及这次活动的想法。此外，她还建议大家采用“左手栏”① 的方式，将个体隐藏的假设明示出来，并引导大家探索这些假设是如何影响自己的行为的。这些策略使得她能够不断邀约成员卷入对话，并对多种可能性保持开放。

随着刘老师低调、审慎的介入，成员间的行动及语言激发了他们与情境的对话，使得他们以新的态度和看法去评鉴情境，超越了自己初始的偏见和定见。后来，当刘老师与青扬及其他成员一起讨论自己的感受和想法时，他们终于达成了一定的意义共识。

天睿：其实好像问题的症结不仅是方式方法的问题，还有很多价值观方面的问题。

小琳：舍恩似乎提醒过我们，如果一个问题长期无法被解决，这时要想到，或许这个问题需要借助双路径学习才能被解决，要反观自己价值观层面的东西。

青扬：现在再看最初自己所写的案例，满篇都是确信无疑的对自我行为的辩护。这一理念背后的正当性何在？为什么自己这么在意这件事？这些问题我好像之前没怎么想过。我回答大家的提问，但回答仅限于字面，我似乎之前没有对这些问题进行过深入追问和反思。

刘老师：不仅是你，前面大家的讨论整体上都是第一型使用理论。每个人都一味传达自己的经验，希望他人借鉴。但一味传达自己的经

---

① “左手栏”源于彼得·圣吉的《第五项修炼》，是指在团体学习与研究的过程中，一种可借以“看见”个体内隐的心智技能如何显现、运作的技巧。它在具体使用中通常以特定的栏目表格记录作为呈现方式。右边栏目主要是将讨论中不同伙伴对问题的看法和说法记录下来，与此同时，把自己的真实想法记录在左边栏目中。一场讨论结束之后，由记录者对讨论的内容做细节方面的主客观比较，梳理出自己的想法与同伴的想法的主要差异，最后明确需要进一步探讨的问题，为下一步的探究指出方向。（杨向谊等，2005）

验可能会压抑其他个体独特的经历。很重要的一点是，我们要用自己的学习开启别人的学习。

三、教师实践性知识的社会文化意涵

在这则案例中，一群从事教育工作的教师和研究者组成了学习探究团体。表面上，成员青扬面临的是一个关于“孩子体育锻炼习惯培养”的问题，但是更深层次的是青扬作为一个教育者在教育他人与教育自我之间的两难困境。青扬习惯了自己作为一名教育者，不论是在学校工作场景中，还是家庭教育的情境之下，青扬原有的观念即“教育者就是教育他人的人”。但是当青扬的观念面临现实的冲突，面临成员们的怀疑时，青扬逐渐对自己的教育者身份产生了动摇。教育者不仅教育他人，同时也教育自我。基于教育者青扬在子女教育问题上面临的两难困境，学习型小组帮助她通过探寻、框定、反映等一系列的步骤认识到了自己的问题。而这一群教育者通过合作探究，不仅更新了自己头脑中原有的观念，也深深意识到了团体学习的力量。从这个案例中可以看到，教育者在“教育他人”与“教育自我”之间存在着显在的张力，教育者进行的自我教育和自我发展中存在着社会文化意涵。

（一）教师的自我教育

在中国传统文化中，素来就有教师进行自我教育的诸多论述。早在两千多年前的春秋战国时期，孔子就对教师的自我教育问题进行了比较系统的论述和探讨，并躬身实践，为现今的教师自我教育树立了榜样。孔子曾经指出教师进行自我教育和提高自我修养的重要性：“其身正，不令而行；其身不正，虽令不从”，“不能正其身，如正人何”（《论语·子路》）。然而，如今关于教师究竟如何进行自我教育的问题却没有受到重视。就拿当前教师的在职培训、在职进修来讲，都集中于强调教师的“他为”因素，即从外部规约教师。从本质上看，这仅仅是引发和引导教师的行为，而没有关照教师自身内在的需要，其内容实际上仍是致力于教师专业而非教师自身的发展。我们忽视教师自我教育的重要原因之一，正在于现代化转型中对教师专业地位的过度要求，使得教师从一个原本应该行业自治的群体变成了由外部标准衡量和评聘的组织，教师自然会为了迎合外部的标准而忽视对专业内在向度的探求。

在上述案例所呈现的小组活动中，我们看到了教育者进行自我教育的必要性和可行性。当活动结束之后，成员们都深感“震撼”。大家的一个共同的体悟是，教育工作者并不能在获得系统理论知识与实践经验后，自动获得有关教育行动正当性和有效性的判断力，这就是教师或教育工作者始终面临的两难困境。最初，青扬觉得“要孩子养成体育锻炼的习惯”的正当性无可置疑，只是好像这一愿望总是碰壁罢了。随着小组探究的深入，青扬渐渐对这一要求的正当性产生了怀疑。其他成员在探究过程中，也从反馈及情境下的对话中，发现自己之前认为“有效”“正当”的理念需要被重新审视。

作为教育工作者，我们习惯了以自己所谓“正确”的观念去影响别人，却常常对自己行动背后的价值观缺乏反思。缺乏反思意识和能力的教育工作者极易为烦琐的表象所迷惑，而无法看到事件的结构与肇因，更不要说对教育行动正当性与有效性进行批判性思考。我们很难想象，一名缺乏自我教育意识的教师会去主动激发学生，会去精心呵护学生的自尊心、自信心，会去帮助学生建立积极的自我形象。同样，我们很难相信一名缺乏自我教育能力的教师能够有效推动学生发现“现实”自我与理想自我的矛盾。但是，从案例小组的分析可以看出，当教育工作者面临教育他人和教育自我的两难时，更多需要的是“不怨胜己者，反求诸己而已矣”（《孟子·公孙丑上》）的心态，这才是促进教师内在发展的根本动力。

（二）自省与元反思

教师的自我教育，其中一个重要的方法就是“自省”。在案例中，青扬关于子女教育的原有观念受到了现实的冲击，她在团队当中，借助成员的刺激、框定、反映，经由自我的批判反思，逐渐发现了自己之前并没有看到的“心智模式”。在工作中，人们掌握了一些规范、规则、技术，形成了价值观；四者相互依存，创造了一个“既存现况”的模式。随着它们在工作中一再发挥作用，该模式被视为理所当然，技巧变得完全自动，价值观也已被内化。如果不去反思，个体甚至意识不到“既存现况”的存在，更谈不上去反思其正当性与有效性。由于反思意味着个体需要跳出自己已有的思维局限，所以仅凭个体自觉极难进行。

通过本次活动，成员切身感受到，指向行动与改变的学习要以自己原有心智模式的出现为前提，而这有赖于学习型组织成员间的相互激发。在本案例中，青扬的心智模式在与刘教师、其他成员的对话探究中逐渐出现，经由自我的批判反思，青扬最终实现了双路径学习。而其他成员也在探究对话中逐渐觉知到自己的心智模式，并对其进行了不同程度的反思，进而生成了新的实践性知识。此时，案例小组其实是在元反思的层次上讨论问题。他们通过建立一个安全的学习共同体，放下（或降低）防御，将问题公开，直面冲突，通过对话，相互质疑，进行批判性反思，深入自己的生命史甚至潜意识，挖掘了自己的定见和偏见。这对于教师的专业发展来说是非常重要的。

我们认为，这种自省与元反思的行为，同样具有中国本土的文化特色。孔子主张教师“内省”“克己”“慎独”，不惮于改正自我，并提出了自讼、思齐等具体改过的方法。孔子思想中的道德涵养、终身学习、反省改过等，对教师进行自我教育提供了实际的指导，是教师自我教育研究的重要依据。

（三）对话式探究

除了上文所说的自省与元反思，教师的自我教育还需要团队的协助，即以一种对话式探究的方法来激活、显现自己原有的实践性知识，并在团队成员的激励之下生成新的实践性知识。

在本次活动中，青扬、其他成员、刘老师之间经由对话式探究，相互推动和激发，对自身已有的实践性知识进行反思，进而生成了新的实践性知识。青扬认识到，自己之所以如此执着地要孩子养成体育锻炼的习惯，在“为孩子好”的理由背后，也寄托了很多源于个人成长经历的“情结”与期望。青扬说，当她忽然意识到这些或许才是自己如此焦虑孩子没有养成体育锻炼习惯的深层原因时，她突然释然了。虽然她依然希望孩子能养成体育锻炼的习惯，但这个问题突然不再像之前那样紧紧地纠缠、困扰她了。作为女儿的雅婷经由青扬的困惑，重新思考了自己与父母的关系，进而思考人与人之间（特别是不同辈的人之间）是否可能真正做到“完全平等”的问题。江月开始重新评估自己在工作和生活中经常使用的看似“循循善诱”、实则咄咄逼人的“溜入”策略，发现效果并非自己之前所想象的那么好。小琳发现，之前自己认为“处处顾及他人的感受”是一种美德，但这一理念很可能掩盖了自己害怕面对冲突的软弱，同样可能成为深入沟通的阻碍，使得自己与他人的交流常浮于表层，难以深入下去。

总之，青扬、刘老师、其他成员都成为彼此学习的有力推动者。成员们在这个案例活动中所获得的这些新的“实践性知识”会充实他们的“资料库”，增强他们将来应对复杂情境中出现的突发性问题的能力。而一名专业实践者（特别是教育工作者）的成长过程，正是在这样的“低洼湿地”中，不断生成、丰富、积累、更新自己实践性知识的过程。

这种对话式探究的方法同样具有很强的社会文化意涵。首先，在文化的维度上，孔子就主张在对话与探究中学习，他通过与弟子之间的对话、交流，引出他们自身具有的观念，并在师徒探讨中形成新的知识。正如《礼记·学记》中所说："独学而无友，则孤陋而寡闻。"教师的学习也不能闭门造车、独自玩味，它是需要与他人分享和交流的。教师要积极主动地向他人学习，包括其他教师、教育专家、学生甚至社会上的所有人。

其次，在社会的维度上，随着社会发展速度加快，人们对教师的要求也越来越高。教师工作既具有个体性和独立性，又具有集体性和协作性。教师独立学习的同时，必须要与同事协调合作，通过自己在他人身上的映像来审视自己的人生态度、人格状况、人际关系等，并以此来警示自己、教育自己。在与同事的合作中，教师可以从其他教师的身上获得非文本形式的形象性、经验性知识，使自己能客观评价自己的教学行为，清楚地意识到隐藏在行为背后的教学信念，并在取长补短的同时，避免重犯他人的错误。除了与本校教师的合作外，教师还要充分利用各种机会多多观摩学习其他学校教师，尤其是名师的课，分析他们的教学思想，弄清他们为什么这么做，从而吸取其宝贵的经验为己所用。这就体现了合作、探究、对话在当前教师专业发展中的重要作用。

本章小结

本章重点关注教师的专业发展问题，从师范生初入职场面对教学与管理的两难，到大学教师面临的教学与科研的两难，以及教育工作者面临的教育他人与教育自我的两难，探究了他们在两难空间中的具体思维与行动，从中提炼了他们的实践性知识，并分析了背后的社会文化意涵。

在第一个案例中，两名师范生面对课堂教学与学生管理的两难，体现出两种不同的实践性知识取向，即教学取向的实践性知识和管理取向的实践性知识。

在第二个案例中，当教师面临教学与科研的两难时，采取的是“整合”“中道”的实践理性。李老师作为一名青年教师，为了能够使学术能力和教学能力得到发展，她尽量对两者进行统和，并寻求中庸之道，使自己的专业能力均衡发展。

在第三个案例中，当教师作为教育他人的人面临如何教育自我的两难时，他们通过自我反思以及与团队对话，来更新自己原有的心智模式。他们暂时抛下了自己作为一名教育者的身份，成为一名新的学习者。在其中，中国教师的自我学习意识、自我反省与元反思的能力，以及借助团体相互激发、对话生成实践性知识的过程，均具有很强的社会文化意涵。

这三个案例虽然展现了不同的两难困境，但是都共同指向教师的专业发展。如表 6.2 所示，前两个案例涉及教师在工作中面临的具体困境及其化解策略，体现了教师面对两难时生发而出的独特的实践性知识。第三个案例则将问题深化，指向了教师在“教者”和“学者”两重身份之间的两难。应对这种两难，不仅要靠教师自己的反思，还要依靠团体激发的动力，这对于我们重新认识教师实践性知识的生成环境有一定的启示。

表 6.2 教师专业发展中的实践性知识及其社会文化意涵

两难困境	教师的思与行	教师的实践性知识	社会文化意涵
教学与管理	选择不同的教育要点	教学取向与管理取向	求知与育人
教学与科研	平衡不同性质的事务	“整合”与“中道”	中庸之道
教育他人与教育自我	以自我教育促进发展	自省与团体学习	内省与对话

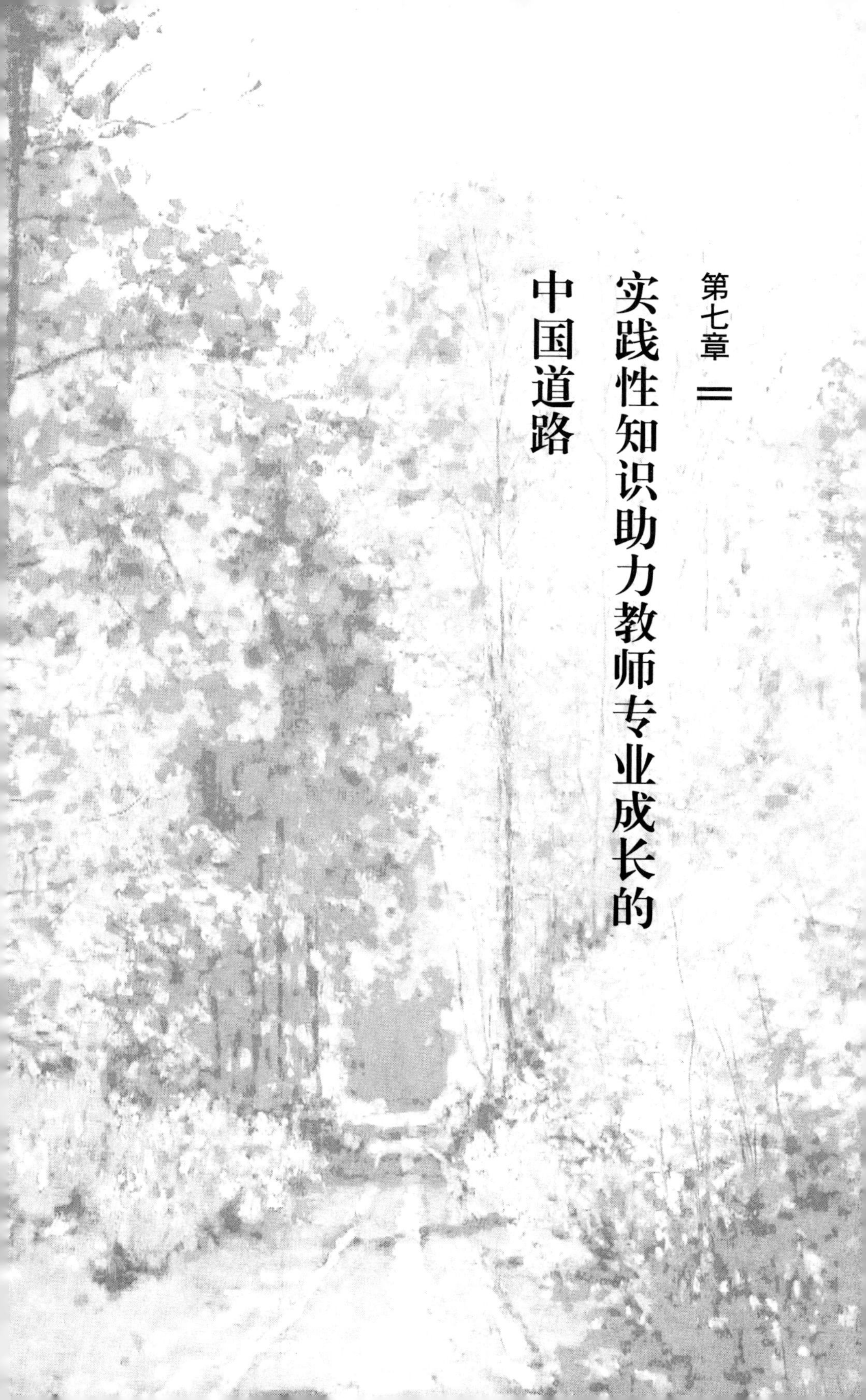

第七章 实践性知识助力教师专业成长的中国道路

由于教师实践性知识是非常复杂的，它很难被说清楚，因此也很难被研究。而也正是因为它的模糊性和不确定性，它在对研究者形成智力挑战的同时，也对冒险者具有巨大的感召魅力。在很多专业研究者望而却步或浅尝辄止时，不少一线教师近年来开始投身于对他们自己和同行的研究中。在他们看来，实践性知识是存在的，潜伏在自己日复一日的教育教学行动中。它像风一样，虽然看不见，却是存在的，就在教师自己身上，分布在各类教育教学活动中。因为有了“实践性知识”这个概念，教师工作不再被认为是简单的重复劳动，而具有了智识力量和专业创造性（陈向明，2018）。

在本书的最后，我们对研究的主要结论进行总结，首先介绍研究的出发点和社会文化背景，然后从四个方面回顾研究结果：教师的身份认同、教师的思维决策、教师的专业行动、教师的专业发展。接着，对与本研究相关的问题进行讨论，主要是对教师工作的性质和特征进行探讨。最后，在研究结果的基础上，对教师教育者及机构、政策制定者、一线教师和教师教育研究者提出改进各自工作的建议，希望借此探索一条以实践性知识推动教师专业成长的中国道路。

第一节 重新发现教师实践性知识

本书从中国教师在当代社会遭遇的两难困境出发，描述和分析了教师在利用两难空间应对困境的过程中生成的实践性知识及其社会文化意涵。“两难”和“两难空间”概念的提出，改造了我们前期的研究（陈向明 等，2011），将教师实践性知识生成机制四个环节（教师作为主体、问题情境激活教师缄默的实践性知识、教师在行动中反思、生成新的实践性知识）中的问题情境改造为两难和两难空间。这一方面表明教师面临的很多问题都是无法“解决的”，只能被应对和被管理；教师怎么做都无法做到完全正确，只能“两害择其轻”。另一方面，“两难空间”概念的提出肯定了教师的主体性，教师在这个错综复杂的关系网中能够有所作为，通过与各种社会力量协商斡旋而经营着两难。

教师在与周遭人和物互动过程中形成的类似“习惯”的教育信念（实践性知识的雏形），最初大都是通过试错或对既有教育信念的内化而获得的。习惯形成后便进入无意识运行状态，此时教师不会刻意注意它。直到某一刻，问题情境出现，习惯无法顺利运行，教师有意识的探究便会发生。于是便会有教师的系统考察、临场反应、回应性对话等一系列行动，通过反思（包括实践共同体内外部的交流）探索解决问题的方案，将方案“做”出来，并评估结果。

如果问题解决了，实践性知识便生成了，继而被存入教师已有的知识库（包括与理论性知识的整合）中，用以指导未来的行动——此时教师的实践性知识处于外显化、可明言的状态。在后续实践中，教师会将它逐步内化到日常行动中，使它又处于内隐、缄默、自动化的状态。在下一轮类似问题情境出现时，它会再次被调动、被运用、被反思、被重组。

如果行动没有取得预期的结果，则意味着仅仅调整行动策略已无法奏效，需要进入第二序（元反思层次）或双路径学习（改变价值观），对实践性知识进行改造。如此循环往复，螺旋上升，默缄（内隐）与明言（外显）两种状态此起彼伏、相互转化、动态演进。总体而言，大多数的教师实践性知识在平时正常情况下都“缄默不语”，只有遇到新的问题情境时才会被调用，参与对新情境的判断和问题解决。因此，明言的实践性知识状态存在的相对时间较短，具有暂时性。

教师所处的两难空间是存在于具体的社会文化情境之中的。为此，我们对教师们所处的中国社会文化情境进行了分析。从中国现代社会结构的特征来看，中国教师面临多重挑战：政治转型与行政力量的扩张，带来了对教师专业内部自治的威胁；经济转型与效率主义的膨胀，带来了素质教育理念下“应试教育”的强势回归；文化转型与个体价值的缺位，带来了教师专业发展的被动与教师主体性的丧失。上述三个方面存在相互联系：外部行政力量的过多干预，高校学术研究人员的强介入，效率主义观念影响下“应试教育”与素质教育并行的双重压力，给中国教师的专业成长带来了新的难题。当前的中国教师正处在“十字路口”，其面临的两难也更加突出。在自我与社会之间、在变革与传统之间、在理想与现实之间，他们正在用自己独特的实践理性与社会变革相博弈。

从中国文化传统的角度来看，优秀的教师理解教与学的视角是整体性的，物我一与、身心一如的，“人师”和“经师”在他们身上是统一的；他们的教育教学行动表现出知行合一、以身体道的特征；他们“践行”自己所推崇的有目的、有价值取向的实践活动；他们面对两难时采取的是从容中道、中庸的实践推理，根据具体情境做出最适宜的决策。物我一与、知行合一、从容中道的状态并不是现成的状态，而是教师在不断与学生（各类学生的需求和差异）、与环境（特别是两难困境）、与自我（身份认同）互动的过程中慢慢趋近的一个理想状态。对教师来说，这是一个艰难的探索过程，在复杂的实践环境中“求诸中道”，找到最适合具体的场域、具体的事件和具体的人的行动策略。教师的实践性知识，就是在这样的过程中生发出来的，并体现在他们日常生活中的一言一行、举手投足之间。

正是出于上述对中国社会文化背景的理解，我们从四个方面探究了教师实践性知识的特征和生成机制：教师的身份认同、教师的思维决策、教师的专业行动、教师的专业发展。为了更加生动、立体、情境化地呈现研究结果，我们在每章都提供了来自一线教师的工作案例。而且，每个案例都由如下结构要素组成：（1）教师在教育教学中遭遇的两难困境；（2）教师在应对两难困境时的具体做法及其中体现的实践性知识（包括内容、表征方式、生成机制等）；（3）这些实践性知识背后的中国社会文化意涵。每章的小结部分都对案例所反映的主题之间的关系进行了分析，并通过图表对其进行直观的呈现。

教师身份认同研究关注的是教师自我认同与社会认同之间的互构关系。该章通过三个案例说明了教师在两难困境中形成的身份类型以及这些身份生成的过程。第一个案例中，当教师面对学科教学和教育管理不能兼顾的两难困境时，通过冲突、互动与协商做出判断和决策，实现了学科教师和教育者身份的融合；第二个案例中，教师在“应试教育”压力下，通过权力协商与自我定位，激发了自我发展的主体意识，确立了自己“高考工厂工程师”的身份并提高了专业效能感；第三个案例则展示了新手教师社会化的过程，在各种两难空间中，教师探索自己作为学科教师、教育者和自我发展者等各种身份，经历了一个初步社会化的过程，不断重构自己的身份。这些案例揭示了中国教师在当前社会文化情境下，通过寻找群体归属感和个体存在感，形成自己有关身份认同的实践性知识的过程。

教师在教育教学活动中无时无刻不在做决策，其中就体现了他们的实践性知识。然而，当教师面对两难困境时，做决策变得尤其艰难，其实践性知识的生成也格外不易。研究发现，当面对人文关怀与工具价值的冲突时，教师通过自身同情心的践履，以实现真正的人文关怀；当面对高考制度的压力时，教师用“中规中矩”的教学意象，来寄托自己的教育信念与理想；当面对自上而下的国家课程改革时，教师运用学校话语，通过“旧瓶装新酒”的方式来实现变革。这些践履、意象、话语的背后，都有着中国传统文化思维的影响：教师“用心灵关注心灵”体现的是“忠恕”之道，“中规中矩”的教学体现的是“中和”之尚，“旧瓶装新酒”的方式体现的是“中庸”之道。有关教师决策的研究表明，当个体面对理想追求与社会现实、制度规约之间的两难困境时，中国教师的立身之本是“仁爱”和“忠恕”，决策时的思维表现出“中和”和“中庸”的特征。

有关教师的专业行动，我们发现当教师面临两难困境时，通常会采取行动来应对，而其行动背后有自己的实践逻辑。教师面临的两难包括：严酷的教育现实与教师探求自身职业的意义；遵循学科教学规律与让学生自主创造学习经验；教学环节的预设与生成。而教师的行动呈现出一些共同特征，即做事与成就自身（为人）的统一。教学兼有劳动、工作、行动这三种最基本人类活动的特征，是一个需要兼顾自然、人类世界和公共领域的复杂活动。对于一些教师，三种最基本人类活动似乎最终互为因果、融为一体，体现出物我一与、身心一如的整体观。一些教师对于自由与控制的分寸把握得十分到位，这体现了典型的知行合一、以身体道的实践观。还有一些教师在教学中不断尝试、寻找适合情境的教学方式，这体现出中国文化传统中典型的“中庸”思维。

有关教师专业发展的两难困境涉及三个方面：教学与管理、教学与科研、教育他人与教育自我。第一个案例中，两名师范生面对课堂教学与学生管理的两难时，体现了两种不同的实践性知识取向。第二个案例中的大学教师在应对教学与科研的张力时，采用了“整合”与“中道”的策略，其行动具有中庸的实践理性色彩。第三个案例中，当教育者遭遇“教者”和“学者”双重身份的两难时，他们借助元反思和群体动力，重新审视自己的价值观，实现了自身的学习和发展。这三个案例虽然展示了不同的两难困境，但是都共同指向教师的专业发展，涉及教师在工作中面临的具体困境及其化解策略，体现了教师面对两难而生发的实践性知识及其中国社会文化意涵。

由于我们以教师面临的两难困境作为主线，因此大部分讨论都涉及教师的实践理性（从容中道的中庸观），即教师如何用适度的、协商的方式处理现实问题。整体的教育教学观（物我一与、身心一如）和知行合一的行动特征（以身体道的实践观）则作为分析的辅线，衬托出中国教师实践理性的思维逻辑和具体运作方式。

第二节 重新反思教师的专业特质

上述研究结果提示我们重新思考的问题很多，但限于篇幅，我们主要探讨一个根本性的问题：教师这个职业到底具有什么特性？之所以探讨这个问题，是因为现有的很多教师培养和培训项目以及对教师的研究都脱离情境，将教师的知识、技能和性向（师德）分门别类。而在应对现实中的两难困境时，不少教师表现出了对教与学的整体性理解、中庸的实践推理以及用自身行动以身体道的特征。这些特征与中国文化传统中“物我一与”“从容中道”“知行合一”的思想有暗合之处。对这些教师而言，教育教学是一种整合的行动，不仅涉及心与脑，而且涉及身体和灵魂。它需要教师全身心的投入、中庸的实践推理、知行合一的行动。他们在各种两难空间中，灵活地调动自己的实践性知识，以一种全观的方式表征了自己作为中国教师的特殊身份。这也就是本书希望避免对教师工作进行“破坏性分析”（Polanyi，1958），而力图用一种整体的方式呈现教师意义世界的缘由之一。

一、对教师实践性知识的再认识

改革开放四十余年以来，我国以经济建设为中心，一跃成为世界第二大经济体。随着国民经济的发展，我国的教育事业也有了长足的进步。面对这些，我们理应倍感振奋，但一些针对一线教师的调查也显示，不同年龄阶段教师普遍存在的“职业倦怠”成为他们最棘手的工作问题，于是我们有了这样的困惑：为什么教育投入逐年增加，教育产出的效率也逐步提升，却无法办出让教育者（而不只是受教育者）满意的教育？在宏观层面教育的巨大成就与微观层面教育者个体的职业满意度和效能感之间，为什么存在如此之大的落差？

当政务公开的大数据只关注“投入—产出”的起点与终点，过程性的因素则交给实践主体去自我决策和行动时，能否真正描绘一幅“成功”的教育图景，则取决于教师是否能够在自我决策与自主行动中收获职业满意度和效能感。而拥有自我决策和自主行动的能力，则以教师将自己视为“主体”为前提。因为只有主体才能够按照自己的自由意志，独立自主地做出决定并付诸行动。拥有“主体性”（subjectivity）的教师不会将自己视为教育事业的一颗螺丝钉，而是不断拓展可能性空间，为自己及所属专业共同体赋权增能。

心理学通常将“主体性”界定为一种能力特质，包含了主体的主观意愿、预见力、自主能力以及自我反思力等综合品质，并且与自我效能感密切关联。然而，如果对主体性的认识仅仅停留在心理特质层面，就会将其狭窄化和静态化，忽略它在行动中动态发展的可能。主体性一方面体现为人在特定的社会文化和制度环境下，有能力去选择、有资格去践行、有勇气去承担自己认为重要的事情；另一方面，主体性并非被人所占有，而是在存在论的意义上于实践中不断浮现、转化和发展。既然主体性是在实践中浮现的，通过主体与环境、结构性因素、支持性资源以及社会景观互动得到发展，而且需要在实践中被“做出来”，那么它在本质上与“实践性知识”就有相通之处。

我们前期的研究曾对“教师实践性知识”这样界定：教师对自己的教育教学经验进行反思和提炼后形成的，并通过自己的行动做出来的对教育教学的认识。我们采用的是实用主义的立场，以真实情境中的问题解决为导向，将“知识”视为人类行动范畴中认知性经验的结果，其过程要求反思和主动性的参与。可见，实践性知识无法脱离作为主体的“人”。当我们将实践性知识与人的主体性相连，就会发现，实践性知识本质上是一种具有行动者主体性的知识。因此，具有实践性知识的教师并不完全依赖专家的理论知识，也不是单纯模仿或复制他人的教学经验，而是基于真实的教育情境，即兴地创造教育事件，在其中浮现自身的主体性，并指向实践的不断改进。

教师实践性知识的教育意义落在教师主体性发展的维度上，而实践性知识的主体性向度，则需要在与其他类型教师知识的比较中得以凸显。美国教师教育学者科克伦-史密斯（Marilyn Cochran-Smith）和莱特尔（Susan L. Lytle）认为，在教育实践中，教师通常会借助三种类型的知识来解决教育教学问题：为了实践的知识（knowledge for practice）、实践中的知识（knowledge in practice）、实践性知识（knowledge of practice）（Cochran-Smith et al.，1999）。在处理理论与实践的关系方面，三者共同构成了教师专业知识的连续体，但其中只有实践性知识与教师的主体性关系最为密切（见图 7.1）。

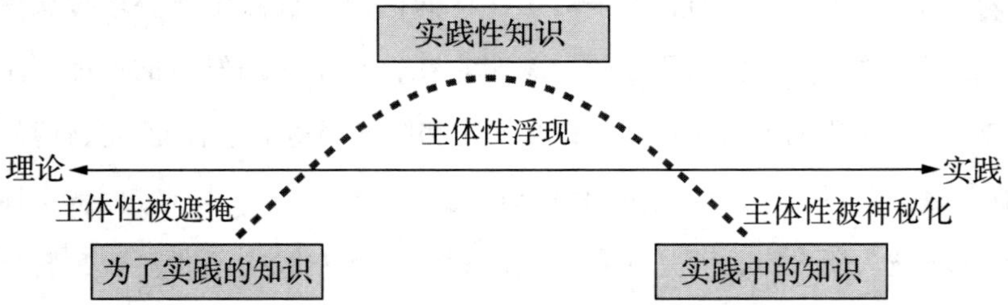

图 7.1　教师用于解决问题的三类知识

“为了实践的知识”源于专家生产的正规知识，采用由外向内的逻辑，通过正式的知识、通用的理论或基于研究的发现，构成教师的“知识库”。知识在工具理性的视角下被运用到实践中，知识从生产到实践被看作线性的过程。这种知识往往是为了与某种“标准”对应，进而演变为教师资格认证和职业准入的指标。在它的影响下，教师的主体性被遮掩，教师成为被动执行教育理论与教学方法的工匠，与教育实践反思无缘。

“实践中的知识”是教师在教育教学过程中涌现的或实际运用的知识，依循由内向外的逻辑，认为教师的学习是不断自我反思和自我建构的过程。由于此类知识大多存在于优秀教师身体化的行动中，因而也营造了一种“神秘感”，即新手教师只能通过观察、模仿的方式来习得知识。这种学习的过程十分漫长，而且无形中拉大了优秀教师与新手教师之间的权力位阶。

“实践性知识”是教师对教育教学工作进行探究、反思、实践之后形成的认识，其中包括了“为什么这样做”的价值性反思。相比之下，拥有“实践性知识”的教师，则对实践与理论均保持亲近的态度。一方面，教师将自己的课堂和学校看作知识生产的沃土；另一方面，教师将已有理论视作改进自己实践的抓手和工具，在学习共同体中生产出适合自己当下实践的本土知识。他们力图将复杂的现实情境理论化，并将教育现象与更大范围的社会、文化、历史、政治问题相连。

教师的知识不存在于既定的、完美的系统，也不是某些优秀教师群体的“神秘经验”。它的形成需要多元主体对自己的假设和信念不断进行批判和重构。因此，“实践性知识”中的“实践”不仅仅涉及行为操作，而且具有社会、政治、文化的意涵。正如巴西解放教育家弗莱雷（Paulo Freire）所言，教学（pedagogy）不仅涉及教学方法和心理学知识，而且涉及哲学和社会学理论，需要教师有意识地开展批判反思性实践（弗莱雷，2001：2）。值得注意的是，批判意识始于主体性的浮现，教师不再是被动接受知识的客体，而是在批判性反思中主动建构和更新知识的主体。从这个意义上说，实践性知识能够让教师获得新的人性。

如果从主体性的视角审视，我们会发现，实践性知识透露着教师的实践理性，兼具确定性与不确定性、封闭性与开放性、言明性与缄默性等特点。实践性知识的生成在理论与实践之间寻找到了第三条道路，即将教师的本土知识理论化，将理论性概念和方法实践化。相比而言，不论是"为了实践的知识"还是"实践中的知识"导向下的教师专业学习，都是为了适应现有的学校制度和考评框架；而"实践性知识"导向下的教师专业学习，则允许教师对前两种知识类型进行批判性反思，进而促进自身主体性的浮现。在后续新的实践中，主体性又成为激活教师实践性知识的前提，并在实践性知识的运用中得到确认和发展。

至此，教师实践性知识与教师主体性之间建立了实质性联系，而实践性知识中蕴含的主体性也具有重要的教育性意义。根据比斯塔（Gert Biesta）的观点，教育的功能包括资格化（qualification）、社会化（socialisation）和主体化（subjectification）（Biesta，2004）。"资格化"与"社会化"强调对知识、技能、价值观的获取，或是习得特定文化惯习之下的思维与行动模式；只有"主体化"指向教育的内在价值，通过意向性活动、伦理性实践以及超越性探索，体现教育的规范性。由实践性知识与主体性之关系引发的探讨，引出了教育的本质意义——它不仅指向学生的成长，也指向教师的发展。如果我们说一个受过教育的人应该是具有主体性的人，那么一名从事教育事业的专业工作者，更应该关注自身主体性的浮现与培育。鉴于此，我们对"教育性"的理解侧重于实践性知识对教师主体性发展的意义。在教育教学活动中，倘若仅仅依靠"为了实践的知识"或"实践中的知识"，教师会沦为机械的操作者或迷茫的寻路人；只有“实践性知识”能够帮助教师在低洼泥泞的实践场域中获得力量，将自我与共同体相连，有勇气面对挑战，实现对现实困境的突破。由于“为了实践的知识”和“实践中的知识”弱化了教师的主体性，因而其比“实践性知识”少了一些教育意义。

如果从教育意义的视角将实践性知识与人的主体性相连，那么我们对实践性知识的认识便产生了若干新的维度，如意向性（指向自我）、伦理性（指向他者）和超越性（指向结构性制约）。由于主体性需要从主体与自我（自我经验）、自我与他者（他者关怀）、现实与理想（实践改造）这三重关系中浮现，因此指向主体性的教师实践性知识必然观照这三重属性。

二、对教与学之整体性的再理解

本书中的案例表明，对很多中国教师而言，教学不是一个孤立的、旨在向学生传递知识、改进学业的技术活，也不只是一份挣钱糊口的工作，而是自己作为“教师”、作为一个“人”的安身立命之道。

和孩子们一起，慢慢地做着做着你就忘我了。从一个懵懵懂懂的还略有一些功利想法的状态，到超越功利的状态，你就能体会到教育的美妙，有一种神圣感，是发自内心的。有的时候，你也会遇到很多问题，感觉很累，但是有一种悲壮的殉道者的感觉。

这些教师过的是一种“学科化的生活”，这种生活整合了他们对自我、对所教学科以及对学生学习的理解。在他们的观念中，工作与闲暇、教学与非教学之间并不存在明确的分界。

当老师……，是把自己的生命用一种学科化的方式表达出来，在和孩子们的交往中获得快乐，把自己的想法、信念、爱，甚至把自己的生命交付给孩子，和他们一起能获得极大的满足。……我的教学就是把生命投射到语文课堂中去。我就是语文，我就是语文课。

这类教师对自己的学科和学生学习完全认同的现象表明，他们认为自己就代表了所教的学科。为了通过身教和垂范影响学生的成长，教师必须投身于与学生相互连接的共在之中。

这类教师对教与学的整体性理解充分表现在他们描述自己教学风格时所使用的意象上。意象作为教师实践性知识最重要的表征形式之一，在想象的内涵和外延上极具包容性。其视觉效果可以抓住教师关于自己、学生、教学和学科的直觉，指引教师的心、脑和身体朝向他们所希望的方向发展。它具有一种独特的感召力，教师会很自然地对其做出回应，而不仅仅是在认知上遵守它（Elbaz，1983）。在我们的研究中，一对吸引我们注意的意象是“我是一个卖关子的老师”和“我是一个无为的老师”。

“卖关子的老师”对自己所教学科以及相关领域的知识非常娴熟，不仅掌握了丰富的有效教学策略和方法，而且对学生学习的习惯和困难有深入的理解。他们掌握了一些“妙招”，其教学近乎一种艺术表演（Paine，1990），表现出对时间极佳的控制和节奏感。在上课之前，他们通常会准备一些“妙招”，期待着将学生引向他们从未到达过的高度。在教学过程中，这类教师表现出极强的激情、自信和个人魅力，能够创设一种氛围和气场，吸引所有在场的人。他们认为，学生在学习新知识之前，是一个由节点组成知识神经网络的整体的人。当学生提出某个问题时，教师立刻就知道学生的困难是什么（就好像神经网络中什么地方的电流受阻了）。他们会立刻在那个位置“点穴”，马上打通学生的知识神经网络，达到“一通百通”的效果。而要做到这一点，教师不仅必须自己心中有所教学科知识的结构图，而且学科的知识系统与学生的知识系统必须同时存在于他们的脑海中，形成相互比对的关系。

“无为的老师”视教与学为自然生长的过程，知识是由教师和学生共同建构的。在课堂上，教师通常保持低调，将自己置于课堂的背景中，让学生在前景中扮演主要角色。这类教师善于在现场抓住“可教学时机”即兴发挥，其教学看起来外松内紧，形散神不散，在“无为”和“有为”之间保持平衡。当面临不确定性时，他们会在学生面前示弱，暴露自己的无知和好奇。这类教师对理想课堂的意象表现为“课眼”，即教师和学生利用手头的课程资源，通过双方的即兴创作，在教与学中达到的一种高潮。尽管这种理想氛围在教师的脑海中表现为一种“象”，但它需要气流在恰当的时间和空间向外发散和向内聚集（刘长林，2007）。为了让“课眼”出现，教师必须通过询问结构不良的问题，为学生的主动探索打开足够的空间，创造足够的张力让学生感到困惑，形成一个动态的结构。它的发生需要天时、地利、人和，需要教师和学生的默契配合，在合适的时间，用合适的节奏，最大限度地利用手头可利用的资源。

“卖关子的老师”和“无为的老师”这一对意象，具有火与水的特质。前者被激情所燃烧，将自己的生命奉献给教育教学事业；而后者不过分干扰学生的学习，像水一样顺势而为。这个类比也可以推衍到道家的阴和阳，两者须臾不分，在一个动态的、辩证的关系中相互转化。教师使用的这些意象对我们理解他们的整体教学观特别有帮助，因为它们以一种诗意的整体的方式，表征了教师心中的典型富有中国特色的理想课堂。每一种意象都在教师的教学中发挥了“焦点觉知”的作用，而相关的原则和规则则是默默地支持着教师行动的“支援觉知”（Polanyi，1958）。后者可能不会被教师自己所意识到，也可能无法用概念被明确地表达出来。它们作为支持性工具，协助教师实现自己的意象所象征的一种整体的教学状态。

三、中国教师知行合一的行动特征

我们的研究发现，优秀的中国教师的教学都表现出一种惊人的知行合一的态势。对他们而言，理论与实践、身与心、脑与灵都不是相互分离的，而是整合在一起的。他们不是先学习有关教学的理论，然后将其应用到自己的实践中，而是在自己具身化的行动中识知教育知识，在教育学生时以身作则、躬身垂范。这类教师非常关注学生的学习，因此他们很自然地表现出一种“有心的无意”（thoughtful thoughtlessness）（范梅南，2001）。表面上他们好像并没有思考自己正在做的事情，而实际上这种似乎无意的举动来自他们对学生深切的关怀和对教育教学工作全身心的投入。

例如，在“点穴”这一实践性知识里，教师有对本学科知识体系的完整理解（“心中有一张知识穴位图”——关于学科的知识），有对学生提问时所暴露盲点的精准把握（“知道学生的理解卡在了知识网络结构的什么节点”——关于学生的知识），有具有高度针对性的答疑能力（“精准点穴，一步到位”——关于教学的知识），从而最终达到让学生对知识体系融会贯通的效果（“一通百通”——关于评估的知识）。我们没有采用学界规整但细碎的分类，而是使用了一个来自中国教师本土的、更加生动的、更具包容性的意象（及其原则和规则）来表征该实践性知识。这类基于教师本土概念的方法，更容易将教师实践性知识“打包”，因为实践性知识内部的不同知识类别难以被清晰地分离开来。

再例如，有一位语文教师只要一走进教室，声音就会自动“高八度”，他自己将这种授课方式称为“吼课”。在教学过程中，他在教室里手舞足蹈，面部表情极其丰富。当与学生互动时，他与学生靠得很近，俯下身子，眼睛直勾勾地盯着对方，好像要抓住从他们嘴里发出来的每一个字音。

这类教师掌握的知识不仅仅是（或者主要不是）命题性知识，其中大部分是有关性情（态度、价值观）和能力的知识，即“知道应该做什么”以及“如何做”的知识。他们有关学科、教育和学生学习的知识不仅仅通过语言和概念表达出来，而且通过自己身体化的态度和行动“做”出来。他们用自己知行合一的教学样态表征了自己的学科知识，而不是简单地告诉学生有关知识和考试的种种原则和规则。他们相信“身教重于言教”，学生不可能直接被说教等方式教会，而需要间接被影响。“语文的要义就是文以载道，文如其人。”他们希望传递给学生的知识已经铭刻在自己身上，一举手、一投足都在践行着自己所教诲的知识。

根据我们对学生的课堂表现、家庭作业和评语的观察，他们在教师“具身化”的指导下，不仅在知识获得、情感发展和行为改进方面进步很大，而且在各种考试中都名列前茅，在一定程度上解决了中国教师通常面临的“应试教育”与素质教育的两难。我们相信，这主要是因为在一种相互内居的关系中，这些学生已经从教师身上获得了他们部分的性情和品质。这种影响不是通过刻意的、明言的教诲，而是通过栩栩如生的教学垂范来实现的。学生的进步不是完全借助对教师个人行为的模仿，而主要是通过长期在教师身边耳濡目染，无意中就“变”成了教师所希望的样子。这种感染和熏陶是润物细无声的，是缄默的、内隐的，发生在具有感召力的师生关系之中。

这种丰富的、无法言传的东西，是教师通过知行合一的身教传递给学生的。教育教学是一个人际影响的过程，教师需要有一定的人际交往能力，能够站在学生的角度思考问题，将心比心、设身处地、感同身受。然而，也有教师认为，“一个特别擅长交际的人往往做不好教师”。为什么呢？“因为他会觉得做教师特别吃亏，他本可以指挥千军万马，他本可以当校长，或者是一个大的集团或是团队的领导，从而满足他更大的野心和更强的欲望。”当教师所需要的人际交往能力很特别。虽然教师的身教是通过人际交往完成的，但这种交往是一种具有教育性的交往。而且，教师自身也能从中受益，因为“他们觉得这种交往特别干净，特别快乐”。这也可以说明，为什么中国的教育传统不仅特别看重“教学相长”，而且特别重视“德育”。在中国文化传统里，“知”不仅仅是（或者甚至可以说不是）中立、客观的知识，更是一种道德良知，一种对美好人生的价值追求。这种追求不仅仅通过教师的言传，而且更重要的是通过他们的身教——在学生面前“活出”他们自己所追求的人生境界，从而影响学生。

如前所述，参与我们研究的教师们时刻面临着素质教育与“应试教育”两难的挑战，不得不同时考虑学生的考试成绩、家长的期待、管理者的要求、学术专家的标准、社会舆论等经常相互矛盾的要求。与此同时，他们也会掂量其中的利与弊，根据自己对教学的理解、自己的教学专长、学生的具体情况以及学校的文化等，选择中庸的立场和可行的办法。当他们不得不“戴着镣铐跳舞”时，他们会努力在各种张力之间保持平衡，对外部的改革理念进行“再情境化”。当他们如此审时度势地行动时，他们践行的是“实践推理”，即根据实际情况对两难困境进行反复掂量，虽然无法解决两难，但能够采取当下最明智的策略加以应对。

这些教师对学术界的高深理论通常不感兴趣，因为这些理论很难直接指导他们的实际工作。正如一名英语教师所言：“天上 what，地上 how，专家、教师各一套。”在她看来，专家们最关心的是“知”，即所谓的“先进的”教学理论和原则，而一线教师必须将“知”融入“行”之中，甚至先“行”起来才知道“知”是什么。专家的理论对一线教师来说往往过于抽象和脱离实际，教师处于复杂和不确定的环境中，必须依靠自己的实践智慧来处理实际问题。这是因为，一线教师与专家的知识是很不同的。后者类似博物馆内的知识，被分门别类地摆放起来，便于参观和理解；而前者类似工作坊中的知识，其组织方式依据解决问题的需要，更贴近实践者的工作经验（Nyiri et al.，1988：1-16）。

教师日常面对的是教学实践，而实践具有紧迫性，遇到的问题必须立刻解决，容不得停下来慢慢思考，更不可能临时寻找学术理论来应对。因此，教师必须考虑实践的优先性，在解决问题的过程中形成自己的"使用理论"，然后再与学术理论进行比对。这些教师认为，理论的逻辑与做事的逻辑是不一样的。后者必须先"做"起来，然后在行动中反思，在问题解决中形成自己的实践性知识。有教师以为，纯粹的理论逻辑是"没有力量的，它实际上是一种学理的逻辑"。而做事有做事的逻辑，它"事先就有一种朦朦胧胧的感觉，大概往这方面去做总不会太差。然后去做，做了以后，感觉挺好，就继续往下做。有时候做着做着，发现做不下去了，就反思调整一下，然后再做。……做事的逻辑还真不太一样"。这位老教师所说的"朦朦胧胧的感觉"，其实就是实践者最为宝贵的、通过对经验不断反思积累而成的"直觉式洞察"。在面临困境时，教师们就是遵循这种做事的逻辑，相信自己的直觉，通过缜密的实践推理，不断寻找当下最佳的行动策略。

四、教师存在、思维和行动的关联

尽管教师的存在状态、思维方式和行动特征被我们分门别类地从不同角度加以描述、解释和分析，但是它们在现实中是紧密关联的，是教师个人哲学这同一实体的不同侧面。教师对教与学的整体性理解作为他们全观性的世界观，指导着他们在日常工作中知行合一的行动样态以及实践推理的逻辑；而教学中知行合一、从容中道的行为表现也可以被视为他们对教与学的整体性理解在微观层面的缩影。知与行不是相互分离的两个实体，而是融合在一起，处于相互交织、相互转化的状态。在教师的课程设计、日常教学以及与学生和同事互动的过程中，它们被具身化、被“做出来”。

在中国文化传统里，知行合一的行动样态和从容中道的实践观不仅仅涉及认识论和方法论，而且关乎本体论，即“知行本体合一”。在中文里，“知”的内涵不仅包括感知和知识，而且包括道德良知(陈向明 等，2011)。这就使得这些教师的教育教学样态不仅存在于认知和行动的层面，而且进入了道德教化的境界。

为了更加直观地看到教师的存在方式、行动方式和思维方式这三个特征之间的关系，我们在表 7.1 中分别从四个维度提供解释：是什么、如何、来自哪里、为什么。“是什么”指的是这个特征具有什么属性；“如何”旨在提供典型例子来说明这个特征；“来自哪里”追溯的是这个特征的中国文化传统出处；“为什么”讨论的是这个特征具有的教育教学意义。

表 7.1 教师的思维和行动特征框架

	是什么	如何	来自哪里	为什么
存在方式	整体的、整合的	“我就是语文”，过一种“学科化的生活”，“课眼”，“点穴”，等	天人合一、物我一与、身心一如	全身心投入，避免对教学的破坏性分析
行动方式	知道什么与知道如何做并存	身教、示范、具身化的激情、行动公式等	知行合一、以身体道	避免身心分离，避免理论与实践分离
思维方式	实践推理、实践智慧、择宜	“带着镣铐跳舞”，用学校本土话语改造外来变革话语，等	从容中道、中庸、致中和	关注具体情境，避免极端化思维，避免普适性推论

首先，优秀的中国教师在存在方式上是整体的、整合的。他们的自我与所教的学科以及学生的学习融为一体，过的是一种“学科化的生活”。这种整体的存在方式可以追溯到中国文化传统中天人合一、物我一与、身心一如的思想。从整体的视角看待教师的存在方式，有利于我们避免对教师工作进行条分缕析式的“破坏性分析”。

其次，这类教师的行动方式表现出知与行统一的态势，“知道什么”（knowing that）与“知道如何做”（knowing how）往往是一体的两面，有时甚至是先做起来才知道自己知道什么。这种样态在教学中的表现是身教、示范、具身化的激情、行动公式等，其影响来自中国文化传统中知行合一、以身体道的思想。这么做有利于教师在教育教学工作中避免理论与实践的分离、身与心的分离，也能挑战当前中国教育研究二元对立的主流范式。

最后，这类教师的思维方式遵循的是做事的逻辑，而不是论理的逻辑。当遭遇两难困境时，他们会“戴着镣铐跳舞”，在各种两难空间中“两害择其轻”。这种中庸的思维来自中国文化传统中的实践理性，凡事都不走极端，选择当下的最佳方案。从中庸的角度看待教师的思维方式，有利于我们避免极端化思维，充分考虑教师所处的具体情境。

不论是在理论话语与实践话语之间、行政话语与学术话语之间、学校话语与政策话语之间，还是在个人信念与周遭环境之间，教师无时无刻不在做着抉择，而这些相互对立的要求和情境都构成了两难。处于两难空间中的教师，如何决策？如何行动？虽然教师不可避免地要面对这些两难，但是教育也因为有这些两难而更具魅力和挑战性。应对两难需要教师个人基于其教育教学经验所积累和创生出的实践经验，并不断对其进行辨识与反思。

当教师在两难空间中深度反思时，他便成为实践脉络中的一位“研究者”。教师不依赖于现存的理论与技术类别去行动，反而是去建构一种个人理论来解释两难困境。教师在实践中的探究使方法与目标统一起来，在框定一个问题情境时互动地界定出两者。他们不把思考从行动中隔离出去，而是在思考中推演做法从而做出决定，并于稍后将这一决定转化成行动。由此，教师对两难困境的空间想象突破了传统的“目的-手段”模式，在“第三空间”中培植了专业发展的可能（Wei，2023）。

如果我们想要理解教师的专业工作，就应该探索教师在遇到冲突的时候做何选择。我们应该认识到，教师本人就是解决问题的资源（Wei，2021）。教师的教育教学工作作为一项实践活动，不能被简单归为一些能被意识到的、不变的规则，而应是一些实践图式。这些图式自身是模糊不清的，并常因情境不同而不同，具有实践活动的“非逻辑性”以及自身所固有的特殊的“实践感”（魏戈 等，2017）。我们所提出的“两难空间”的概念，便捕捉到了这种非逻辑性和实践感，将其用来解释教师日常工作的特性，也能够帮助教师更好地认识自己。

从这个角度出发，我们认为，两难空间非但不是限制教师专业发展的阻碍，反而是激活教师专业能动性（professional agency）的机会。教师的专业能动性，指的是教师有能力去行动、去决策，并对现实产生影响。以教育改革为例，教师不是改革的终端和执行者，而应该参与到变革内部，表明自己的立场，积极见证改革实行的过程。专业主体性的激活镶嵌在教师与同事、学生、家长的互动情境中，教师的专业主体性表现为一种内在的意念和能力。两难困境是培植教师主体性的土壤，当教师在动态的空间结构中考察两难时，只有填充进更丰富的人与物，才能找到自我在空间结构中的定位。从两难空间入手，开启教师主体性的破冰之旅，可以将教师专业发展推向一个新的转化性的阶段。

教师在两难空间中的多级反思过程同样也启示我们，教师的专业发展不仅仅是一个应用和更新知识、技能的过程，而且是一个获得和发展专业认同的持续历程，需要教师善于反思、强于复原、成于愿景。进入一个专业，并将其变成教师自己生活的一部分，这既漫长又艰苦，需要教师专业主体性的支撑。教师要做的不是天天重复操练惯常性的技艺，而是要找到自己的声音，发展出适合自己的教育教学风格——做一名教师，并成为教师这个“人”。正如《教学勇气》的作者帕尔默（Parker J. Palmer）所说，我们有意识地教我们所知（what we know），无意识地教我们所是（who we are）（帕尔默，2005）。在教育教学活动的两难空间中，借助多层反思过程不断发现并培植教师的专业主体性，为教师“成其所是”提供了契机。

第三节 探索教师专业成长的中国道路

我国的教师目前面临各种两难困境，如在教育目标上面临素质教育与“应试教育”的冲突，在教育管理上面临外部问责与教师内部自治的不匹配，在教育手段上面临系统的知识传授与学生自主学习的难以协调，在教学方法上面临预设和生成的艰难平衡，在教育改革中面临外部变革话语与教师本土话语的难以兼容，以及教师各种矛盾的自我身份认同难以和平共处，等等。

虽然两难困境重重，但还存在两难空间。教师毕竟是有目的、有意图的行动者，具有自己的主观能动性；教师所在的各类组织也有自己的权力、资源和“策略空间”。因此，我们在上述研究结果和讨论的基础上，对教师教育政策制定部门、教师教育者及其机构、一线教师和教师教育研究者提出了一些改进工作的建议。在当前社会文化背景下，在教师工作面临各种两难困境的情况下，这些建议的行动不一定能够马上得到实施。但我们希望通过自己的研究，为思考如何在两难空间中寻找突破口，投射一束启发之光。

一、对教师教育政策制定部门的建议

目前我国的基础教育，一方面行政干预比较严重，给教师自主发展的空间比较小；另一方面，随着各种改革举措被自上而下地传达，各类教育“专家”在教育行政部门的支持下，对教师的专业发展实施强介入。教师在这两股势力的“胁迫”下，很难找到自己的声音，更缺乏在公共空间发声的机会。由于缺乏行会自治的制度性安排和资源支持，教师普遍缺乏专业自治意识和能力。教师自己对“什么是好的教育”的理解与社会的标准不一定一致。如何让教师在满足社会问责机制要求的同时，成为自主发展的主体，根据自己的标准来规划自己的工作和专业发展？——这无疑是教师教育政策制定部门需要考虑的重要问题。

我们发现，中国的教师拥有丰富的本土实践智慧，在重重两难困境中能够找到适宜的应对措施，生发自己的实践性知识。因此，教师教育政策制定部门应该更加重视一线教师的思维方式和行动特征，根据他们的特点和需要制定相应政策。在制定各种政策文本，如教师资格标准、教师职称晋升标准、教师评价标准等的时候，应该更多地考虑一线教师的实践经验和本土知识，而不是按照一些刚性的原则和标准来考察教师。

此外，研究还发现，有利于教师专业学习和发展的场所往往是学校和课堂。因此，教育行政部门应该更多地将教师专业发展经费投入教师的校本研修。职前教师的培养也需要让他们更多地进入教育教学实地。教育行政部门需要出台相关政策，推动中小学与师范大学合作，为师范生的见习、实习以及新手教师的社会化提供更多更有力的支持。

二、对教师教育者及其机构的建议

优秀教师能表现出对教育教学的整体性理解，这说明教师的工作不能被分割成片段，也表明教师培训不能集中向教师灌输相互分离的知识、技能和价值观。教师的学习与他们的日常工作无法分开，他们平时的问题解决过程就是专业学习的一部分。因此，教师教育者及其机构应该改变目前理论知识与实践操作相脱离的做法，为教师组织更多基于工作现场的学习，围绕教师经常遇到的两难困境，整体设计和实施培训活动。

我们还发现，许多教师使用意象来表征自己的教学风格。这说明他们对教学的理解较多表征为一种诗意的整体，而较少表征为概念化的明言形式。这意味着，我们也应该使用更加整体性、情境化，甚至默会的方式来组织他们的学习方式，如做中学、课例研究（做课）、案例分析、学徒制、示范、反思性模仿和叙事探究等。这些学习方式有利于教师将自己缄默的实践性知识显性化，进而为教师知识的管理、传承和创新提供基础。

在职前教师培养中，由于学生尚未获得一手经验，所以他们的学习很容易脱离实际。结果导致学生在实习和正式工作伊始往往遭遇“现实冲击”，所学知识和技能无法有效运用，进而失去当教师的志向和身份认同。因此，建议教师教育者及其机构设计更多密切联系实际的课程和课外活动，将教师工作中典型的教学环节（“高效能实践”或“核心实践”）（杨兰 等，2012）提炼出来。例如，如何营造有利于学生学习的课堂文化氛围，如何组织学生开展小组讨论，如何理解不同类型学生对学科内容的理解，在课堂教学中如何提问，如何针对学生的提问做出回应，等等。师范生如果在进入学校之前亲身体验了这些环节，进入课堂后应该会更加从容自如。

三、对一线教师的建议

我们揭示的有关教师实践性知识生成的过程表明，只有当教师具有自我决策能力和批判反思能力时，他们才有力量应对两难困境，在两难空间中寻找突围的契机。当前我国的教师身陷重围，如何提高这些能力，发现或发展自己的实践知识？这也是一线教师自己需要思考的问题。

一些优秀教师对所教学科和学生学习的强烈认同告诉我们，“学习教学”不仅仅是一个应用与更新知识和技能的过程，而且是一个获得和发展专业认同的过程。适应一个专业，并将其变成“我自己的”，这是一个既漫长又艰苦的过程（贝尔 等，2010）。教学不是需要天天重复操练的惯常性技艺，而是做一名“教师”，并成为教师这个“人”的过程。这说明，作为教师，我们首先需要考问自己的专业身份认同，特别是在当前各种自上而下的教育变革扑面而来之时。

教师个体不是处于真空之中的，每位教师都处于一定的社会场域。为了更好地工作、学习和发展，教师还需要形成相互支持的团队，在遇到两难困境时尤其如此。目前我国的教研组、年级组、师徒制、名师工作站、读书会、教师交流网站等都在不同程度上扮演了这样的角色。但很多时候，组织内等级过于森严，规则过于僵化，交流过于形式化，需要做较大的改进。教师要找到自己的声音，发展出适合自己的实践性知识和教育教学风格，宽容、平等、和谐的交流氛围非常重要。教师的工作充满了不确定性、冒险性和脆弱性，需要足够的社会空间才能释放出教师的热情、才华和创造性。

有关教师专业学习，我们发现，尽管具身化的学习方式被教师们认为比直接讲授更有效果，但是专家型教师知行合一的行动特征可能使他们的“妙招”很难被新手教师“看”到。专家型教师的专长是娴熟的、自动化的、个人化的，以至于新手教师可能只能抓到表面。因此，在校本研修中，专家型教师应该尽可能使自己的实践性知识透明化，让其“去神秘化”。在帮助新手教师或与他们共同学习时，可以使用很多办法，如自我研究、角色扮演、刺激回应、出声思维 、反思性写作、合作实验等。专家型教师的实践性知识只有植根于真实的案例中，才能将抽象的原则和规则通过具体的媒介呈现出来，才能更容易被其他教师所理解和体悟。

四、对教师教育研究者的建议

在试图勾勒中国教师的画像时，我们有意识地使用了教师自己的很多本土概念。这么做的目的是希望认可教师自己的话语作为一种“社会实践”而存在，因为它不仅表征了教师的思维方式和行动样态，而且塑造了他们眼中的“现实”。这么做在当代中国特别有意义，因为虽然目前不同的话语同时存在，但是专家的话语常常压过了教师的话语。我们将教师自己的话语作为他们知识的表征形式呈现出来，是希望认可他们的知识，虽然其与学者的知识不一样，但一样有价值。

我们之所以如此重视一线教师的视角，是因为虽然中国教师面临的困境令人担忧、值得研究，但目前绝大部分教师研究的概念和理论都来自西方，对中国教师的现状进行深入的实征调查并提出新颖理论视角的研究还比较少。即使是少数将教师实践作为一个整体而开展的研究，对教师所处的历史、社会、文化背景的探究也不够充分。现实表明，教师如何理解、解释并践行自己的教学工作，与他们所处的社会文化大环境密切相关，各种结构性力量不仅会限制而且会使得他们抵制教学改革。因此，如果我们希望了解当代中国教师看待教学的本土视角，必须将教师的教学实践置于具有几千年历史的中国文化传统背景以及当代社会特征的具体情境中加以考量。

基于这样的理解和实践尝试，我们希望同行们更多地开展本土视角的研究，从一线教师自己的视角出发，使用他们自己的话语揭示他们的思维和行动特征。与此同时，我们还需要熟悉中国的文化传统和当前的社会结构特征，同时深入研读西方的经典理论，在经验材料和理论视角、在东方文化资源和西方理论之间搭建起沟通的桥梁。

参考文献

中文文献：

阿吉里斯，帕特南，史密斯，2012. 行动科学：探究与介入的概念、方法与技能［M］. 夏林清，译. 北京：教育科学出版社.

阿吉里斯，舍恩，2008. 实践理论：提高专业效能［M］. 邢清清，赵宁宁，译. 北京：教育科学出版社.

阿伦特，2009. 人的境况［M］. 王寅丽，译. 上海：上海人民出版社.

贝尔，布瑞克，2010. 教育现场的专业学习［M］. 郭华，郑玉飞，宋国才，译. 北京：人民教育出版社.

毕宝魁，2009.《论语》“忠”“恕”本义考［J］. 清华大学学报（哲学社会科学版）(6)：156-160.

波兰尼，2000. 个人知识：迈向后批判哲学［M］. 许泽民，译. 贵阳：贵州人民出版社.

伯格，卢克曼，2009. 现实的社会构建［M］. 汪涌，译. 北京：北京大学出版社.

布迪厄，2003. 实践感［M］. 蒋梓骅，译. 上海：译林出版社.

布鲁巴克，2012. 教育问题史［M］. 单中惠，王强，译. 济南：山东教育出版社.

陈向明，2000. 质的研究方法与社会科学研究［M］. 北京：教育科学出版社.

陈向明，2003. 实践性知识：教师专业发展的知识基础［J］. 北京大学教育评论（1）：104–112.

陈向明，2008. 理论在教师专业发展中的作用［J］. 北京大学教育评论（1）：39–50.

陈向明，2009. 教师实践性知识研究的知识论基础［J］. 教育学报（2）：47–55，129.

陈向明，2013. 从教师“专业发展”到教师“专业学习”［J］. 教育发展研究（8）：1–7.

陈向明，2018. 教师实践性知识再审视：对若干疑问的回应［J］. 北京大学教育评论（4）：19–33，184.

陈向明，等，2011. 搭建实践与理论之桥：教师实践性知识研究［M］. 北京：教育科学出版社.

陈向明，安超，方明军，等，2021. 被打断的教育与自我唤醒的学习：陈向明教授叙事行动研究访谈录［J］. 现代远程教育研究（6）：3–11.

陈向明，王志明，2013. 义务教育阶段教师培训调查：现状、问题与建议［J］. 开放教育研究（4）：11–19.

陈向明，赵康，2012. 从杜威的实用主义认识论看教师的实践性知识［J］. 教育研究（4）：108–114.

邓涛，鲍传友，2005. 教师文化的重新理解与建构：哈格里夫斯的教师文化观述评［J］. 外国教育研究（8）：6–10.

邓友超，2007. 教师实践智慧及其养成［M］. 北京：教育科学出版社.

邓友超，李小红，2003. 论教师实践智慧［J］. 教育研究（9）：32–36.

董云川，沈云都，2013. 两种课堂时间：教育行为与知识发生的时间性反思［J］. 高等教育研究（6）：17–22.

窦桂梅，2004. “主题教学”的思考与实践［J］. 人民教育（12）：32–34.

窦桂梅，2010. 朝向“伟大事物”：“主题教学”的新思考［J］. 人民教育（5）：42–47.

杜威，2004. 我们怎样思维·经验与教育［M］. 姜文闵，译. 北京：人民教育出版社.

杜威，2006. 人的问题［M］. 傅统先，邱椿，译. 南京：江苏教育出版社.

范梅南，2001. 教学机智：教育智慧的意蕴［M］. 李树英，译. 北京：教育科学出版社.

范守信，2004. 如何正确处理教学与科研的关系［J］. 教育研究（4）：317–319.

方明，2005. 缄默知识论［M］. 合肥：安徽教育出版社.

方勇，2010. 庄子［M］. 北京：中华书局.

费孝通，1985a. 美国与美国人［M］. 北京：生活·读书·新知三联书店.

费孝通，1985b. 乡土中国［M］. 北京：生活·读书·新知三联书店.

冯友兰，1940. 新世训［M］. 上海：开明书店.

弗莱雷，2001. 被压迫者教育学［M］. 顾建新，赵友华，何曙荣，译. 上海：华东师范大学出版社.

弗罗姆，1986. 爱的艺术［M］. 陈维纲，陈维正，林和生，等译. 成都：四川人民出版社.

傅道春，2001. 教师的成长与发展［M］. 北京：教育科学出版社.

富兰，2004. 变革的力量：透视教育改革［M］. 中央教育科学研究所，加拿大多伦多国际学院，译. 北京：教育科学出版社.

葛兆光，2003. 什么可以成为思想史的资料？［J］. 开放时代（4）：60–69.

郭华，2010. 新课改与“穿新鞋走老路”［J］. 课程·教材·教法（1）：3–11.

韩继伟，林智中，黄毅英，等，2008. 西方国家教师知识研究的演变与启示［J］. 教育研究（1）：88-92.

胡军，2006. 知识论［M］. 北京：北京大学出版社.

华中师范学院教育科学研究所，1984. 陶行知全集：第一卷［M］. 长沙：湖南教育出版社.

黄曬莉，2007. 华人人际和谐与冲突：本土化的理论与研究［M］. 重庆：重庆大学出版社.

吉登斯，1998. 社会的构成：结构化理论大纲［M］. 李康，李猛，译. 北京：生活·读书·新知三联书店.

康德，1990. 历史理性批判文集［M］. 何兆武，译. 北京：商务印书馆.

康德，2003. 实践理性批判［M］. 邓晓芒，译. 北京：人民出版社.

康纳利，克莱丁宁，2003. 叙事探究［J］. 丁钢，译. 全球教育展望（4）：6-10.

康内利，柯兰迪宁，何敏芳，等，1996. 专业知识场景中的教师个人实践知识［J］. 华东师范大学学报（教育科学版）（2）：5-16.

科尔伯格，2004. 道德发展心理学：道德阶段的本质与确定［M］. 郭本禹，何谨，黄小丹，等译. 上海：华东师范大学出版社.

莱夫，温格，2004. 情景学习：合法的边缘性参与［M］. 王文静，译. 上海：华东师范大学出版社.

赖尔，1992. 心的概念［M］. 徐大建，译. 北京：商务印书馆.

李秉德，1997. 教学理论与教学实践“两张皮”现象剖析［J］. 教育研究（7）：32-33.

李莉春，2010. “信奉理论”与“使用理论”之辩及其对教育实践的意义［J］. 外国教育研究（1）：12-18.

刘长林，2007. 中国象科学观：易、道与兵、医［M］. 北京：社会科学文献出版社.

刘复兴，1991. 教育的本体价值与工具价值关系管窥［J］. 山东师范大学学报（人文社会科学版）（6）：51-55，78.

刘晓明，蒋守渭，2004. 学习型组织的内涵、特征及引导趋势［J］. 教育发展研究（6）：93-95.

卢梭，1978. 爱弥儿：论教育［M］. 李平沤，译. 北京：商务印书馆.

陆有铨，2012. 躁动的百年：20 世纪的教育历程［M］. 北京：北京大学出版社.

马云鹏，赵冬臣，韩继伟，2010. 教师专业知识的测查与分析［J］. 教育研究（12）：70-76.

马云鹏，赵冬臣，韩继伟，等，2008. 中学教师专业知识状况调查研究［J］. 东北师大学报（哲学社会科学版）（6）：57-64.

麦瑞尔姆，2008. 质化方法在教育研究中的应用：个案研究的扩展［M］. 于泽元，译. 重庆：重庆大学出版社.

曼海姆，2000. 意识形态与乌托邦［M］. 黎鸣，李书崇，译. 北京：商务印书馆.

孟宪承，2010. 中国古代教育文选［M］. 上海：华东师范大学出版社.

帕尔默，2005. 教学勇气：漫步教师心灵［M］. 吴国珍，余巍，等译. 上海：华东师范大学出版社.

钱穆，2016. 从中国历史来看中国民族性及中国文化［M］. 北京：中华书局.

钱扑，2001. 教育社会学的理论与实践［M］. 南宁：广西教育出版社.

乔纳森，等，2002. 学习环境的理论基础［M］. 郑太年，任友群，译. 上海：华东师范大学出版社.

舍恩，2007. 反映的实践者：专业工作者如何在行动中思考［M］. 夏林清，译. 北京：教育科学出版社.

舍恩，2008. 培养反映的实践者：专业领域中关于教与学的一项全新设计［M］. 郝彩虹，张玉荣，雷月梅，等译. 北京：教育科学出版社.

舍勒，2012. 知识社会学问题［M］. 艾彦，译. 南京：译林出版社.

石中英，1998. 当代知识的状况与教师角色的转换［J］. 教师教育研究（6）：53-58.

石中英，2001. 缄默知识与教学改革［J］. 北京师范大学学报（人文社会科学版）（3）：101-108.

石中英，2010. 全球化时代的教师同情心及其培育［J］. 教育研究（9）：52-59.

斯金纳，2005. 观念史中的意涵与理解［M］// 丁耘，陈新. 思想史研究（第一卷）：思想史的元问题. 桂林：广西师范大学出版社：39-80.

陶行知，2008. 中国教育改造［M］. 北京：人民出版社.

王荣生，2007. 听王荣生教授评课［M］. 上海：华东师范大学出版社.

王永昌，1993. 论实践观念［J］. 中国社会科学（4）：93-105.

魏戈，2019. 西方教师实践性知识研究的旨趣变迁［J］. 比较教育研究（10）：45-51.

魏戈，2020. 教师实践性知识的生成［M］. 北京：教育科学出版社.

魏戈，2022. 大学与中小学伙伴协作的三种模式及其拓展性转化［J］. 首都师范大学学报（社会科学版）（2）：157-166.

魏戈，陈向明，2013. 中国社会文化视角下大学教师的实践理性研究［J］. 教育学报（4）：83-90.

魏戈，陈向明，2017. 如何捕捉教师的实践性知识："两难空间"中的路径探索与实践论证［J］. 教育科学研究（2）：82-88.

魏戈，陈向明，2018. 教师实践性知识研究的创生和发展［J］. 华东师范大学学报（教育科学版）（6）：107-117.

魏戈，陈向明，2019. 主体性的浮现：教师实践性知识的教育意义［J］. 教育学报（4）：72-79.

魏戈，吕雪晗，2021. 从实践性知识反思教师教育课程改革：基于师范生教学视频的实证研究［J］. 教师教育研究（4）：76-85.

魏戈，王倩，2018. 教师专业工作中的两难空间及其突围：以高中语文"专题学习"试验为例［J］. 教育学术月刊（10）：64-72.

魏戈，左静，2021. 在教学与管理之间：师范生实践性知识取向的质性研究［J］. 教育科学研究（1）：84-91.

吴康宁，1998. 教育社会学［M］. 北京：人民教育出版社.

吴卫东，2011. 教师个人知识研究：以小学数学教师为例［M］. 北京：教育科学出版社.

吴倬，2000. 人的社会责任与自我实现：论自我实现的动力机制和实现形式［J］. 清华大学学报（哲学社会科学版）(1)：1-4，21.

解飞厚，2004. 非研究型大学教学与科研关系的思考［J］. 高等教育研究(1)：52-56.

辛涛，申继亮，林崇德，1999. 从教师的知识结构看师范教育的改革［J］. 教师教育研究（6）：12-17.

辛晓莲，2004. 西方对影响儿童同情心发展因素的研究述评［J］. 社会心理科学（6）：29-32.

徐家林，2011. 社会转型论：兼论中国近现代社会转型［M］. 上海：上海人民出版社.

亚里士多德，1996. 诗学［M］. 陈中梅，译. 北京：商务印书馆.

亚里士多德，2003. 尼各马可伦理学［M］. 廖申白，译. 北京：商务印书馆.

杨伯峻，2006. 论语译注（简体字本）［M］. 北京：中华书局.

杨帆，2008. 教师的反思性语言形态［J］. 北京大学教育评论（1）：79-91.

杨帆，陈向明，2013. “去情境化”与“再情境化”：教师理解变革性实践的话语表征机制［J］. 北京大学教育评论（2）：132-145，191.

杨兰，杨帆，2012. 高能实践与教师教育实践课程的探索［J］. 全球教育展望（6）：32-38.

杨向谊，李金巧，易凌峰，2005. 科学运用“左手栏”促进教师智慧的有效分享［J］. 中小学教师培训（11）：41-44.

叶澜，白益民，王枬，等，2001. 教师角色与教师发展新探［M］. 北京：教育科学出版社.

叶启政，2013. 拆解“结构—能动”的理论迷思 正负情愫交融现象的理论意涵［J］. 社会（4）：1-34.

郁振华，2012. 人类知识的默会维度［M］. 北京：北京大学出版社.

占丰菊，2003. 教师决策探析［J］. 中小学教师培训（7）：14-15.

张岱年，2010. 中国哲学大纲：中国哲学问题史［M］. 北京：昆仑出版社.

张涛，2008. 改革开放30年中国政治体制改革成就分析［J］. 社会主义研究（4）：16-20.

衷克定，申继亮，辛涛，1998. 论教师知识结构及其对教师培养的意义［J］. 中国教育学刊（3）：55-58.

钟启泉，2000. “学校知识”与课程标准［J］. 教育研究（11）：50-54，68.

钟启泉，2004. “实践性知识”问答录［J］. 全球教育展望（4）：3-6.

钟启泉，2005. 为了“实践性知识”的创造：日本梶田正已教授访谈［J］. 全球教育展望（9）：3-4，14.

钟启泉，2006a. 知识隐喻与教学转型［J］. 全球教育展望（5）：19-24.

钟启泉，2006b. 知识建构与教学创新：社会建构主义知识论及其启示［J］. 全球教育展望（8）：12-18.

周振甫，2002. 诗经译注［M］. 北京：中华书局.

朱熹，1983. 四书章句集注［M］. 北京：中华书局.

竹内弘高，野中郁次郎，2006. 知识创造的螺旋：知识管理理论与案例研究［M］. 李萌，译. 北京：知识产权出版社.

邹斌，陈向明，2005. 教师知识概念的溯源［J］. 课程·教材·教法（6）：85-89.

邹化政，1990. 先秦儒家哲学新探［M］. 哈尔滨：黑龙江人民出版社.

佐藤学，2010. 学校的挑战：创建学习共同体［M］. 钟启泉，译. 上海：华东师范大学出版社.

外文文献：

Achinstein B, 2006. New teacher and mentor political literacy: Reading, navigating and transforming induction contexts [J]. Teachers and Teaching: Theory and Practice, 12 (2): 123-138.

Aristotle, 1951. Aristotle [M]. New York: The Odyssey Press.

Ball S J, 2004. Education for sale!: The commodification of everything? Annual Education Lecture [M]. London: University of London.

Barnett R, 2005. Reshaping the university: New relationships between research, scholarship and teaching [M]. London: SRHE and Open University Press.

Beck J, 2008. Governmental professionalism: Re-professionalising or de-professionalising teachers in England? [J]. British Journal of Educational Studies, 56 (2): 119-143.

Ben-Peretz M, 2011. Teacher knowledge: What is it? How do we uncover it? What are its implications for schooling? [J]. Teaching and Teacher Education, 27 (1): 3-9.

Biesta G, 2004. Education, accountability, and the ethical demand: Can the democratic potential of accountability be regained? [J]. Educational Theory, 54 (3): 233-250.

Bourdieu P, 1977. Outline of a theory of practice [M]. Cambridge: Cambridge University Press.

Boyer E, 1990. Scholarship reconsidered: Priorities of the professoriate [M]. New Jersey: Princeton University Press.

Brandeis L D, 1933. Business: A profession [M]. Boston: Hale, Cushman & Flint.

Bruner J S, 2004. Life as narrative [J]. Social Research: An International Quarterly, 71 (3): 691-710.

Buchmann M, 1984. The use of research knowledge in teacher education and teaching [J]. American Journal of Education, 92 (4): 421-439.

Burawoy M, 2000. A sociology for the Second Great Transformation [J]. Annual Review of Sociology, 26: 693-695.

Calderhead J, 2012. The contribution of research on teachers' thinking to the professional development of teachers [M] // Day C, Calderhead J, Denicolo P. Research on teacher thinking: Understanding professional development. London: Routledge: 11-18.

Campbell E, 2003. The ethical teacher [M]. Buckingham: Open University Press.

Carr W, Kemmis S, 1985. Becoming critical education, knowledge and action research [M]. London: The Falmer Press.

Chen C, 2005. Teachers as change agents: A study of in-service teachers' practical knowledge [J]. Action in Teacher Education, 26 (4): 10-19.

Chen X, Wei G, Jiang S, 2017. The ethical dimension of teacher practical knowledge: A narrative inquiry into Chinese teachers' thinking and action in dilemmatic spaces [J]. Journal of Curriculum Studies, 49 (4): 518-541.

Clandinin D J, 1986, Classroom Practice: Teacher images in action [M]. London: The Falmer Press.

Clandinin D J, Connelly F M, 1987. Teachers' personal knowledge: What counts as personal in studies of the personal [J]. Journal of Curriculum Studies, 19 (6): 487-500.

Clandinin D J，Connelly F M，2000. Narrative inquiry：Experience and story in qualitative research [M]. San Francisco：Jossey-Bass.

ClandininD J，Murphy M S，Huber J，et al.，2010. Negotiating narrative inquiries：Living in a tension-filled midst [J]. The Journal of Educational Research，103 (2)：81-90.

Cochran K F，DeRtuter J A，King R A，1993. Pedagogical content knowledge：An integrative model for teacher preparation [J]. Journal of Teacher Education，44 (4)：263-272.

Cochran- Smith M，Lytle S L，1999. Relationships of knowledge and practice：Teacher learning in communities [J]. Review of Research in Education，24 (1)：249-305.

Compton M，Weiner L，2008. The global assault on teaching，teachers and their unions，stories for resistance [M]. New York：Palgrave Macmillan.

Connelly F M，Clandinin D J，1985. Personal practical knowledge and the modes of knowing：Relevance for teaching and learning [M] // Eisner E. Learning and teaching the ways of knowing. Chicago：University of Chicago Press：174-198.

Connelly F M，Clandinin D J，1988. Teachers as curriculum planners [M]. New York：Teachers College.

Connelly F M，Clandinin D J，1990. Stories of experience and narrative inquiry [J]. Educational Researcher，19 (2)：2-14.

Cuban L，1992. Managing dilemmas while building professional communities [J]. Educational Researcher，21 (1)：4-11.

Daniels H，2001. Vygotsky and pedagogy [M]. London：Routledge.

Darling-Hammond L，1997. The right to learn：A blue print for creating schools that work [M]. San Francisco：Jossey-Bass.

Darling-Hammond L，2006. Powerful teacher education [M]. San Francisco：Jossey-Bass.

Day C，1999. Developing teachers：The challenges of lifelong learning［M］. London：Falmer Press.

Day C，2004. School reform and transitions in teacher professionalism and identity［J］. International Journal of Educational Research，37（8）：677-692.

Denicolo P，1996. Productively confronting dilemmas in educational practice and research［M］// Kompf M，Bond R，Dworet D，et al.. Changing research and practice：Teachers' professionalism，identities and knowledge. London：RoutledgeFalmer：56-66.

Dewey J，1938. Education and experience［M］. New York：Collier Macmillan.

Ehrich L C，Kimber M，Millwater J，et al.，2011. Ethical dilemmas: A model to understand teacher practice［J］. Teachers and Teaching，17（2）：173-185.

Elbaz F，1980. The teachers practical knowledge：A case study［D］. Toronto：University of Toronto.

Elbaz F，1983. Teacher thinking：A study of practical knowledge［M］. London：Croom Helm.

Engström Y，2008. From Teams to Knots：Activity-theoretical studies of collaboration and learning at work［M］. New York：Cambridge University Press.

Engström Y，2009. Expansive learning：Toward an activity-theoretical reconceptualization［M］// Illeris K. Contemporary theories of learning. London：Routledge：46-65.

Entrikin J N，2002. Democratic place-making and multiculturalism［J］. Geografiska Annaler，Series B-Human Geography，84（1）：19-25.

Feiman-Nemser S，2001. Helping novices learn to teach：Lessons from an exemplary support teacher［J］. Journal of Teacher Educator，52（1）：

17- 30.

Fenstermacher G D, 1987. A reply to my critics [J]. Educational Theory, 37 (4): 413- 421.

Fenstermacher G D, 1994. The knower and the known: The nature of knowledge in research on teaching [M] // Darling-Hammond. Review of research in education. Washington: American Educational Research Association: 3- 56.

Filley A C, 1975. Interpersonal conflict resolution [M]. Glenview, IL: Scott, Foresman and Company.

Flanders N A, 1977. Knowledge about teacher effectiveness [J]. British Journal of Teacher Education, 3 (1): 3- 26.

Foster T, Newman E, 2005. Just a knock back?: Identity bruising on the route to becoming a male primary school teacher [J]. Teachers and Teaching: Theory and Practice, 11 (4): 341- 358.

Fransson G, Grannäs J, 2013. Dilemmatic spaces in educational contexts: Towards a conceptual framework for dilemmas in teachers work [J]. Teachers and Teaching: Theory and Practice, 19 (1): 4- 17.

Freeman D, 2002. The hidden side of the work: Teacher knowledge and learning to teach [J]. Language Teaching, 35: 1- 3.

Frelin A, Grannäs J, 2010. Negotiations left behind: In-between spaces of teacher- student negotiation and their significance for education [J]. Journal of Curriculum Studies, 42 (3): 353- 369.

Fullan M, 1999. Change forces: The sequel [M]. London: Routledge.

Fuller F, 1969. Concerns of teachers: A developmental conceptualization [J]. American Educational Research Journal, 6 (2): 207- 226.

Gage N, 1963. Handbook of research on teaching [M]. New York: Rand McNally.

Gagné R, 1977. The conditions of learning [M]. 3rd ed. New York:

Holt，Rinehart and Winston.

Gholami K，2009. Representing the epistemic nature of teachers' practical knowledge：The case of class teachers' general pedagogy [M]. Berlin：VDM Verlag Publishing.

Giddens A，1990. The constitution of society [M]. Oxford：Polity Press.

Green T，1971. The activities of teaching [M]. New York：McGraw-Hill.

Green T，1976. Teacher competence as practical rationality [J]. Educational Theory，26 (3)：249-258.

Grimmett P P，MacKinnon A M，1992. Craft knowledge and the education of teachers [J]. Review of research in education，18：385-456.

Grossman P L，1990. The making of a teacher [M]. New York：Teachers College Press.

Grossman P，Hammerness K，McDonald M，2009. Redefining teaching，re-imagining teacher education [J]. Teachers and Teaching：Theory and Practice，15 (2)：273-289.

Guerriero S，2017. Pedagogical knowledge and the changing nature of the teaching profession [M]. Paris：OECD Publishing.

Hansen D，2001. Teaching as a moral activity [M] // Richardson V. Handbook of research on teaching. 4th ed. Washington：American Educational Research Association：826-857.

Hargreaves A，1994. Changing teachers，changing times：Teachers' work and culture in the postmodern age [M]. London：Villiers House.

Hargreaves A，2000. Four ages of professionalism and professional learning [J]. Teachers and Teaching Education：Theory and Practice，6 (2)：151-182.

Helton G B，Ray B A，2006. Strategies school practitioners report they would use to resist pressures to practice unethically [J]. Journal of Applied

School Psychology, 22 (1): 43-65.

Hempel C G, 1965. Aspects of scientific explanation: And other essays in the philosophy of science [M]. New York: Free Press.

Henze I, Van Driel J H, Verloop N, 2007. Science teachers' knowledge about teaching models and modeling in the context of a new syllabus on public understanding of science [J]. Research on Science Education, 37: 99-122.

Hoggett P, Mayo M, Miller C, 2009. The dilemmas of development work: Ethical challenges in regeneration [M]. Bristol: The Policy Press.

Honig B, 1996. Difference, dilemmas, and the politics of home [M] // Benhabib S. Democracy and difference: Contesting the boundaries of the political. New Jersey: Princeton University Press: 257-277.

Hunt D E, 1987. Beginning with ourselves in practice, theory and human affairs [M]. Cambridge: Brookline Books.

Jackson P W, 1968. Life in classroom [M]. New York: Holt, Rinehart & Winston.

James G, Choppin B, 1977. Teachers for tomorrow [J]. Educational Research, 19 (3): 184-191.

Kennedy M M, 2004. Reform ideals and teachers' practical intentions [J]. Educational Policy Analysis Archives, 12 (13): 1-34.

Korthagen F, 2004. In search of the essence of a good teacher [J]. Teaching and Teacher Education, 20: 77-97.

Kuhn D, 1992. Thinking as argument [J]. Harvard Educational Review, 62 (2): 155-178.

Lampert M, 2010. Learning teaching in, from and for practice: What do we mean? [J]. Journal of Teacher Education, 61 (1-2): 21-34.

Little J W, 2001. Professional development in pursuit of school reform [M] // Lyberman A, Miller L. Teachers caught in the action. New York: Teachers College Press: 23-44.

Little J W, 2003. Inside teacher community: Representations of classroom practice [J]. Teachers College Record, 105 (6): 913-945.

Lortie D C, 1975. Schoolteacher: A sociological study [M]. Chicago: The University of Chicago Press.

Lyons N, 1990. Dilemmas of knowing: Ethical and epistemological dimensions of teachers' work and development [J]. Harvard Educational Review, 60 (2): 159-180.

Ma L, 1999. Knowing and teaching elementary mathematics [M]. Mahwah: Lawrence Erlbaum Associates Publishers.

Millwater J, Ehrich L C, Cranston N, 2004. Pre-service teachers' dilemmas: ethical or not? [J]. International Journal of Practical Experiences in Professional Education, 8 (2): 48-58.

National Commission on Excellence in Education (NCEE), 1983. A nation at risk: The imperative for educational reform [J]. The Elementary School Journal, 84 (2): 113-130.

Newman C S, 2002. Seeds of professional development in pre-service teachers: A study of their dreams and goals [J]. International Journal of Education Research, 33 (2): 123-217.

Newman J, Clarke J, 2009. Publics, politics and power: Remaking the public in public services [M]. Los Angeles: Sage.

Noddings N, 2003. Is teaching a practice? [J]. Journal of Philosophy of Education, 37 (2): 241-251.

Nyiri J C, Smith B, 1988. Practical knowledge [M]. London: Croom Helm.

Paine L, 1990. The teacher as virtuoso: A Chinese model for teaching [J]. Teachers College Record, 92 (1): 49-81.

Pendlebury S, 1990. Practical arguments and situational appreciation in teaching [J]. Educational Theory, 40 (2): 171-179

Phenix P H, 1961. Philosophies of education. New York: John Wiley & Sons.

Pinnegar S, Daynes J G, 2007. Locating narrative inquiry historically: Thematics in the turn to narrative [M] // Clandinin D J. Handbook of narrative inquiry: Mapping a methodology. Thousand Oaks: Sage.

Polanyi K, 2003. The great transformation [M]. New York: Rinehart.

Polanyi M, 1957. The tacit dimension [M]. London: Routledge and Kegan Paul.

Polanyi M, 1958. Personal knowledge [M]. Chicago: University of Chicago Press.

Reyolds C, 1996. Cultural scripts for teachers: Identities and their relation to workplace landscapes [M] // Kompf M, Bond R, Dworet D, et al.. Changing research and practice: Teachers' professionalism, identities and knowledge. London: RoutledgeFalmer: 69-77.

Rogoff B, 1995. Socio-cultural studies of mind [M]. Cambridge: Cambridge University Press.

Ryle G, 1949. The concept of mind [M]. London: Hutchinson.

Schön D A, 1983. The reflective practitioner [M]. London: Basic Books.

Schwab J J, 1969. The practical: A language for curriculum [J]. School Review, 78 (2): 1-23.

Sfard A, 1998. On two metaphors of learning and the dangers of just choosing one [J]. Educational Researcher, 27 (2): 4-13.

Shulman L S, 1986. Those who understand: Knowledge growth in teaching [J]. Educational Researcher, 15 (2): 4-14.

Shulman L S, 1987. Knowledge and teaching: Foundations of the new reform [J]. Harvard Educational Review, 57 (1): 1-22.

Skinner Q, 2002. Vision of politics [M]. Cambridge: Cambridge

University Press.

Sorotzkin F, Fleming E S, Anttonen R G, 1974. Teacher knowledge of standardized test information and its effect on pupil IQ and achievement [J]. The Journal of Experimental Education, 43 (1): 79-85.

The Holmes Group, 1986. Tomorrow's teachers: A Report of The Holmes Group [M]. East Lansing: Holmes Group.

Thiessen D, 2000. A skillful start to a teaching career: A matter of developing impactful behaviors, reflective practices, or professional knowledge? [J]. International Journal of Education Research, 33 (5): 515-537.

Tickle L, 2000. Teacher introduction: The way ahead [M]. London: Open University Press.

Van Manen M, 1994. Pedagogy, virtue, and narrative identity in teaching [J]. Curriculum Inquiry, 24 (2): 135-170.

Van Manen M, 1995. On the epistemology of reflective practice [J]. Teachers and Teaching: Theory and Practice, 1 (1): 33-50.

Verloop N, Van Driel J, Meijer P C, 2001. Teacher knowledge and the knowledge base of teaching [J]. International Journal of Educational Research, 35: 441-461.

Vygotsky L S, 1962. Thought and language [M]. Cambridge: MIT Press.

Webster-Wright A, 2009. Reframing professional development through understanding authentic professional learning [J]. Review of Educational Research, 79 (2): 702-739.

Wei G, 2021. Imagined professional identity: A narrative inquiry into a Chinese teacher's perezhivaniya in life [J]. Teaching and Teacher Education, 102 (4): 103337.

Wei G, 2023. Reimaging pre-service teachers' practical knowledge:

Designing learning for future [M]. London: Routledge.

Wei G, Lee H, Chung C, 2023. Developing pre-service teachers' practical knowledge through formative interventions [J]. Journal of Education for Teaching, 49 (3): 384-400.

Wei G, Lu L, 2022. Orientations of preservice teachers' practical knowledge during school placement: Concept mapping as a reflective tool [J]. Reflective Practice, 23 (3): 342-356.

Wenger E, 1998. Communities of practice: Learning, meaning and identity [M]. Cambridge: Cambridge University Press.

Whitaker R, 2008. Writing as a citizen?: Some thought on the uses of dilemmas [J]. Critique of Anthropology, 28 (3): 321-338.

Williams R, 1977. Marxism and literature [M]. Oxford: Oxford University Press.

Wilson N, 1999. History in crisis?: Recent directions in historiography [M]. New Jersey: Prentice Hall.

Wittgenstein L, 1953. Philosophical investigations [M]. Oxford: Blackwell.

Wittrock M C, 1986. Handbook of research on teaching [M]. 3rd ed. New York: Macmillan.

Young M F D, 1971. Knowledge and control [M]. London: Macmillan.

Zembylas M, 2003. Emotions and teacher identity: A post-structural perspective [J]. Teachers and Teaching: Theory and Practice, 9 (3): 213-238.

后记

课题组从 2006 年开展有关教师实践性知识的系列课题研究，并于 2011 年出版了相关著作《搭建实践与理论之桥——教师实践性知识研究》。本书是我们在原有研究基础上的进一步探讨，是在北京市教育科学“十二五”规划重点课题研究报告（项目编号：AIA11155）的基础上修改完善而成的。课题的研究队伍由不同背景的大中小学成员组成，整个团队共同开展合作研究。团队成员还包括江淑玲、张立平、董江华、詹成峰、王倩、娄雨、杨帆等。

我们还邀请了不少一线教师、学科教研员参与我们的课题研究。我们始终认为，一线教师不仅是研究对象，更是与我们共同探究的研究伙伴。在这样的观念指导之下，我们与一线中小学教师保持了良好的互动关系，他们也积极加入了课题的研讨中。据不完全统计，参与本课题的中小学教师共有三十余位，所有教师均是自愿参加的。中小学教师不仅慷慨地贡献了自己的案例，而且参与了资料分析和文本写作的过程，因此本书各章节的内容早已与课题组成员融为一体了。

本书突出了中国本土的社会文化特色，同时兼顾中西方理论的对话，在对原生态的教师实践性知识进行呈现与描述的同时，结合中国传统文化中的有关观点，与西方现有理论和研究进行交流，努力对其进行学理上的解释和分析。在此基础上，我们力图在教师实践性知识的文化内涵、独特呈现方式、教育功能和社会建构机制等方面给出更有新意的解释。与此同时，我们特别注意避免落入文化相对主义的陷阱，注重在承认差异的前提下开展对话，建构新的知识形态。但是，由于部分案例所处的教育背景发生了变化，本书仍存在不足之处，敬请读者批评指正。

最后，感谢唐斌老师为这本书选择了封面画作。感谢教育科学出版社的支持，让这本著作能够被编入“实践-反思教育学文丛”而与读者见面。

陈向明　魏　戈

2025 年 1 月

出 版 人　郑豪杰
责任编辑　程　瑞
版式设计　沈晓萌
责任校对　贾静芳
责任印制　米　扬

图书在版编目（CIP）数据

教师实践性知识：中国社会文化的视角 / 陈向明等著. --北京：教育科学出版社，2025. 5. --（实践-反思教育学文丛）. -- ISBN 978-7-5191-4447-0

Ⅰ. G451. 2

中国国家版本馆 CIP 数据核字第 2025C0D430 号

实践-反思教育学文丛
教师实践性知识：中国社会文化的视角
JIAOSHI SHIJIANXING ZHISHI：ZHONGGUO SHEHUI WENHUA DE SHIJIAO

出版发行	教育科学出版社		
社　址	北京·朝阳区安慧北里安园甲 9 号	**邮　编**	100101
总编室电话	010-64981290	**编辑部电话**	010-64981280
出版部电话	010-64989487	**市场部电话**	010-64989009
传　真	010-64891796	**网　址**	http：//www. esph. com. cn
经　销	各地新华书店		
制　作	北京金奥都图文制作中心		
印　刷	保定市中画美凯印刷有限公司		
开　本	720 毫米×1020 毫米　1/16	**版　次**	2025 年 5 月第 1 版
印　张	18. 25	**印　次**	2025 年 5 月第 1 次印刷
字　数	223 千	**定　价**	65. 00 元

图书出现印装质量问题，本社负责调换。